Segurança Jurídica
**A ESTABILIZAÇÃO DO
ATO ADMINISTRATIVO**

B594s   Bigolin, Giovani
        Segurança jurídica: a estabilização do ato
        administrativo / Giovani Bigolin.
        – Porto Alegre: Livraria do Advogado Editora, 2007.
        179 p.; 23 cm.

        ISBN 978-85-7348-505-9

        1. Ato administrativo: Segurança jurídica. I. Título.

                                            CDU – 35.077.2

    Índice para o catálogo sistemático:

    Ato administrativo: Segurança jurídica

(Bibliotecária responsável: Marta Roberto, CRB-10/652)

Giovani Bigolin

Segurança Jurídica
A ESTABILIZAÇÃO DO ATO ADMINISTRATIVO

livraria
DO ADVOGADO
editora

Porto Alegre, 2007

© Giovani Bigolin, 2007

Capa, projeto gráfico e diagramação
Livraria do Advogado Editora

Revisão
Rosane Marques Borba

Direitos desta edição reservados por
Livraria do Advogado Editora Ltda.
Rua Riachuelo, 1338
90010-273 Porto Alegre RS
Fone/fax: 0800-51-7522
editora@livrariadoadvogado.com.br
www.doadvogado.com.br

Impresso no Brasil / Printed in Brazil

Dedico esta obra ao meu filho Lucas Vinícius e a todos aqueles que, tendo "olhos para ver", não se omitem em promover o seu aperfeiçoamento e em realizar as necessárias inovações.

Agradecimentos

A minha família, em especial minha mulher, Cintia, por sua paciência, dedicação, suporte e amor.

Ao meu amigo Daniel Machado da Rocha, pelo incentivo, apoio e companheirismo.

Ao Professor Dr. Juarez Freitas, pela orientação, exemplo e oportunidades de crescimento.

Prefácio

A Súmula 346/STF (A administração pública pode declarar a nulidade dos seus próprios atos) foi editada em sessão plenária de 13.12.63; a Súmula 473/STF (A administração pode anular seus próprios atos, quando eivados de vícios que os tornem ilegais, porque deles não se originam direitos; ou revogá-los, por motivo de conveniência ou oportunidade, respeitados os direitos adquiridos, e ressalvada, em todos os casos, a apreciação judicial), em sessão plenária de 03.12.69. Até então e pelos anos seguintes prevaleceu a orientação vertical da administração pública sintetizada nessas súmulas.

Em que pese terem surgido, já na década de sessenta, conforme aponta o autor, decisões do Supremo Tribunal Federal que revelavam "inicial inclinação em prol da convalidação do ato nulo", em face da persistência temporal decorrente de medidas liminares, evolução significativa só começou a ser observada a partir da Constituição de 1988 e da influência, que passou a ter em nosso meio, a nova teoria dos princípios constitucionais.

Com efeito, coube à Constituição de 1988 estabelecer diversos princípios para a administração pública, ao lado do tradicional princípio da legalidade. No capítulo dos direitos e garantias fundamentais, veio expresso o devido processo legal, a que a doutrina atribui, além das perspectivas instrumental e processual com valor intrínseco, a versão substantiva, esta que o Supremo Tribunal Federal assimilou ao princípio da razoabilidade (Cf. ADI 1158-8/AM). Concomitantemente, a nova doutrina dos princípios disputa espaço com o persistente positivismo que reduz o Direito a um sistema de regras e os princípios, a meros enunciados programáticos. No lugar da concepção dicotômica "tudo ou nada" (ato legal ou ilegal, válido ou inválido, conforme a doutrina de Hely Lopes Meirelles), própria das regras, agora, o critério de ponderação de modo a preservar a máxima eficácia dos princípios envolvidos ("aplicação concertada de todos os princípios", nas palavras do autor).

Em seguida a disposições legislativas esparsas, chega-se à Lei n. 9.784/99 (Lei de Processo Administrativo Federal) e seu amplo arcabouço normativo, a partir dos princípios da legalidade, finalidade, motivação, razoabilidade, proporcionalidade, moralidade, ampla defesa, contraditório, segurança jurídica, interesse público e eficiência (art. 2º), todos interessantes para o tema desenvolvido pelo eminente Juiz Federal e professor Giovani Bigolin. Merecem destaque o critério de "atuação conforme a lei e o Direito" (art. 2º, parágrafo único, I) – já não mais a tradicional concepção do princípio da legalidade – e, depois de uma reprodução adaptada da Súmula 473/STF (art. 53), a ousada regra do art. 54: "O direito da Administração de anular os atos administrativos de que decorram efeitos favoráveis para os destinatários decai em cinco anos, contados da data em que foram praticados, salvo comprovada má-fé".

O jovem professor Giovani, cuja propensão para os desafios científicos e a interdisciplinaridade está revelada com sua graduação em Física (primeiro lugar no respectivo vestibular na Universidade Federal do Rio Grande do Sul, assim como primeiro lugar no vestibular de Direito, na Universidade Católica do Rio Grande do Sul), enfrenta corajosamente, em detalhes, para não dizer minúcias, o tema da estabilização do ato administrativo em função do princípio da segurança jurídica. Não é preciso dizer que se trata de um tema tão espinhoso quanto freqüente na faina diária de quem se dedica ao direito administrativo.

O território do direito administrativo brasileiro está demarcado por "dois grandes rios" – o Rio Grande do Norte, de Miguel Seabra Fagundes, e o Rio Grande do Sul, de Ruy Cirne Lima e Juarez Freitas. A obra do professor e magistrado Giovani Bigolin vem confirmar a liderança gaúcha (e também italiana) nesta seara da ciência jurídica. Tive o privilégio, por honrosa indicação do professor e amigo Juarez Freitas, de participar da Banca Examinadora da Dissertação de Mestrado do professor Giovani, na Universidade Católica do Rio Grande do Sul, e agora, o de prefaciar sua obra, depois de uma nova e mui proveitosa leitura. Já comecei e não serão poucas as vezes que irei recorrer ao trabalho do professor Giovani para a solução dos intrincados casos judiciais.

Recomendo-o, sem medo de errar, como um dos melhores trabalhos sobre o tema, por sua arrojada fundamentação filosófica, sem prejuízo da utilidade prática.

João Batista Gomes Moreira
Mestre e Doutor em Direito Administrativo
pela Universidade Federal de Minas Gerais
Desembargador Federal do TRF 1ª Região

Sumário

Introdução 15

1. A relação de Tempo e Direito e suas repercussões nas nulidades dos atos administrativos 19
1.1. Do conflito intertemporal que envolve a evolução do Direito e a limitação epistemológica do presente estudo 19
    1.1.1. O Tempo e o Direito 22
    1.1.2. Do processo administrativo como elemento fundamental da invalidação dos atos administrativos 26
1.2. A evolução do eixo central do Direito administrativo contemporâneo 27
    1.2.1. O eixo central como o procedimento administrativo 28
    1.2.2. O eixo central do Direito Administrativo em um novo conceito de "ato administrativo" 29
    1.2.3. Delimitação da noção de ato administrativo no âmbito da função administrativa para o presente estudo 30
1.3. A teoria da invalidação dos atos administrativos 32
1.4. Da dicotomia entre as esferas pública e privada do Direito 33
    1.4.1. Origem, evolução histórica e significado 34
    1.4.2. Pontos de confluência entre o Direito Público e o Privado 37
1.5. Da insuficiência das regras do Direito Civil para o Direito Administrativo 39
1.6. Uma breve análise da nulidade e anulabilidade no Direito comparado 42
    1.6.1. Doutrina Italiana 42
    1.6.2. Doutrina Alemã 44
    1.6.3. Doutrina Francesa 46
    1.6.4. Doutrina Espanhola 48
1.7. Teoria das invalidades no Direito brasileiro 50

2. O papel dos princípios do Direito Administrativo na preservação dos efeitos dos atos administrativos viciados 59
2.1. Do exercício da argumentação jurídica 60
    2.1.1. Da inviabilidade de fundamentação última 62
    2.1.2. Da argumentação jurídica como oferecimento de razões positivas e a refutação das teses opostas 63
2.2. O sistema jurídico do Estado de Direito democrático brasileiro 66
2.3. O papel dos princípios para o intérprete do direito 66
2.4. O princípio da segurança jurídica 70
    2.4.1. A Segurança jurídica como valor necessário para a Ordem Jurídica e Social 70
    2.4.2. Os fundamentos do princípio da segurança jurídica e suas concreções 75

2.4.2.1. Matriz constitucional implícita do princípio da segurança jurídica . 75
2.4.2.2. Matriz doutrinária do princípio da segurança jurídica 77
2.4.2.3. Natureza objetiva e subjetiva do princípio da segurança jurídica .. 79
    2.4.2.3.1. Os aspectos positivos e negativos do princípio da
    segurança em sua natureza subjetiva (confiança
    na asministração pública) 80
2.4.2.4. Princípio da segurança jurídica *versus* legalidade 87
2.4.2.5. Nova noção para o princípio da legalidade 90
2.4.2.6. Uma proposta de síntese entre segurança jurídica *versus* legalidade . 91
2.4.2.7. Concreções do princípio da segurança jurídica na preservação
    dos atos administrativos inválidos 92
    2.4.2.7.1. Matriz Jurisprudencial Estrangeira 92
    2.4.2.7.2. Matriz Jurisprudencial Brasileira 95

3. A estabilização dos atos administrativos sanáveis como fator de redução de conflitos intertemporais 101
3.1. Conceito de estabilização dos atos administrativos sanáveis 102
  3.1.1. A estabilização dos atos administrativos vivenciada em outros países ... 105
  3.1.2. A estabilização dos atos administrativos no Direito brasileiro 107
  3.1.3. Efeitos dos atos administrativos nulos 112
  3.1.4. Da distinção entre ato jurídico e fato jurídico 114
  3.1.5. O *fato jurídico,* efeito do ato administrativo defeituoso, tutelado pela
    ordem jurídica como elemento redutor de conflitos intertemporais 115
3.2. Dos conflitos intertemporais envolvendo a convalidação dos atos
  administrativos 116
  3.2.1. A noção de convalidação 117
  3.2.2. Requisitos para a convalidação dos atos administrativos 119
    3.2.2.1. O ato a ser convalidado deve ser inválido 119
    3.2.2.2. O ato a ser convalidado deve conservar o conteúdo 120
    3.2.2.3. O ato convalidador deve ter efeitos retroativos 120
  3.2.3. Circunstâncias impeditivas da convalidação 121
  3.2.4. Tipos de vícios convalidáveis 124
    3.2.4.1. Competência 124
    3.2.4.2. Formalidade 126
    3.2.4.3. Requisitos Procedimentais 126
  3.2.5. Tipos de vícios inconvalidáveis 128
    3.2.5.1. Motivo 128
    3.2.5.2. Requisitos Procedimentais que não atinjam a finalidade 129
    3.2.5.3. Conteúdo 131
    3.2.5.4. Causa 132
    3.2.5.5. Finalidade 132
3.3. Dos conflitos intertemporais envolvendo a estabilização dos atos administrativos 133
  3.3.1. Da convalidação e da invalidação parciais do ato administrativo 134
    3.3.1.1. A independência entre a parte nula e a parte conservável do ato . 135
    3.3.1.2. A autoridade deve estar autorizada pelo ordenamento jurídico a
      emitir o ato administrativo residual sem a parte anulada 137
  3.3.2. Da estabilização pela outorga de eficácia *ex nunc* ao ato
    invalidador/convalidador 139

3.4. A decadência e a redução de conflitos intertemporais 142
    3.4.1. Da decadência do direito da administração pública brasileira de invalidar seus próprios atos, quando resultem contrários à ordem jurídica 143
        3.4.1.2. Do prazo decadencial previsto no art. 54 da Lei 9.874, de 1999 . 146
            3.4.1.2.1. Dos efeitos favoráveis aos seus destinatários 148
            3.4.1.2.2. Da boa-fé 150
            3.4.1.2.3. Do prazo de decadência da administração pública federal no caso de má-fé 156
            3.4.1.2.4. Da imprescritibilidade da ação de ressarcimento de danos ao erário 158
            3.4.1.2.5. Da aplicação do prazo de decadência aos atos nulos ... 159
        3.4.1.3. Um caso prático de conflitos intertemporais: o prazo de decadência de a Administração Pública previdenciária revisar os seus atos 159
Conclusão 163
Referências Bibliográficas 175

Introdução

Em um Estado de Direito, a atividade administrativa deve estar submetida às pautas normativas de determinado ordenamento jurídico, o que abrange não apenas as disposições legais (princípio da legalidade), mas todo um plexo de nortes superiores que constituem os princípios fundamentais do nosso Direito Administrativo.

Se, por um lado, a desconstituição de um ato administrativo e seus efeitos se impõe ante a simples contrariedade à disposição normativa, de outro, a simples e indiscriminada invalidação sistemática de todos os atos viciados pode acarretar a violação da segurança jurídica e da boa-fé dos cidadãos. A solução ao embate entre a manutenção e a desconstituição dos atos administrativos passa pela identificação dos princípios fundamentais que norteiam a aplicação do direito em foco e a análise de suas inter-relações quando se relativizam, para que nenhum seja totalmente eliminado. A descoberta de mecanismos gerais que possam permitir ao intérprete depreender qual princípio prepondera no caso concreto é desígnio que permeia toda a abordagem que se fará neste trabalho.

Contudo, ciente da amplitude do tema escolhido, preferiu-se enfocar o exame na sucessão dos atos administrativos restauradores da violada legalidade ao longo do tempo. Com efeito, a edição de um ato invalidador ou convalidador ensejará uma sobreposição de efeitos na ordem jurídica, cujo conflito deverá ser resolvido à luz do sistema normativo em que estão inseridos. Exatamente nesse ponto é que salta aos olhos a indagação: é possível que o sistema jurídico acolha uma solução que implique a estabilização de certos atos administrativos que contenham determinados vícios, a fim de reduzir os conflitos intertemporais advindos da restauração da ordem violada?

O objetivo geral deste trabalho não é, nem poderia ser, uma resposta definitiva a esses questionamentos. Mas pretende-se colaborar revelando-se a complexidade do tema proposto e assumindo o risco de, por vezes, enunciar alguns parâmetros racionais que possam auxiliar o operador do direito no exame da matéria, sempre à luz da doutrina dos direitos fundamentais.

No entanto o tema multifacetado e suas implicações podem-se apresentar de tal ordem e magnitude que a tarefa a que se propõe seja limitada à colocação de realce e sistematização entre conceitos baralhados.

Inicialmente, cumpre atentar para a imprescindível renovação dos limites entre o direito público e o privado, dos conceitos centrais do Direito Administrativo e da teoria das nulidades dos atos administrativos, de modo peculiar, da convalidação e seus limites à luz dos princípios fundamentais. O enfoque se dará segundo um paradigma que se julga diferenciado: admitir-se-á que a ruptura repentina do ordenamento jurídico quase sempre é nociva ao sistema, pois há um valor – passivo de tutela jurídica – na sucessão harmônica dos eventos jurídicos ao longo do tempo. Não se pode introduzir o "novo" sem atentar para as promessas lavradas no passado.

Em seguida, nos limites do que se pode construir pela argumentação jurídica, aborda-se o princípio da segurança jurídica, sua gênese no direito alienígena e como se deu entre nós a sua evolução doutrinária e jurisprudencial (processo que ainda está em curso), extraindo-se um importante subprincípio, a partir da sua natureza subjetiva, denominada "confiança": o princípio da preservação dos atos administrativos. Com efeito, a partir da orientação exarada de precedentes do Supremo Tribunal Federal, pode-se extrair um aspecto positivo, ativo, do princípio da confiança do cidadão, no sentido de um agir positivamente em se proteger a boa-fé dos destinatários dos atos administrativos. A preservação dos atos administrativos pode cumprir esse papel, em certos casos. Ainda que o leitor não concorde com o enfoque a ser adotado, a simples ênfase ao aspecto do aprofundamento e o sopeso de princípios fundamentais já encontra justificativa no robustecimento do próprio Estado de Direito, o qual se legitima na concretização da dignidade da pessoa.

Enfim, amparados pelas normas enfocadas nos capítulos anteriores, a terceira parte do estudo se destina ao exame da estabilização dos atos administrativos, sua definição e possibilidade de atuação como redutor de conflitos intertemporais. Importa verificar como tal noção pode produzir mudanças sobre o que vem sendo veiculado (pela doutrina e pelos tribunais) por "convalidação", indagando-se sobre a possibilidade de convalidação parcial e, em caso positivo, quais seriam os seus requisitos. A estabilização ocorrida em função das regras decadenciais do direito de invalidar também merece ser analisada, ante a possibilidade de sobreposição de atos administrativos decorrentes dessas regras. Por fim, cabe salientar, como exemplo, o conflito de normas decadenciais que rege o regime geral do Direito Previdenciário brasileiro.

Em nosso país, a consolidação do incipiente Estado Democrático de Direito passa pelo adequado atendimento às exigências da sociedade brasileira que clama em uníssono por expungir do seio da Administração Pública os vícios e as condutas patológicas. Contudo, para que não haja excessos, a elaboração coerente e técnica de um trabalho sistemático almeja contribuir de forma útil para a resolução das complexas questões de Direito atinentes à invalidação dos atos administrativos, as quais desafiam o cotidiano do operador do direito.

1. A relação de tempo e Direito e suas repercussões nas nulidades dos atos administrativos

1.1. DO CONFLITO INTERTEMPORAL QUE ENVOLVE A EVOLUÇÃO DO DIREITO E A LIMITAÇÃO EPISTEMOLÓGICA DO PRESENTE ESTUDO

Embora a lei possa ser tomada como arquétipo de instrumento de mudança jurídica, introduzindo, de forma geral, mudanças prospectivas no meio social, o fato é que ela continua profundamente imersa nas tradições de que não consegue, senão de modo muito parcial, livrar-se. Tal efeito não é, contudo, desprovido de toda a presteza, uma vez que, se não houvesse tal enraizamento em diversos contextos interpretativos, muito provavelmente a inovação legislativa não produzisse o mínimo efeito concreto.

Por mais revolucionária e inovadora que seja, qualquer lei pressupõe, no mínimo, um conjunto de contextos interpretativos que lhe preexistem, quer sejam: a) a linguagem (sintaxe e léxico da língua), da qual nenhum legislador pode tornar-se totalmente senhor; b) o sistema jurídico que precede à lei nova; e c) a comunidade jurídica que, por meio da jurisdição, da doutrina e do próprio exercício da administração, produzem a formação de uma cultura comum, garantindo uma forma de domínio sobre a tradição, definindo alguns cânones, excluindo dissidentes e integrando novos pretendentes. A interpretação jurídica, com efeito, nutrida da tradição lança uma ponte entre a atualidade do litígio e a sua anterioridade.[1]

Sob o ponto de vista de cada indivíduo, é por meio da garantia no tempo, de seus próprios direitos, que se representa concretamente o signi-

---

[1] Gadamer (1997) atribuía às pré-interpretações do hermeneuta o papel fecundo de reatar o pensamento atual à tradição, representando uma adesão aos princípios fundadores da totalidade da ordem jurídica. Em sua obra Verdade e Método, assevera que a hermenêutica não é um método para se chegar à verdade e que o problema hermenêutico não é, por sua vez, um problema de método.

ficado da segurança jurídica, da continuidade das instituições e da paz social. O resgate da memória jurídica realizada pelo interessado em um pleito individual no qual se busca o reconhecimento de direitos fundamentais, ou que se sancionem direitos adquiridos, consagrando-se expectativas legítimas, significa o devido respeito à ordem social.[2] Ainda que não se queira, contudo, reconhecer um imperativo categórico de passado incondicional, impossível de qualquer modificação, em qualquer hipótese, o fato é que o reconhecimento de um direito adquirido reflete a perpetuidade que está na intenção das leis, já que, como salienta Robert Alexy, o discurso jurídico se caracteriza pelo invariante.[3]

O Direito tem um papel fundamental que consiste em instituir uma sociedade. Somente secundariamente é que o Direito cumpre com suas funções de direção das condutas e de resolução dos conflitos. Antes de regrar o comportamento dos agentes e de separar seus conflitos, é preciso definir "as regras do jogo" no qual a ação deles se inscreve, é preciso criar o quadro geral da interação social para depois manejar a distinção entre legal e ilegal, proibido e permitido: é preciso construir o edifício antes de regulamentar seus acessos e a utilização de seus compartimentos.

A analogia com regras do jogo não é fortuita, já que as regras mais essenciais não são aquelas que definem os golpes autorizados ou os erros proibidos, mas as que habilitam os jogadores e definem seus poderes, determinando lances e fixando os seus objetivos.[4] São utilizadas algumas técnicas para instituir as sociedades com tais regras constitutivas, de forma a preservar os traços de memória. Como tal, verifica-se um imenso trabalho de gravação e de difusão das informações relativas aos atos e fatos mais importantes da vida social, justamente porque são constitutivos de normas ou de direitos dos quais importa que o traço seja oficialmente conservado, sobretudo para que represente publicamente autoridade no dia de amanhã. As leis, decisões e regulamentos são publicados e conservados no Diário Oficial; os fatos mais importantes relativos à vida privada (nascimento, morte, casamento, escolha do domicílio) são consignados nos cartórios de registro civil; identificação e localização geográfica de bens de raiz são objeto de menções de cadastros, hipotecas constituídas sobre tais bens são

---

[2] Nesse sentido também é o pensamento de Rudolf von Ihering na clássica obra cujo título traduzido é "A Luta pelo Direito". Para o autor, cada um na sua posição tem a missão de defender a lei, pois quem defende o seu direito, defende também todo o direito. Nas palavras do autor: "o direito concreto não recebe somente a vida e a força do direito abstrato, mas devolve-lhas por sua vez" (*A Luta pelo Direito*, 2000, p. 39).

[3] Toda ordem jurídica tem a pretensão de perenidade. Segundo Robert Alexy, o discurso jurídico se caracteriza pelo *invariante* (in *Time Law, and Society*. Proceedings of a Nordic Symposium held May 1994 at Sandbjerg Gods, Denmark. Stuttgart: Steiner, 1995, p. 103).

[4] É a partir desta analogia extraída das regras constitutivas dos jogos que Hart constrói sua célebre teoria das normas secundárias e, de modo mais geral, sua concepção da semântica jurídica, exposta magistralmente na obra "The concept of Law", originalmente publicada em 1961.

transcritas nos registros correspondentes, o registro dos protestos de títulos informa os credores quanto à solvabilidade dos clientes, as sociedades comerciais são registradas em órgãos específicos, as propriedades intelectuais são registradas no registro nacional de marcas e patentes, a lembrança das infrações penais é conservada nos órgãos policiais e judiciais e a lista das informações socialmente úteis é praticamente infinita.

A constituição de tal "arquivo" memorial da sociedade não é um simples registro, mas revela, muitas vezes, a própria formação do dado memorizado.[5] Basta lembrar que a atribuição de um nome e de uma filiação das pessoas físicas representa uma autorização para a vida jurídica. O reconhecimento da pessoa jurídica ocorre com o registro do respectivo estatuto social. A própria Nação, assim como o Estado e os Poderes públicos, torna-se objeto de uma identificação-memorização, por meio de emblemas e símbolos que representam a existência permanente dessas coletividades públicas. Muito provavelmente a contribuição mais essencial do Direito à fixação de uma memória social e à manutenção de uma tradição nacional resida na afirmação, mais ou menos solenizada e reiterada, dos valores fundamentais da coletividade. Com efeito, é na Constituição, de modo positivo e, no Código Penal, de um modo negativo, que esses valores são afirmados com a maior clareza.

Diante desse quadro, é fecunda a doutrina que aborda a questão dos direitos adquiridos, remetendo-nos à conhecida problemática do conflito de leis no tempo.[6] Quando uma lei é revogada e em princípio substituída por uma outra, ocorre um conflito de leis no tempo. Sabe-se que o pensamento de que a lei antiga interrompe seus efeitos quando entra em vigor a nova lei é demasiadamente simples e, sob pena de manifesta injustiça, não pode ser aplicado aos casos em que, sob o regime anterior, fatos jurídicos se assentaram, atos jurídicos foram realizados, direitos subjetivos foram adquiridos, resultando na constituição de situações jurídicas que se prolongam sob o império da nova lei.

Contudo, a complexidade envolvendo conflito no tempo de normas jurídicas não se limita ao advento de nova "lei" em sentido formal, como produção normativa abstrata, mas também envolve a sucessão de atos administrativos, sobretudo quando investem os cidadãos em direitos subjetivos, garantias ou expectativas legítimas. Já toma corpo na doutrina publicista a noção de que a eficácia do ato administrativo em relação a terceiros atenua a dimensão individualista do instituto. Dessa forma, os efeitos constitutivos do ato, que afetam igualmente outros particulares, resultam mais do mo-

---

[5] Cf. OST, 2005, p. 86.

[6] Roberto de Ruggiero (1971, p. 165) já alertava que o conflito de leis no tempo não pode ser plenamente solucionado aprioristicamente, pois ao legislador não é possível efetuar "uma disposição universal que tivesse a pretensão de disciplinar todas as espécies de conflitos, fosse qual fosse o campo de aplicação da norma, a natureza do instituto ou a configuração especial da relação".

mento da *definição do padrão* do que do momento da sua prática. Enuncia Forsthoff (1973, p. 31) que a satisfação das necessidades de massa pela Administração moderna tem como conseqüência necessária a quantificação das necessidades administrativas. O ato isolado integra-se numa série de atos, em princípio iguais (a serem aplicados para idênticas situações), pelo que a dinâmica da constituição é, em regra, deslocada, uma vez que se refere menos à especificidade do caso concreto do que (cada vez mais) à regulação geral, ao padrão.

Por motivos de concisão e objetividade pretende-se centralizar o presente estudo no exame da sucessão dos atos administrativos no decorrer do tempo, sem esgotar todas as hipóteses de conflitos intertemporais envolvendo normas jurídicas. Não se almeja alcançar – nem as limitações de conteúdo, conhecimento e tempo permitiriam – o exaurimento de toda e qualquer sobreposição conflituosa desses atos. Ainda que matérias conexas sejam ao menos citadas e constituam matéria fecunda, como os efeitos decorrentes da expectativa gerada por políticas públicas (v.g. doutrina do "stoppel"), não poderão ser abordadas com a profundidade que exigiriam. Propõe-se, com efeito, uma revisitação cuidadosa do tratamento outorgado aos atos administrativos sanáveis e dos conflitos no tempo gerados pela sobreposição dos atos e fatos jurídicos restauradores da ordem jurídica violada, preceituando-se hipóteses de estabilização, ao menos parciais, como mecanismos de concretização dos princípios da segurança jurídica, sob o aspecto da confiança e da conservação dos atos administrativos.

1.1.1. O Tempo e o Direito

A história dos calendários e dos instrumentos de medida do tempo revela que a experiência da passagem do tempo não é inata ou dada *a priori*, como fazia Kant, mas é um fruto de um aprendizado histórico e cultural muito longo e de elaborações.[7] Psicologicamente, tendemos a objetivar e exteriorizar à medida que assim construímos, daí o sentimento de que a hora não é construída, mas dada (OST, 1999, p. 23). Na história há vários exemplos de manipulação do tempo pelos detentores de poder,[8] os quais autorizam a concluir, junto com François Ost (2005, p. 25), que *"quem for apto a impor aos outros componentes sociais sua construção temporal é o verdadeiro detentor do poder"*. O mercado não impõe atualmente uma forma de tempo, ditando-a a todos os Estados no planeta?

---

[7] Cada sociedade desenvolve seu tempo próprio conforme afirma H. Nowotny (*in Time: The modern and post modern experience,* Cambridge: Polity Press, 1996, p. 4).

[8] Um exemplo bem registrado é o dos pontífices romanos, os quais, antes da reforma de Júlio César, alongavam e encurtavam os meses em função das necessidades do recebimento do imposto. Outro exemplo é o relógio mecânico que, durante boa parte da Idade Média, era desprovido de ponteiros, bastando o soar dos sinos para chamar os fiéis para a oração. Com o surgimento do mercado, paulatinamente introduziu-se o ponteiro das horas, depois dos minutos e, por fim, dos segundos.

Ao Direito interessa dois aspectos quanto ao fluxo do tempo. Primeiro, interessa uma visão adequada da sua *sucessividade*, no sentido de que haja um diálogo entre a memória e a expectativa do tempo, como se fosse único. Assim, um presente reduzido às pancadas do instantâneo, aos sobressaltos da urgência, à insignificância do dia-a-dia não garantem uma consistência neguentrópica,[9] outorgando-lhe um sentido humano. Uma sociedade deve ser, pois, capaz de produzir uma verdadeira história, pois, nos dizeres de Durkheim (2005, p. 213), *sem duração, não há sociedade que possa ser consistente*.[10] Aqui a atividade da hermenêutica jurídica tem muito a dizer, pois tanto a atividade do jurista como a do administrador podem contribuir eficazmente para essa ligação intertemporal, já que ambos são convidados a atuar posicionando-se perante fatos atuais, com a ajuda de textos de ontem e visando à construção de uma expectativa/precedente. Como elementos a propiciar a incidência de um fluxo de tempo neguentrópico, por exemplo, incidem preceitos muito significativos como a não-retroatividade de leis punitivas e a confiança legítima do cidadão, os quais impedem a mudança intempestiva de posicionamentos.

Por outro lado, um outro aspecto do tempo é o que tange às escalas temporais que se superpõem na sociedade e na natureza, em diversas velocidades, e que impõe uma devida harmonização, pelo Direito. Podem-se constatar as diversas tensões que se estabelecem entre os diferentes tempos sociais: tempo do trabalho e tempo do não-trabalho, tempo familiar e tempo

---

[9] A neguentropia é o inverso da entropia, a disponibilidade energética, a capacidade de organizar. A entropia é uma medida de uma falta, de uma indisponibilidade e, como tal, foi convencionada com sinal "negativo". Assim, a neguentropia é "positiva", apesar do nome. O conceito de neguentropia se tornou importante no estudo da complexidade, quando se constatou que sistemas abertos têm a capacidade de poder gerar organização. Para entender o significado do termo "neguentropia" vale destacar a abordagem de Carlos Cirne-Lima ("Causalidade e Auto-organização", 2003, p. 30) explicando o processo de auto-organização de um sistema: "O processo de auto-organização é sempre uma série de causas e efeitos em forma de círculo; neste sentido todo sistema de auto-organização é um sistema fechado sobre si mesmo. É fechado porque e enquanto é um processo circular. Mas os sistemas, embora fechados e circulares em sua forma de organização, são abertos sob o ponto de vista energético. A segunda lei da termo-dinâmica, a lei da entropia, exige que tais sistemas sejam abertos. Se eles não fossem abertos, a energia que põe em movimento o processo circular seria algo meramente interno ao sistema, seria uma energia finita que muito logo se esgotaria, fazendo o movimento do processo parar. Para que o processo circular continue em movimento, ele precisa, de acordo com a segunda lei da termo-dinâmica, buscar energia de seu meio ambiente, de energia que esteja fora de sua estrutura circular. A geladeira, se não está ligada na tomada, pára de funcionar. – Schrödinger, em suas preleções sobre a vida na Universidade de Dublin, percebeu claramente este fenômeno, isto é, o conflito existente entre o fechamento organizacional dos seres vivos e a abertura exigida pela lei da entropia, e criou, por isso, o termo neguentropia. Os seres vivos possuiriam, segundo ele, uma força interna negando a entropia, a neguentropia. Os muitos protestos contra a neguentropia, que surgiram por parte de físicos ortodoxos, fizeram Schrödinger voltar atrás e retirar o conceito por ele proposto. Naquela época não se distinguiam clara e corretamente os dois aspectos de um sistema que é, ao mesmo tempo, fechado e aberto, fechado enquanto organizacional e aberto enquanto energético. Hoje, sem maiores dificuldades e sem objeções por parte da termo-dinâmica, afirmamos que processos de auto-organização são sistemas fechados sob o aspecto organizacional de sua estrutura, sistemas abertos sob o aspecto energético".

[10] Em sua obra "O Suicídio", Émile Durkheim constata que as pequenas famílias são efêmeras e que um grupo social é tão mais agregado quanto mais intensa é a vida coletiva que nele existe (2005, p. 213).

profissional, tempo da inovação e tempo da tradição, tempo da comunicação e tempo da reflexão. Enquanto determinadas esferas se embalam, e seu ritmo se acelera loucamente, outras, ao contrário, parecem diminuir o ritmo e mesmo parar. Convivem lado a lado realidades como a das forças financeiras operando em tempo real na especulação das praças das bolsas de valores interconectadas e a do tempo estagnante de milhões de seres humanos vivendo abaixo do limite de pobreza. Já que o Estado é que, ao contrário do mercado, tem o privilégio do longo prazo, impõe a ele que, negando-se à colmatação dos imperativos de rentabilidade imediata, promova uma prestação de serviços públicos *latu sensu* eficientes, dentre os quais o funcionamento eficaz da máquina administrativa e do Poder Judiciário, de forma que não se rasgue o tecido social no decorrer das mutações que o esquartejam.

Por sua vez, o tempo,[11] como fato jurídico, constitui uma das peças fundamentais de todo ordenamento, não somente pela constatação fundamental de que qualquer fato ou conduta há de estar referida, estabelecida em algum momento temporal concreto, mas também porque o Direito a ele atribui um papel efetivamente ativo na configuração da ordem jurídica. O transcurso do tempo, por exemplo, aliado a demais circunstâncias previstas na lei, permite a aquisição da propriedade,[12] ainda que a posse desautorizada seja contrária à lei. Ocorre que, depois de determinado período de tempo, o direito legitima o ato inicialmente considerado ilícito, outorgando estabilidade (característica de direito real) à situação jurídica criada. Outra relevante situação é quando a própria ordem jurídica nos priva de um direito ou de uma ação de restauração de sua violação, a qual ocorre, por exemplo, quando prescreve a ação de um trabalhador despedido sem o pagamento das verbas rescisórias. O ato originário de dispensa sem indenização, o qual não deixa de ser ilícito, pois priva o interessado da percepção de recursos indispensáveis ao seu sustento, estabiliza-se por força de dispositivos normativos.[13]

Esses importantes efeitos outorgados ao transcurso do tempo são justificados pela necessidade de se atribuir às relações jurídicas uma estabilidade sem a qual a ordem que todo o Direito tem a configurar não poderia existir. É a partir de valores como a paz e a segurança que a estabilização

---

[11] A questão de definir o "tempo" é um enigma não resolvido também pelos físicos e filósofos, merecendo crédito a tentativa efetuada pelos poetas: "a tardança daquilo que está por vir" (no poema *Martín Fierro* de Hernandez) ou a "insônia da eternidade" (Mário Quintana).

[12] Pode-se citar como exemplo o art. 191 da Constituição brasileira de 1988, o qual prevê o usucapião de imóvel rural ou urbano: "Aquele que, não sendo proprietário de imóvel rural ou urbano, possua como seu, por cinco anos ininterruptos, sem oposição, área de terra, em zona rural, não superior a cinquenta hectares, tornando-a produtiva por seu trabalho ou de sua família, tendo nela sua moradia, adquirir-lhe-á a propriedade".

[13] Um exemplo de prazo prescricional elencado no próprio texto da Carta Política brasileira é o que consta no art. 7º, XXIX: "ação, quanto aos créditos resultantes das relações de trabalho, com prazo prescricional de cinco anos para os trabalhadores urbanos e rurais, até o limite de dois anos após a extinção do contrato de trabalho" (inciso XXIX com redação dada pela EC nº 28, de 25-5-2000).

das posições jurídicas inicialmente viciadas se consolidam, a despeito até mesmo de uma concepção de legalidade estrita. É verdade que a legalidade não se curva às considerações de oportunidade, pois o reconhecimento à violação da lei, mesmo que aplicada retroativamente, não é surpreendente ou intempestiva, já que o Direito tinha a vocação de aplicá-la desde o início. Contudo, o Direito também evolui e, em alguns casos, diante de alguns vícios, nos dizeres de François Ost (2005, p. 182), *como opor que as luzes do Direito de hoje não iluminem, por meio de um dia novo, as trevas de outrora?*

Com efeito, uma vez que a instabilidade impede a previsibilidade mínima de que carece um ordenamento jurídico, pode ser conveniente a todos que em algum momento se consolidem as situações criadas e a respeito das quais transcorreu determinado prazo, pois do contrário restaria vulnerada a confiança dos cidadãos. O tempo faz surgir o lugar central da confiança na base de todos os comprometimentos jurídicos e a pertinência da concepção institucional do Direito, concebida como um processo de ajuste contínuo, mais do que uma sucessão irregular de atos jurídicos instantâneos (OST, 1999, p. 19).

A ordem jurídica, quando violada, reclama sua restauração, seja pelo dever de convalidar, seja pelo imperativo de invalidar. O princípio da legalidade (ainda que concebido segundo uma acepção restritiva) é o elemento basilar para a atuação da Administração Pública, sendo o fundamento da invalidação e da convalidação. Contudo, se é certo que impedir a invalidação ou convalidação em certos casos de atos administrativos viciados pode ensejar que tais atos não mais se adaptem à legalidade, por outro lado, obstar a consolidação de certas situações criadas pelos atos viciados seria violar a confiança depositada pelo cidadão.

Há, portanto, um aparente paradoxo[14] entre o princípio da segurança jurídica e o da legalidade. Na tentativa de compatibilizar os princípios envolvidos, simplificando-se o conflito relatado a fim de permitir o exercício da segurança e da legalidade, o legislador invoca *o limite temporal*. A harmonização dos interesses contrapostos se faz, portanto, limitando-se no tempo o prazo para exercer a ação de convalidação e, depois, a anulação, que são os meios preferenciais de que se devem valer os agentes públicos.[15] Em havendo o transcurso do prazo sem que ninguém tenha impugnado o ato inválido, então os interessados na manutenção dos atos haverão adquirido o direito à sua manutenção. É evidente que permitir indefinidamente a possibilidade de declarar a invalidade dos atos defeituosos quando estes criaram direitos a favor de terceiros, supõe privar seus destinatários da con-

---

[14] O paradoxo é apenas aparente, pois resulta de uma abordagem excessivamente restritiva do fenômeno da legalidade, conforme se verá na seção 2 deste estudo.

[15] As razões pelas quais a via preferencial para a restauração da legalidade é a convalidatória serão elencadas na seção 3, quando será examinada a estabilização dos atos administrativos pela convalidação e os mecanismos de redução de conflitos intertemporais dos atos convalidadores.

fiança na certeza das situações declaradas pela Administração, a qual, na condição de Poder Público, em princípio, somente pode atuar legalmente.[16] Assim é como desde sempre e em todo os ordenamentos jurídicos se resolve comumente a questão.[17]

Colmatar um devido tratamento dos vícios dos atos administrativos de modo a encontrar um devido sopesamento entre os princípios atuantes à espécie e promover adequadamente o controle dos atos administrativos segundo o devido processo administrativo, de modo que a incidência da legalidade, sem excessos,[18] produza a redução dos conflitos intertemporais, é o que se deseja. Antes de se adentrar às minúcias das concretizações do tema, contudo, necessita-se revisitar a teoria das nulidades dos atos administrativos, a qual se torna cada vez mais uma *teoria processual* de invalidades, ressaltando-se os aspectos mais relevantes para o nosso estudo.

1.1.2. Do processo administrativo como elemento fundamental da invalidação dos atos administrativos

O Direito Administrativo vem enfrentando uma significativa mudança de paradigma. Antes, era considerado um ramo do Direito destinado a regular a Administração, sua organização e funcionamento, enquanto hodiernamente passou a ser um direito destinado a regular essencialmente as relações entre a Administração e os destinatários do ato. Torna-se cada vez mais claro que a harmonização entre as prerrogativas da Administração e a proteção e garantia dos direitos dos destinatários dos atos administrativos ocorrerá mediante adequada ponderação a ser efetuada segundo um *devido processo legal*.[19]

Tomou fôlego a idéia da legitimação pelo procedimento, mesmo fora do campo jurisdicional. E, ainda que tal posicionamento não seja unânime, nem mesmo o melhor, o fato é que a corrente procedimentalista[20] tornou cada vez mais saliente o pensamento de que se revela arbitrário o poder exercido sem a participação dos próprios interessados diretos no resultado do processo. Essa participação constitui postulado inafastável da Democracia, tanto que o processo é em si mesmo democrático e, portanto, participativo, sob

---

[16] Tal reflexo da Segurança Jurídica os alemães, desde há muito tempo, denominam *Treu und Glaube* (lealdade e confiança).

[17] Cf. o magistério de Margarita Beladiez Rojo (1994, p. 263).

[18] Pode-se facilmente promover uma aplicação da legalidade que após uma longa hesitação jurídica promova uma alteração retroativa, de modo impiedoso e intemporal, esmagando tudo em sua passagem, a propiciar os fundamentos do brocardo latino: *pereat mundus, fiat iustícia*.

[19] Egon Bockmann Moreira afirma que "a principal preocupação daquele que estuda o direito administrativo não há de ser as 'prerrogativas da Administração', mas os direitos do administrado" (*Processo Administrativo: Princípios Constitucionais e a Lei 9.784/99*, 2ª ed, p. 62).

[20] Cf. Lenio Streck (*in Jurisdição Constitucional e Hermenêutica*, capítulos, III e IV), o qual afirma que existem dois eixos temáticos balizando a discussão do constitucionalismo e democracia: de um lado, os defensores das teorias processuais-procedimentais, e, de outro, os que sustentam posições materiais-substanciais acerca da Constituição.

pena de não ser legítimo (Dinamarco, 2003, p. 159). Não se deve confundir, entretanto, tal noção com uma mera tentativa de generalizar o reconhecimento das decisões, por meio de uma "pretensa" participação democrática que apenas garanta que as decisões terão aceitabilidade.

O processo administrativo visa a facilitar sobremaneira o controle da Administração, uma vez que, por meio dele, torna-se mais claro e transparente o acompanhamento da formação do ato administrativo, de cada etapa constitutiva, de forma a propiciar uma participação mais democrática e que atenda com mais efetividade aos interesses públicos. Para a proteção da confiança do cidadão e, por conseqüência, da segurança jurídica, o processo administrativo assume relevante importância, propiciando a eleição de premissas adequadas para a formulação da decisão do administrador público. O exercício da autotutela administrativa esbarra, portanto, nos limites do devido processo legal, e dos subprincípios a ele inerentes, tais como o contraditório e a ampla defesa. Tal posição, inclusive, é o entendimento predominante, hodiernamente, no Supremo Tribunal Federal.[21]

O processo administrativo compõe-se de uma seqüência lógica sucessiva de atos, cada qual dependente do anterior, dirigidos à prática de ato final. O exercício do poder público se dá sob a permanente incidência das garantias de direitos individuais e tal embate dialógico encontra sua síntese por meio do processo administrativo. Não se deve esquecer da lição de Romeu Bacellar Filho, para quem "nem o procedimento é sinônimo de função administrativa, nem o processo, de função jurisdicional" (1998, p. 55-56). Uma exata compreensão do fenômeno de como se dará o processo de estabilização de determinadas relações jurídicas não poderá, pois, prescindir de uma abordagem do clássico tema das invalidades à luz dos princípios constitucionais que imantam a relação jurídica administrativa.

1.2. A EVOLUÇÃO DO EIXO CENTRAL DO DIREITO ADMINISTRATIVO CONTEMPORÂNEO

Entendemos que, sobretudo em uma sociedade pluralista como é a cultivada em países ocidentais,[22] com a derrocada dos grandes sistemas fi-

---

[21] O precedente que tem sido invocado tanto no Supremo Tribunal Federal, quanto no Superior Tribunal de Justiça é o RE 158.543-RS, o qual possui a seguinte ementa: "Ato administrativo – Repercussões – Presunção de legitimidade – Situação constituída – Interesses contrapostos – Anulação – Contraditório – Tratando-se de anulação de ato administrativo cuja formalização haja repercutido no campo de interesses individuais, a anulação não prescinde da observância do contraditório, ou seja, da instauração de processo administrativo que enseje a audição daqueles que terão modificada situação já alcançada – Presunção de legitimidade do ato administrativo que não pode ser afastada unilateralmente porque e comum a administração e ao particular" (rel. Min. Marco Aurélio, DJU 6.10.1995, p. 33-135)

[22] Nesse sentido, Peter HÄBERLE, na obra *Hermenêutica Constitucional: a sociedade aberta dos intérpretes da Constituição: uma contribuição para a interpretação pluralista e "procedimental" da Constituição*. Trad. Gilmar Ferreira Mendes. Porto Alegre: Sergio Fabris Editor, 1997, p. 9-10.

losóficos do idealismo e a compreensão da complexidade crescente dos sistemas, não é mais possível a fixação de um conceito central no Direito Administrativo contemporâneo. Por outro lado, em uma possível tentativa de romper a fragmentação da razão,[23] boa parte dos doutrinadores prefere lastrear a estrutura administrativista sobre "eixos centrais", as quais não se pode olvidar no estudo que ora se cuida, impondo-se uma breve análise.

1.2.1. O eixo central como o procedimento administrativo

Hodiernamente se percebe uma tendência em se exaltar a insuficiência do conceito de ato administrativo como conceito-chave do Direito Administrativo, propondo-se um restabelecimento do sistema jurídico-administrativo. Com efeito, não mais se sustenta um modelo de administração pública estática e autoritária, em que o ato administrativo é imperativo e sindicável pelo Poder Judiciário apenas nos aspectos de legalidade e *a posteriori*.[24] Propõe-se, assim, a substituição do conceito clássico de ato administrativo por um novo conceito central, lastreado em uma administração processualizada, ativa, democrática, cujo conceito-base deveria ser o de "processo", sendo esta a posição dominante na doutrina italiana (Nigro, Cassese, Pugliese).

Mario Nigro (1983, p. 126) afirma que a noção originária de ato administrativo é absorvida por um quadro de formas de atividade mais complexas e articuladas. Nesse quadro, o principal desafio do Direito Administrativo é o problema do procedimento. A democracia muitas vezes é insuficientemente considerada apenas sob o ângulo representativo, exaurindo-se nas eleições. Todavia, no novo paradigma político, a democracia significa também um modo de exercício do poder.[25] Segundo Vasco Pereira da Silva (1995, p. 121):

> O procedimento administrativo surge numa posição privilegiada para ocupar o lugar central da dogmática administrativa, permitindo a compreensão de todos os fenômenos administrativos, quer de tipo tradicional, quer correspondentes às novas modalidades de atuação administrativa.

---

[23] O matemático Gödel formulou o teorema da incompletude, segundo o qual é impossível demonstrar todas as asserções verdadeiras, mesmo em um tema como a aritmética (HAWKING, 2005, p. 111). A partir de tais conclusões matemáticas, do princípio da incerteza de Heisemberg, aplicável à mecânica quântica, muitos cientistas tem desistido de procurar uma teoria fundamental, ao argumento de que o universo opera como um mapa plano descrevendo a superfície redonda da Terra: é necessário sempre mais de um mapa para uma descrição completa. Cada mapa seria válido somente em uma região limitada, assim como formulações teóricas seriam válidas em determinadas situações (idem, p. 136). Tais constatações advindas das ciências da natureza tem propiciado perigoso relativismo, ignorando-se que todo relativo é relação para algo outro até que se atinja o Absoluto, o qual está sempre pressuposto.

[24] Simbólico como centro de gravidade de tal pensamento reside o conceito de ato administrativo oferecido por Otto Mayer: "O ato administrativo é um ato de autoridade que emana da administração e que determina frente ao súdito o que para ele deve ser de direito em um caos concreto" (*in Derecho Administrativo Alemán*. Trad. Horácio H. Heredia e Ernesto Krotoschin. Buenos Aires: Depalma, 1949, p. 126).

[25] Cf. MEDAUAR, Odete. *A processualidade no Direito Administrativo*. São Paulo: RT, 1993, p. 85.

Na doutrina brasileira, gradativamente, ganha espaço a noção de processo administrativo a qual representa significativas vantagens sobre a noção imperativa de ato: torna maleável e flexível o método decisório, estimulando o pluralismo de soluções; torna mais eficiente o controle, previne o desvio de finalidade e especificamente, a corrupção; estimula a colaboração e a conseqüente aceitação das medidas administrativas pelos respectivos destinatários; previne e soluciona litígios, permite a coleta de informações de todos os aspectos das questões formuladas e possibilita uma uniformização no tratamento jurídico de toda atividade administrativa.[26]

1.2.2. O eixo central do Direito Administrativo em um novo conceito de "ato administrativo"

Embora seja freqüente a reiteração entre os doutrinadores da necessidade de renovação profunda do Direito Administrativo, a fim de adequá-lo às novas realidades, a manutenção do conceito de ato administrativo como conceito central, embora em permanente evolução permanece, ainda hoje, como uma das formas mais importantes de atuação administrativa.

Importantes autores como Maurer, Shenke (na Alemanha), García de Enterría, Garrido Falla (Espanha) e Diogo Freitas do Amaral (Portugal) sustentam que o conceito de "ato administrativo" deve ser redefinido, reelaborado e adequado às novas realidades, de tal forma a continuar merecedor de um tratamento particular e privilegiado no âmbito do Direito Administrativo na atualidade. Tal é a corrente predominante nas doutrinas francesa e brasileira atuais.

Contudo não se pode deixar de diagnosticar o esgotamento, no campo doutrinário, da posição de centralidade do tradicional "ato administrativo", mormente em face do atual quadro das relações administrativas, no contexto das profundas transformações que se abateram sobre o Estado e a Administração Pública desde a segunda metade do século XX. Tal fenômeno, porém, não é privilégio do Direito Administrativo, sendo simétrico à superação do conceito de "tipo" no Direito Penal, à definição de "atos de comércio" nas relações comerciais e demais ramos do Direito, significando, em termos gerais, uma superação da visão fragmentada e reducionista do ato jurídico, que persiste na doutrina tradicional desde o Direito romano.[27]

A atuação administrativa assumiu, na atual quadra histórica, uma pluralidade de formas, não sendo a modalidade usual de "ato administrativo" a forma exclusiva (ou mesmo a mais freqüente) de atuação administrativa,

---

[26] Cf. MOREIRA, João Batista Gomes. *Direito Administrativo (Da Rigidez Autoritária à Flexibilidade Democrática)*. Belo Horizonte: Fórum, 2005, p. 306.

[27] Cf. COMPARATO, Fábio. *A afirmação histórica dos Direitos Humanos*. São Paulo: Saraiva, 2001, p. 337.

já que se percebe uma proliferação de formas de atuação genéricas, tais como planos urbanísticos, elaborações contratuais e atividades de natureza técnica.

Todavia, ainda que seja certo que o "ato administrativo" não pode mais ser considerado como o único e principal "centro" do Direito Administrativo, não é menos correto que não se pode, simplesmente, prescindir de toda a rica construção doutrinária em torno desse instituto, de fundamental importância histórica e conceitual na estruturação desta disciplina jurídica.

Com efeito, existem vastos setores da Administração Pública nos quais uma nova conceituação mais processualizada de ato administrativo revela-se ainda de grande utilidade e funcionalidade, em especial, no que concerne ao controle da atividade administrativa, sobretudo no desempenho do poder de polícia. Propõe-se, então, que a noção de ato administrativo seja enfatizada segundo uma "relação jurídica administrativa", conceito esse mais sintonizado com os postulados e exigências do Estado Democrático de Direito (CF, art. 1º, *caput*).

A definição de "relação jurídica administrativa" não é oposta ao conceito de "processo administrativo", já que põe em relevo aspectos subjetivos do Direito Administrativo. É uma noção mais voltada para a promoção e proteção dos direitos subjetivos públicos dos particulares em face da Administração, enquanto o conceito de "procedimento" enfatiza uma ótica mais "objetivista", direcionada à realização do interesse público mediante a participação dos particulares. Melhor conceber e valorizar o processo administrativo como o "quadro" ou o "pano de fundo", no qual se estabelecem e desenvolvem relações jurídicas administrativas.[28]

1.2.3. Delimitação da noção de ato administrativo no âmbito da função administrativa para o presente estudo

O conceito de ato administrativo surgiu na França como expressão prática do princípio de separação entre Administração e Justiça: seria um ato jurídico diverso do poder jurisdicional do juiz, produto da autoridade administrativa e, por isso, submetido ao seu controle.[29] Tal definição ainda resiste hodiernamente nesse país, em virtude do papel central que ocupa a partição de competências jurisdicionais (ordinária e contencioso-administrativa). Tal entendimento decorre da noção de ato jurídico como expressão de cada uma das funções de Estado (ato legislativo=lei; ato jurisdicional= sentença).

---

[28] Cf. SILVA, Vasco Manuel Pereira da. *Em busca del Acto Administrativo perdido*. Coimbra: Almedina, 1995, p. 121-122.

[29] Cf. Vasco Pereira da Silva , *in op. cit, passim.*

O problema principal de tal posição reside na dificuldade prática de caracterizar cada um dos Poderes pela produção de um ato jurídico típico e unitário, já que os Poderes estão divididos e superpostos em funções abstratas. Com efeito, cada esfera de poder político não apresenta uma única e necessária forma de manifestação, embora cada função seja precípua de cada poder.

Outra noção de ato administrativo é a lastreada na característica de auto-executoriedade desses atos, sendo capitaneada por Otto Mayer e Hauriou. Tal corrente doutrinária, contudo, prejudica o enquadramento dos atos em que o efeito constitutivo ou executório não resulta aparente, já que, embora a autotutela seja um atributo da Administração, nem sempre ocorre a necessidade da proteção de seus direitos ou interesses perante terceiros.

Nesse estudo, pela sua abrangência, atualidade e correção, vai-se partir da visão de Celso Antônio Bandeira de Mello (2006, p. 358), que preceitua como ato administrativo a "declaração do Estado (ou de quem lhe faça as vezes) no exercício de prerrogativas públicas, manifestada mediante providências jurídicas complementares da lei a título de lhe dar cumprimento, e sujeitas a controle de legitimidade por órgão jurisdicional".[30] Esclarece o doutrinador paulista que a declaração jurídica é "manifestação que produz efeitos de direito, que sejam: certificar, criar, extinguir, transferir, declarar ou de qualquer modo, modificar direitos ou obrigações".

Não se pode deixar de acrescentar que o ato administrativo é o produto de uma relação jurídica administrativa que se dá por meio de um processo. Nesse ponto, importa referir o notável avanço que Juarez Freitas[31] empreendeu ao complementar conceito de relação jurídico-administrativa inicialmente oferecido por Ruy Cirne-Lima, quer seja, aquela "que se estrutura ao influxo de uma finalidade cogente".[32] Utilizando o caráter teleológico para diferenciar as relações jurídicas de Direito Público e as de Direito Privado, Cirne-Lima propõe que a ação vinculada ao indisponível múnus da finalidade (utilidade pública) denotaria a relação jurídica de Direito Administrativo. Por sua vez, Juarez Freitas (1997, p. 15) caracteriza a relação jurídico-administrativa não apenas pelo seu caráter de cogência, mas pela "imantação ditada pelos princípios superiores explícitos ou implí-

---

[30] Na visão do autor (*Curso de Direito Administrativo*. 20ª ed. São Paulo: Malheiros, 2006, p. 359), é possível um ato administrativo imediatamente infraconstitucional, quando a Constituição regule de maneira inteiramente vinculada um dado comportamento administrativo obrigatório.

[31] Tal visão foi manifestada primordialmente pelo autor na obra *Estudos de Direito Administrativo*, Malheiros Editores, 2ª ed., 1997, p. 13.

[32] Para Cirne-Lima, a voz *administração*, seja no direito privado, seja no direito público, designa "a atividade do que não é senhor absoluto", cujo traço característico seria "estar vinculada, – não a uma vontade livremente determinada, – porém, a um fim alheio à pessoa e aos interesses particulares do agente ou órgão que o exercita". Por isso mesmo, "*a relação de administração somente se nos depara, no plano das relações jurídicas, quando a finalidade a que a atividade de administração se propõe, nos parece defendida e protegida, pela ordem jurídica, contra o próprio* agente e contra terceiros" (*Princípios de Direito Administrativo*. 6ª ed. São Paulo: Editora Revista dos Tribunais, 1987, p. 21).

citos, regentes da Administração Pública (notadamente o devido processo legal, moralidade, impessoalidade, legalidade, economicidade, publicidade e confiança ou boa-fé), fazendo por estremá-la da relação apontada como privatista, sem deixar de reconhecer que esta também deve subordinação, no Estado Democrático, ao 'telos' maior do interesse público".

1.3. A TEORIA DA INVALIDAÇÃO DOS ATOS ADMINISTRATIVOS

A teoria da invalidação dos atos administrativos constitui uma das matérias cuja construção tem sido realizada mais por (indevida) apropriação de conceitos do direito privado, do que por uma abordagem própria do Direito Administrativo que ensejasse uma evolução metodológica dos seus conceitos, à luz de sua aplicação pelos operadores do direito. Uma escassa produção legislativa, aliada a uma falta de rigor da doutrina, tem feito desta uma das categorias mais confusas do nosso Direito.

Com efeito, observa-se que ainda não há consenso acerca de quais são as categorias que englobam o sistema de nulidades dos atos administrativos: inexistência, anulabilidade ou nulidade (absoluta ou relativa). Por pouco que se medite sobre o tema, já se percebe a fragilidade com que alguns "dogmas" têm sido postos, caracterizando um sistema de abordagem inercial e acrítica, diverso da realidade dialógica que hodiernamente já se reconhece como imanente aos textos lingüísticos.[33]

A questão das invalidades dos atos administrativos é uma entre tantas que foram inicialmente estudadas pelo Direito Privado e só mais recentemente pelos doutrinadores de Direito Público. Em linhas gerais, pode-se afirmar que a teoria "privatista" da invalidez poderia resumir-se ao estudo de duas posições jurídicas iniciais: a tese da tripartição e a tese da bipartição. A teoria da tripartição entende que a validade dos atos jurídicos responde aos três seguintes supostos: inexistência do ato, nulidade e anulabilidade. A inexistência tem origem doutrinária francesa, podendo-se explicar com esta categoria alguns casos poucos freqüentes que não encontravam resposta satisfatória nos pressupostos das nulidades, buscando-se a justificação teórica

---

[33] A compreensão de um texto jurídico opera no interior de um conjunto relacional que se manifesta na forma de transmissão da tradição por meio da linguagem. Nesse sentido, é sempre bom lembrar que Martin Heidegger foi o grande impulsionador de uma mudança de paradigma em relação à hermenêutica de cunho tradicional. Em sua obra "Ser e Tempo", o filósofo propõe uma hermenêutica ontológica, na qual o "ser" só pode ser determinado a partir de seu sentido como ele mesmo. No entanto, na busca incessante por se definir o "ser", cada vez mais se compreende que o "ser" não pode ser aprisionado numa definição, porque o "ser" não pode dissociar-se do tempo. Afirma Heidegger (1997, p. 207): "A interpretação de algo como algo se funda, essencialmente, numa posição prévia, visão prévia e concepção prévia. A interpretação nunca é a apreensão de um dado preliminar isenta de pressuposições. [...] Em todo princípio de interpretação, ela se apresenta como sendo aquilo que a interpretação necessariamente já "põe", ou seja, que é preliminarmente dado na posição prévia, visão prévia e concepção prévia".

em certos textos latinos (*nullum est negotium, nihil actum est*). Segundo essa categoria, os vícios que implicariam o reconhecimento da inexistência seriam os correspondentes à ausência dos requisitos essenciais do contrato (consentimento, objeto e causa).

Por sua vez, a nulidade absoluta é caracterizada, diferentemente das outras modalidades a serem examinadas, pelos atos de tal modo viciados que não podem nunca produzir efeitos jurídicos, qualquer que seja o momento em que efetivamente se faça uso da ação de nulidade perante os tribunais. A decisão jurisdicional limita-se a declará-la, pois o ato é nulo não por conseqüência da sentença que foi exarada, mas porque em sua própria origem estaria viciada de nulidade. Um exemplo seria o caso das doações entre cônjuges, casados no regime da comunhão universal. [34]

Ainda nesta senda tripartite das nulidades de Direito Privado, a nulidade relativa ou anulabilidade supõe a existência de um negócio jurídico que, conquanto viciado, produz efeitos jurídicos até que não sobrevenham os efeitos de decisão de ação correspondente perante os tribunais.

Para outros doutrinadores, a teoria das nulidades pode reduzir-se à contemplação das duas únicas categorias de nulidade absoluta e anulabilidade. Mesmo em se tratando de direito privado, existe uma forte corrente doutrinária que tende a se opor à admissão do conceito autônomo de atos inexistentes, já que, além que ensejar terminologicamente uma contradição em termos, não dá lugar a um tratamento distinto da nulidade absoluta.

Feita essa pequena introdução conceitual, apresentando dois enfoques essenciais para o tema abordado, antes que alguém possa se posicionar em relação ao tema, importa verificar até que ponto pode ser aproveitado o viés do direito privado à teoria das nulidades dos atos administrativos, a qual é matéria eminentemente de Direito Público. Pretende-se, em rápida abordagem, verificar em que raízes se sedimenta a dicotomia entre o Direito Público e o Privado, para depois se verificar quais as peculiaridades que distinguem o tratamento das nulidades dos atos administrativos dos atos jurídicos em geral.

1.4. DA DICOTOMIA ENTRE AS ESFERAS PÚBLICA E PRIVADA DO DIREITO

Não há como negar que se vive hoje a indiscutível superposição do Direito Privado e do Direito Público, derivada de duas circunstâncias fun-

---

[34] Nesse sentido: "CIVIL. DOAÇÃO ENTRE CÔNJUGES. INCOMPATIBILIDADE COM O REGIME DA COMUNHÃO UNIVERSAL DE BENS. A doação entre cônjuges, no regime da comunhão universal de bens, é nula, por impossibilidade jurídica do seu objeto (Superior Tribunal de Justiça, AR 310/PI, Rel. Ministro Dias Trindade, Segunda Seção, julgado em 26.05.1993, DJ 18.10.1993, p. 21828)".

damentais, quais sejam: as novas tecnologias e a tutela da pessoa humana nas relações interprivadas.[35] A primeira delas, com efeito, revela o surgimento de inúmeras figuras insuscetíveis de classificação cômoda em qualquer dos dois principais ramos do Direito (Público e Privado). A explosão tecnológica e a evolução das formas de utilização dos bens fazem surgir, a cada dia, categorias patrimoniais (espécies de propriedade, instrumentos de utilização do solo, contratos de massa, etc.) e extrapatrimoniais (novas modalidades de danos, princípios da prevenção e precaução, a regulamentação da bioética, etc.) que superam qualquer prévia classificação baseada na vetusta dicotomia.

Convém, inicialmente, examinar o conceito de direito privado, tarefa que pode parecer simples à primeira vista, mas que suscita certo embaraço, diante das controvérsias em torno de uma unidade conceitual doutrinária, o que contribui para a superposição anteriormente apresentada. Propõe-se um exame inicial da história da instituição e sua evolução, ainda que breve, a fim de introduzir uma discriminação racional de conteúdo, já que se revelaria insuficiente o mero lançamento de um elenco conclusivo, constituído pela repetição de antigos enunciados superados pelo tempo, impondo-se a necessidade de se harmonizar com a moderna fisionomia do Direito Civil.

1.4.1. Origem, evolução histórica e significado

De acordo com Couto e Silva,[36] *ius publicum* e *ius privatum* têm sentido simétrico ao das expressões *lex publica* e *lex privata*, advindas do antigo Direito Romano. A *lex publica* expressava a vinculação que se estabelecia pela palavra entre os indivíduos ou entre os indivíduos e o Estado. *Lex privata,* por outro lado, designava os laços jurídicos travados entre os particulares, também pela palavra, no exercício do que hoje se conhece por autonomia privada. Para Almiro do Couto e Silva:

> [...] todas as normas contidas nas *leges publicae*, independentemente de sua natureza, eram *ius publicum*, mesmo quando se destinassem apenas a disciplinar vínculos entre os indivíduos. Assim, o que atualmente designamos por Direito civil era para os romanos, *ius publicum*.[37]

Na Antiguidade greco-romana não existia, praticamente, a distinção entre direito público e privado, a qual veio a desenvolver-se somente com a noção de Estado. Também durante a Idade Média não foi possível tal perspectiva dicotômica, uma vez que a ausência de um poder político cen-

---

[35] Cf. TEPEDINO, Gustavo. *Temas de Direito Civil – Premissas Metodológicas para a Constitucionalização do Direito Civil*. 2ª ed. Rio de Janeiro: Renovar, 2001.

[36] Cf. COUTO E SILVA, Almiro do. "Os indivíduos e o Estado na realização das tarefas públicas", *in Revista de Processo*, n° 209, 1997, p. 44-45.

[37] Idem.

tralizado, com características estatais, não permitia que se entabulasse uma noção de entidade pública.

A dicotomia que ora se cuida começou a se manifestar na Idade Moderna, a partir da influência dos países da família romano-germânica, com o advento da Revolução Francesa, a filosofia liberal e seu reflexo sobre o direito: o movimento codificatório. A partir de tais mudanças, passou-se a realçar a diferenciação entre a esfera das relações econômicas e a esfera das relações políticas, entre sociedade civil e Estado. Nesse contexto histórico é que se formulou o Código de Napoleão, inspirado na sistematização operada por Jean Domat[38] – quem primeiro separou das leis civis as leis públicas – a qual, em seguida, viria a ser adotada pelas demais codificações do século XIX.[39]

Habermas (1984, p. 95) registra que as grandes codificações desenvolveram um sistema de normas para assegurar uma esfera privada, identificando-se o Direito Civil com o próprio Código Civil. Este se destinava a regular as relações entre as pessoas privadas, seu estado, sua capacidade, sua família, bem como para garantir a instituição da propriedade privada e sua livre circulação, representada pela liberdade de contratação, de empreendimento e de herança. Concedia-se a tutela jurídica para que o indivíduo, isoladamente, pudesse desenvolver com plena liberdade a sua atividade econômica. As limitações eram as estritamente necessárias a permitir a convivência social,[40] já que o que se almejava era garantir um livre intercâmbio das pessoas privadas entre si.

Pode-se destacar do exame do Código Civil francês, na época da sua concepção, que a propriedade era o seu instituto central e era definida como

---

[38] A célebre obra de Domat denomina-se *Le Leggi Civili nel Loro Ordine Naturale*, trad. it. de A. Padovani, Pávia, Tip. Bizzoni, 1825, 7 vols, *apud* Celina B. Moraes, *Revista Estado, Direito e Sociedade*, vol. I, 1991, publicação do Departamento de Ciências Jurídicas da PUC-Rio.

[39] Conforme Eugênio Facchini Neto, "a novidade que ocorre no direito privado, neste período é que o direito se torna *estatal* e *burguês*. *Estatal*, porque pela primeira vez na história do direito o legislador se ocupa de forma sistemática e abrangente do direito privado, já que nos períodos históricos precedentes os governantes sempre se preocuparam em disciplinar apenas relações jurídicas que hoje seriam enquadradas no direito público (como a tributação, o direito penal, a organização administrativa) e quando estabeleciam regras sobre direito privado, o faziam de forma pontual e não sistemática. O direito privado sempre fora o reino da não-intervenção estatal, um setor deixado aos costumes (direito consuetudinário), ao direito canônico (casamento, família, filiação, sucessões), ou desenvolvido a partir dos pareceres e escritos doutrinários, desde os jurisconsultos romanos (que eram cidadãos particulares, dedicados profissionalmente ao estudo do direito), passando pelos glosadores e comentadores medievais (que eram professores universitários – período do denominado *mos italicus*), pelos juristas humanistas (os juristas da chamada jurisprudência elegante ou culta – período do *mos gallicus*) e pelos jusnaturalista e jusracionalistas da era moderna (era do *mos germanicus*) [...] *burguês*, no sentido de que o direito privado passa a espelhar a ideologia, os anseios e as necessidades da classe socioeconômica que havia conquistado o poder em praticamente todos os Estados ocidentais" (Reflexões histórico-evolutivas sobre a constitucionalização do direito privado. In: Constituição, Direitos Fundamentais e Direito Privado. Ingo Wolfgang Sarlet (Coord.). Porto Alegre: Livraria do Advogado, 2003, p. 17).

[40] Esta concepção está em consonância com o estudo de Maria Celina B. Moraes, *Revista Estado, Direito e Sociedade*, vol. I, 1991, publicação do Departamento de Ciências Jurídicas da PUC-Rio.

o direito de gozar e dispor dos bens na maneira mais absoluta,[41] refletindo um contexto em que o individualismo era visto como valor a ser prestigiado, em contraposição ao período histórico anterior (feudal), mantendo-se uma estrutura que se enfeixasse aos ideais econômicos burgueses.

Por outro lado, é verdade que uma nítida separação entre espaços público e privado, sem pontos de interferência, nunca existiu, embora houvesse uma contraposição entre Estado e Sociedade Civil[42] ou entre indivíduo e sociedade. O Direito Privado inseria-se no âmbito dos direitos naturais e inatos dos indivíduos. O direito público, por sua vez, era aquele emanado pelo Estado para a tutela de interesses gerais. Contudo o Estado ainda se imiscuía na disciplina das relações jurídicas familiares (em decorrência do direito canônico) e mantinha um certo controle das cláusulas contratuais, por meio de noções vagas de ordem pública e bons costumes.[43]

As lutas sociais decorrentes da situação enfrentada pelos trabalhadores e o desenvolvimento do sistema de trabalho acabaram por alterar definitivamente as feições do Estado Liberal, levando a uma gradual integração do cidadão à realidade estatal. Paulatinamente, foi-se afastando do campo de direito civil (propriamente dito) aquilo que era a sua real nota sonante, isto é, a defesa da posição do indivíduo perante o Estado (hoje matéria constitucional), alcançável pela predisposição de um elenco de poderes jurídicos que lhe assegurava a liberdade para o exercício da atividade econômica.

O sustentáculo fundamental do liberalismo, que tinha como pressuposto a separação entre o Estado e a Sociedade Civil, relegava ao primeiro a tarefa de manter a coexistência pacífica entre as esferas individuais, para que atuassem livremente. Sustenta Habermas (1984, p. 95) que "como esfera privada, a sociedade só é colocada em questão quando as próprias forças sociais conquistam competências de autoridade pública". Outro aspecto destacado pelo filósofo alemão é o de que "ao intervencionismo estatal na esfera social corresponde também a transferência de competências públicas para entidades privadas" (idem). A partir do surgimento de um Estado intervencionista e regulamentador, "ditando as regras do jogo", o Direito Civil viu modificadas as suas funções e, desde então, não mais foi

---

[41] O art. 544 do *Code* dispõe: "La propriété est le droit de jouir et disposer des choses de la manière la plus absolue, pourvu qu'on fasse pas un usage prohibé par les lois ou par lês règlements".

[42] O conceito de Sociedade Civil encontra uma formulação sistemática com Hegel, em 1821, nos *Princípios da Filosofia do Direito*. Ao introduzir este conceito, Hegel traduzia uma das mais significativas mudanças da modernidade política: a separação da "vida civil" e da "vida política", da sociedade e do Estado; transformação concomitante à revolução industrial (aparecimento da cultura burguesa, importância e autonomia acrescida da esfera econômica) e politicamente consagrada pela queda do "Ancién Regime". A "Sociedade Civil" enuncia um conjunto de valores positivos: a autonomia, a responsabilidade, o fato de os indivíduos se assumirem a si próprios e aos seus problemas. Traduz uma dimensão coletiva, a qual parece escapar aos perigos do individualismo e incitar à solidariedade. Também sugere emancipação da tutela do Estado e de valores mais afetivos como a intimidade, a familiaridade, etc. Explica-se, assim, em nossa época a reativação recente do par Sociedade Civil-Estado.

[43] Cf. FACCHINI, *in op. cit.*, p. 19.

possível prezá-lo segundo os moldes do direito individualista dos séculos anteriores.

O intervencionismo estatal e, na sua esteira, o papel que a regulamentação jurídica passou a desempenhar na economia e, de uma forma geral, na vida civil podem, então, ser encarados como elementos interagentes – em vez de razão primordial – das profundas mudanças ocorridas no direito privado. O novo peso dado ao fenômeno importa em rejeitar a idéia da simples invasão da esfera pública sobre a privada, para admitir, ao revés, a estrutural transformação do conceito de direito civil, ampla o suficiente para abrigar, na tutela das atividades e dos interesses da pessoa humana, técnicas e instrumentos tradicionalmente próprios do direito público como, por exemplo, a aplicação direta das normas constitucionais nas relações jurídicas de caráter privado.[44]

1.4.2. Pontos de confluência entre o Direito Público e o Privado

A teoria das invalidades dos atos administrativos revela-se como um bom exemplo de estrutura normativa cujos elementos da teoria do direito privado devem sofrer uma influência cogente dos princípios que regem o direito administrativo (publicidade, legalidade, moralidade, etc.), a permitir que se afaste definitivamente a noção de que o direito público se identifica com o direito positivo.[45]

Vê-se com cada vez maior freqüência o aumento dos pontos de confluência entre o público e o privado, em relação aos quais não há uma delimitação precisa. Ocorre uma fusão, em vários aspectos, entre o interesse público e o privado. Cada vez mais o Estado utiliza institutos jurídicos de Direito Privado em substituição aos ultrapassados modelos autoritários,[46] estabelecendo relações negociais com os particulares. Por outro lado, o Direito Privado também é imiscuído por princípios de Direito Público, como se percebe na elaboração da categoria dos interesses difusos ou supra-individuais, na atribuição de função social à propriedade, na função so-

---

[44] Sustenta a aplicação direta da Constituição nas relações de direito privado na Itália entre outros, PERLINGIERI (*Il Diritto Civile nella Legalità Costituzzionale*. Nápoles: ESI, 1985, *passim*).

[45] A contraposição entre estado de natureza e estado civil, no dizer de Bobbio (*in Direito e Estado no Pensamento de Emanuel Kant*. 3ª ed. Brasília: Ed. UnB, 1995, p. 83), foi recebida e convalidada por Kant, que chega à conclusão do processo de identificação das duas grandes dicotomias da doutrina jurídica, direito privado e direito público de um lado; direito natural e direito positivo de outro: o direito privado ou dos privados é o direito do estado de natureza, cujos institutos fundamentais são a propriedade e o contrato; o direito público é o que emana do Estado constituído a partir da supressão do estado de natureza, sendo, então, direito positivo propriamente dito, ou seja, o direito cuja força vinculatória deriva da possibilidade da aplicação da sanção. Segundo a fórmula Kantiana, os dois ramos se distinguem pela diversidade de suas fontes, a qual no direito privado reside no princípio da razão e, no público, na vontade do legislador.

[46] Cf. GALGANO, F. "Pubblico e Privato nell'organizzazione giuridica". *In Contratto e Impresa*. Pádua: Cedam, 1985, p. 358.

cial da família, determinação imperativa do conteúdo de negócios jurídicos, na objetivação da responsabilidade e na obrigação legal de contratar.[47]

Além disso, mantendo-se sempre atento ao fato de que a constitucionalização do direito privado contém limites na preservação dos direitos fundamentais,[48] o fenômeno do intervencionismo na economia tornou-se um dos principais mecanismos pelos quais se realiza a justiça distributiva, conforme exige o ditado constitucional. Com efeito, para se desincumbir da tarefa fundamental do Estado Democrático de Direito, consistente em "superar as desigualdades sociais e regionais e instaurar um regime democrático que realize a justiça social",[49] o Poder Público utiliza, como instrumento privilegiado, a intervenção na ordem econômica, sendo o princípio da justiça social previsto como princípio geral da atividade econômica no *caput* do art. 170 da Carta Magna brasileira. Embora a ordem econômica seja destinada ao conjunto de princípios que regem os fatos do mundo do ser econômico, a Constituição Federal estabeleceu parâmetros para a sua regulação. Constituiu-se, então, uma "ordem jurídico-econômica", na medida em que tomou os fatos do mundo do ser e a eles aplicou uma regra de conduta, transpassando-o para o mundo do dever-ser (Grau, 2000, p. 50-52).

Defronte de tantas alterações no cenário histórico-cultural, os conceitos de direito privado e direito público não permaneceram incólumes. Houve modificações em seus significados originários: o direito privado deixou de ser o âmbito da vontade individual, e o direito público não mais se inspirou na subordinação do cidadão. A divisão do direito, então, não pode permanecer ancorada àqueles antigos conceitos e, de substancial – isto é, expressão de duas realidades herméticas e opostas traduzidas pelo binômio autoridade/liberdade – transforma-se em distinção meramente "quantitativa": há institutos onde é prevalente o interesse dos indivíduos, estando presente, contudo, o interesse da coletividade; e institutos em que prevalece, em termos quantitativos, o interesse da sociedade, embora sem-

---

[47] Talvez a derradeira derrocada da autonomia do direito privado tenha ocorrido após a Segunda Guerra Mundial, conflito injustificável que veio à tona mesmo após a consolidação da racionalidade técnica e formal que deu suporte ao direito privado, produzindo o célebre comentário de Zagrebelsky: "Auschwitz é um acontecimento ambivalente. Nos mostra que nunca deveria ter acontecido de acordo com a idéia que temos de nós mesmos, mas nos mostra que ainda assim aconteceu. E aconteceu porque assim o quiseram os próprios homens. Na natureza humana há horror por Auschwitz, mas nela estão também as causas que o produziram" (*in El Derecho Dúctil*. Madri: Editorial Trotta, 1999, p. 106).

[48] H. Arendt distinguiu três realidades (pública, social e privada), preconizando a impossibilidade de uma completa funcionalização do privado ao público, sendo válido manter longe do público, portanto na sombra e na penumbra, aquilo que diz respeito à intimidade das pessoas, ao seu modo de ser na vida particular, que se vê lesado e agredido quando violado e divulgado: "A distinção entre as esferas pública e privada, encarada do ponto de vista da 'privatividade' não do corpo político, equivale à diferença entre o que deve ser exibido e o que deve ser ocultado" (*A condição humana*. 10ª ed. Rio de Janeiro: Forense Universitária, 2003, p. 82).

[49] Nesse sentido, também é o pensamento de J. Afonso da Silva (*Curso de Direito Constitucional Positivo*. 5ª ed. São Paulo: Ed. RT, 1989, p. 108).

pre funcionalizado, em sua essência, à realização dos interesses individuais e existenciais dos cidadãos.

Diante desse quadro, parece correta, então, a elaboração hermenêutica que entende ultrapassada a *summa divisio* e reclama a incidência dos valores constitucionais nas relações jurídicas administrativa e civil, operando uma espécie de "despatrimonialização" do direito privado, em razão da prioridade atribuída, pela Constituição, à pessoa humana, sua dignidade, sua personalidade e seu livre desenvolvimento. Dessa postura decorre a urgente obra de controle de validade dos conceitos jurídicos tradicionais, especialmente aqueles lastreados na dogmática do Direito Civil, como é o caso da teoria das invalidades dos atos administrativos.

1.5. DA INSUFICIÊNCIA DAS REGRAS DO DIREITO CIVIL PARA O DIREITO ADMINISTRATIVO

Conforme se viu no item anterior, não há que se negar a sobreposição das esferas públicas e privadas nos conceitos jurídicos, impondo-se esmiuçar em que medida os resultados da teoria jurídica das nulidades dos atos privados têm aplicação no Direito Administrativo. Na abordagem desse tema, há que se levar em conta desde já a advertência de Giannini, no sentido de que "um sistema de invalidade constituído em um Direito que encontra seu centro no problema da autonomia dos sujeitos privados mal se presta a ser aplicado a um Direito que encontra o seu centro no problema da dialética autoridade/liberdade".[50]

A advertência é proeminente, já que a simples subsunção sem temperança, sem o correto ajustamento à realidade do Direito Administrativo, dos preceitos que disciplinam as nulidades no direito privado, ensejaria soluções contraditórias e injustas. Não há de se esquecer a lição do eterno Ruy Cirne-Lima (1987, p. 23) no sentido de que a atividade administrativa é "a atividade de quem não é senhor" e, portanto, deve ser exercida em atendimento à utilidade pública, respeitando-se, ao mesmo tempo, a lei.

Segundo as normas do Direito Civil nos países de cultura jurídica romano-germânica, os atos contrários às normas imperativas e às proibitivas são absolutamente nulos, ou nulos de pleno direito,[51] sendo tal nulidade

---

[50] Cf. Giannini, no prefácio da obra *Lezioni di Diritto ammninistrativo*, vol. I, 1950, (tradução livre) de Giuseppe Chiovenda.

[51] É o caso do Brasil, que consagrou no novo Código Civil (Lei 10.406/2002), no art. 166, *in verbis*: "É nulo o negócio jurídico quando: I – celebrado por pessoa absolutamente incapaz; II – for ilícito, impossível ou indeterminável o seu objeto; III – o motivo determinante, comum a ambas as partes, for ilícito; IV – não revestir a forma prescrita em lei; V – for preterida alguma solenidade que a lei considere

concebida como uma sanção pela ausência ou uma alteração de um elemento constitutivo do ato.

Acaso fosse possível adotar tal solução ao Direito Administrativo, isto é, admitindo-se que todo ato administrativo viciado assim o é, porque a Administração realizou algo em contradição com um preceito legal e, em conseqüência, se admitisse que nesses casos a sanção é o da nulidade absoluta, a questão que ora nos é proposta estaria simplificada notavelmente, uma vez que toda nulidade de ato administrativo representaria violação de regra cogente, a qual está a tutelar um interesse público, o que imporia sempre o tratamento destinado às nulidades absolutas.

Sob esse aspecto, releva anotar importante característica das nulidades dos atos administrativos: a nulidade deriva da impossibilidade de o ato integrar-se em um ordenamento jurídico dado, diante de sua violação objetiva de princípios jurídicos, antes que de um elemento viciado ou ausente. Todo vício de um ato administrativo é uma mácula à relação jurídico-administrativa, a qual não está contingenciada apenas pela incidência do princípio da legalidade.

Isto é assim, pois no direito privado a ênfase sobre a vontade das partes contribui apresentando cada ato como definidor de sua própria ordem jurídica e, por isso, as principais nulidades são aquelas que demandam de uma imperfeição dos mesmos elementos que constituem o ato. Por outro lado, as nulidades administrativas não dependem de qual elemento do ato está viciado, senão da importância da infração à ordem jurídica.[52]

Outro aspecto que pode ser destacado para diferenciar as nulidades do Direito Civil e as do Direito Administrativo é que as primeiras sempre são declaradas por órgão judicial, enquanto as segundas podem também ser declaradas pelo próprio órgão administrativo. As primeiras ocorrem, via de regra, em procedimentos ordinários; as segundas encontram veículo usual no *writ of mandamus*.

No Direito Civil, o rol das nulidades dos atos jurídicos está em sua maior parte codificada na legislação. No Direito Administrativo, por sua vez, ainda que algumas leis contenham algumas regras sobre a matéria (no caso brasileiro, por exemplo, a Lei de Licitações e a Lei de Processo Administrativo), o fato é que raramente se verifica uma sistematização ampla dos casos de nulidade e das soluções aplicáveis.[53]

---

essencial para a sua validade; VI – tiver por objetivo fraudar lei imperativa; VII – a lei taxativamente o declarar nulo, ou proibir-lhe a prática, sem cominar sanção".

[52] Esta é a posição de GORDILLO, Agustín. *Tratado de Derecho Administrativo*. Tomo 3. 5ª ed. Buenos Aires: Fundación de Derecho Administrativo, 2000, p. XI-3.

[53] Na Argentina, embora o Decreto-Lei nacional de Procedimentos administrativos veicule hipóteses de nulidade absoluta, a jurisprudência dos tribunais judiciais tem consagrado o entendimento de que a valoração de cada vício deve ser feita no caso concreto.

No Direito Administrativo não encontra ressonância o princípio *pas de nullité sans texte*, o qual já foi muito festejado na esfera privatística.[54] De todo modo, seja ou não mantido esse princípio em todas as hipóteses do direito civil, o fato é que, na esfera pública, ele é praticamente inaplicável. No direito privado, via de regra, manejam-se poucos princípios jurídicos indeterminados (boa-fé, abuso de direito, lesão, etc.) e quando isso acontece normalmente se chega a uma solução justa para cada caso. Embora também aqui seja impossível determinar de antemão um catálogo de atos proibidos, quando o juiz estabelece o fato ocorrido, a nulidade decorre como necessária conseqüência. No Direito Administrativo, por sua vez, há um rol extenso de princípios indeterminados (publicidade, transparência, eficácia, moralidade) que emergem da Constituição, sob os quais impera o postulado da proporcionalidade, cuja aplicação enseja um cuidado peculiar ao operador do direito.

Enquanto no direito privado se diz que a ninguém é lícito beneficiar-se da própria torpeza (*nemo propriam turpitudinem allegare potest*), no Direito Administrativo antigo a Administração podia fazê-lo, seja revogando atos ilegítimos, os quais houvera editado desde que sem afetar os direitos de terceiros que nele confiaram, seja requerendo em sede judicial a nulidade do ato.[55] No Direito Comparado existe uma ação judicial expressamente criada pelo legislador com este efeito: a ação de lesividade. No nosso direito, essa ação se inclui entre os processos ordinários como uma das possíveis pretensões processuais da administração em juízo.

É verdade que cada vez mais se afirma em nosso Direito a tendência contrária a que a administração invoque a sua própria torpeza, argumentando de diversas e persuasivas maneiras. Tem-se sustentado, assim, ao inverso do critério negatório de aplicação dos princípios fundamentais de direito à administração pública, que devem ser rechaçadas as pretensões contraditórias com a conduta passada do pretendente, quando contrariarem a boa-fé ou vulnerarem a confiança que terceiros depositaram sobre dita conduta prévia.[56]

---

[54] Embora hodiernamente não deixe de ser aplicado com temperamentos mesmo no âmbito do direito civil, em face da publicização do direito privado (tópico anterior).

[55] Nesse sentido eram as primeiras manifestações do Supremo Tribunal Federal sobre a matéria, cujo entendimento pode ser exemplificado na ementa do Recurso em Mandado de Segurança nº 2.497/SP, julgado em 02/08/1954, Rel. Ministro Nelson Hungria: "ATOS ADMINISTRATIVOS EIVADOS DE NULIDADE. O princípio de 'auto-impugnativa', segundo o qual a Administração Pública pode retirar, de ofício, *jure* próprio, os atos que ela mesma expediu, desde que contrários à Constituição ou à lei ordinária. Subsistência de tal princípio em face da Carta de 46".

[56] Uma decisão realmente inovadora sobre o tema foi proferida pelo TRF 4ª Região: "ADMINISTRATIVO. SERVIDOR PÚBLICO FEDERAL. EXONERAÇÃO. ART. 54 DA LEI Nº 9.784/99. DECADÊNCIA. Transcorridos mais de cinco anos do trânsito em julgado da decisão que não reconheceu o direito do servidor de ser investido no cargo de Contador Classe A, referência NS5, TRT 4ª Região, a administração decai do direito de proceder à exoneração. – O art. 54 da Lei nº 9.784/99 não faz distinção entre atos nulos e anuláveis, a não ser no caso de má-fé, sendo que ambas as hipóteses admitem conva-

Tal tópico representa um bom exemplo da superação da atitude hermenêutica fragmentária entre Direito Civil e Administrativo, admitindo-se uma ressignificação de conceitos a permitir uma leitura sistemática do ordenamento jurídico. Passou-se a reconhecer que o atuar contraditório, o qual translada deslealdade, em pleno desenvolvimento da relação jurídica administrativa, resulta desqualificado pelo direito, o que restou consagrado em diversos brocardos como *venire contra factum proprium non valet*, o qual traduz nova matiz do princípio da boa-fé.

Cada vez mais, portanto, revela-se necessário exigir das partes um comportamento coerente, alheio a mudanças de conduta prejudiciais, não importa em qual o ramo do Direito da primitiva *summa divisio* se esteja operando. Fundamental é desestimular toda atuação que implique um obrar incompatível com a confiança que se suscitou no outro, seja na seara do direito precipuamente público, seja no privado.

1.6. UMA BREVE ANÁLISE DA NULIDADE E ANULABILIDADE NO DIREITO COMPARADO

1.6.1. Doutrina Italiana

Ainda que a existência dos atos administrativos nulos seja objeto de ampla discussão, pode-se dizer que a doutrina prevalente na Itália é a dicotômica (nulidade e anulabilidade), segundo a qual se afirma que o ato administrativo é nulo se carece de um elemento essencial (vontade, causa, conteúdo e forma) e anulável quando apresenta um vício em um dos requisitos de legitimidade (o que equivale a dizer, na violação da lei, na incompetência e no desvio de poder).[57]

No ordenamento italiano, distinguem-se os vícios de *legittimità* (incompetência, desvio de poder e violação a lei, como complexo de vícios residuais relativos à forma, conteúdo e procedimento) e vícios de *merito* (aqueles relativos à oportunidade no exercício de poderes discricionários). A invalidade pode ser absoluta ou relativa. É absoluta quando impede que o ato administrativo possa produzir qualquer efeito.[58] A nulidade (radical, ou

---

lidação pelo decurso do tempo.- Inaplicável, quanto aos juros moratórios, o art. 1º-F da Lei 9.494/97, incluído pela Medida Provisória 2.180-35, de 24/08/2001, segundo jurisprudência pacífica do E. STJ, em relação a ações em curso quando de sua edição, pelo fato desta norma possuir natureza material, com reflexos na esfera jurídica das partes. Apelação provida" (DJU de 05/11/2003, publicado na RTRF 4ª 51/2004/170, Tribunal Regional Federal da 4ª Região, rel. José Paulo Baltazar Junior).

[57] Cf. LANDI e POTENZA. *Manuale di Diritto Ammninistrativo.* 10ª edizione. Milano: Giuffrè, 1997, p. 251-264.

[58] Cf. LAVAGNA. *Instituzioni di Diritto Pubblico.* 6ª edizione. Roma: UTET, 1985, p. 738-743 *apud,* Virga. *Diritto Ammininistrativo, I principi.* 5ª edizione. Milano: Giuffrè, 1999.

nulidade inexistência) do ato consiste no defeito absoluto de um elemento essencial de procedimento ou a falta de um elemento essencial (sujeito, objeto, forma, inexistência da vontade, de causa ou do conteúdo).[59] A nulidade opera *ipso iure* e pode ser declarada a todo tempo, mediante uma sentença meramente declaratória.[60]

Ainda que a distinção entre vícios de *legittimità* e vícios de *merito* não seja absoluta, pois o *merito* se integra na *legittimità* – entendida no sentido de legalidade ou conformidade ao direito –, Lucifredi (1963, p. 346-347) assumiu a tradicional bipartição (Ranelletti, Zanobini, Raggi) e preferiu falar de nulidade e anulabilidade. Existe a nulidade quando a invalidez do ato deriva: a) da impossibilidade física de o efeito vir a ser produzido; b) da ilicitude do efeito desejado que colide com a Lei penal, os bons costumes ou a ordem pública, c) de sua indeterminação; d) da expressa proibição legislativa. Por outro lado, existe a anulabilidade: a) se existe vício *di merito;* b) ou de sua divergência com obrigações previamente assumidas pela Administração. Se a invalidez deriva de uma prescrição de forma violada, da divergência ou incompatibilidade com o conteúdo necessário do ato ou implícito por lei válida, somente uma análise caso por caso da natureza da prescrição violada ou da maior ou menor gravidade da divergência poderá permitir estabelecer se deve se tratar de nulidade ou anulabilidade. Para Lucifredi, a importância da distinção é notável pela diversidade de conseqüências atribuídas: a nulidade *opera di diritto, può essere fatta valere in qualunque tempo.*[61]

Por outro lado, Giannini (1970, p. 610-612), lançando mão da jurisprudência do *Consiglio di Stato*, nega que no sistema de invalidades italiano tenha cabimento a nulidade. Não se pode falar de nulidade, se os legitimados, para pedir a anulação judicial ou administrativa, são em número restrito, se a demanda tem de ser interposta em um breve prazo, se é sanável, ou se não é apreciável de ofício. Onde a lei italiana se refere à nulidade, os tribunais italianos têm entendido *nulle* como equivalente de ilegítimo.

No que tange ao poder ou ao dever de invalidar, a doutrina italiana majoritária posiciona-se pelo caráter facultativo. Boa parte entende que tanto a revogação quanto a anulação do ato administrativo, "qualquer que seja o grau da invalidade", devem ser decididos "espontaneamente" pela auto-

---

[59] A doutrina italiana distingue incompetência relativa e absoluta. Somente a incompetência absoluta dá lugar à nulidade (VIRGA. *Diritto Ammininistrativo, I principi.* 5ª edizione. Milano: Giuffrè, 1999, p. 41-42).

[60] Cf. BARILE, *Instituzioni di Diritto Pubblico*, p. 455.

[61] Aqui cabe lembrar a famosa advertência de Celso Antônio Bandeira de Mello: "A noção de invalidade é antitética à de conformidade com o Direito (validade). Não há graus na invalidade. Ato algum em Direito é mais inválido do que o outro. Todavia, pode haver e há reações do Direito mais ou menos radicais ante as várias hipóteses de invalidade. Ou seja: a ordem normativa pode repelir com intensidade variável atos praticados em desobediência às disposições jurídicas, estabelecendo, destarte, uma gradação no repúdio a eles."

ridade administrativa, o que indica que, verdadeiramente, o autor compreende ser faculdade a retirada do mundo jurídico por ação *sponte propria* da administração, de ato administrativo que padece de vício de ilegalidade.[62]

Para Zanobini (1958, p. 321), expoente magistral da doutrina italiana, o exercício da autotutela da administração compreende a "anulação" e a "revogação". Enquanto a primeira hipótese representa a eliminação de um ato "viciado em sua legitimidade", a segunda constitui-se da retirada de um ato do mundo jurídico por "vício de oportunidade". Ambas as disposições teriam caráter discricionário.

Vale destacar a lição de Fragola, segundo o qual, pelo decurso do tempo, consolidam-se situações de interesse particular das quais resultam atendidas, em função da manutenção das relações, o interesse público. A despeito de o ordenamento italiano não fixar limite temporal para a anulação dos atos administrativos, pode-se afirmar que, em homenagem à segurança jurídica, alguns atos inválidos não podem mais ser objeto de anulação, especialmente quando, após período razoável, originaram direitos a terceiros de boa-fé.[63]

1.6.2. Doutrina Alemã

Os germânicos firmaram sua tradição pelo desenvolvimento dos conceitos privatísticos construídos pelos romanos na Antiguidade, imprimindo uma característica própria, ao longo da história do Direito, qual seja: a do desenvolvimento doutrinário como móvel à solidificação da jurisprudência, e não do oposto.

No desenvolvimento do conteúdo do princípio da legalidade a vincular a atividade administrativa, pode-se afirmar que, ao menos até meados do século XX, prevalecia no campo doutrinário a teoria rígida, segundo a qual inexistiria discricionariedade administrativa, uma vez que seria possível aferir-se sempre, diante de cada caso, de forma concreta, se o *interesse público* seria atendido pela dinâmica empreendida pelo Estado. Assim, calcados em bases romanísticas, prevalecia na doutrina alemã a noção de que a Administração deveria invalidar de ofício os atos de sua produção que padecessem de vício de ilegalidade. Nesse sentido, destaca-se de forma proeminente o pensamento de Otto Mayer que, ao editar sua obra fundamental,[64] já assentia de maneira expressa ao entendimento de que a autoridade somente poderia arrogar a faculdade de revogar ou modificar as ordens ditadas por

---

[62] Cf. TIVARONI, Carlo. *Teoria degli Atti Amministrativi*. Torino: G. Giapichelli, 1939, p. 97.

[63] FRAGOLA, Umberto. *Gli Atti Amministrativi*. Milano: UTET, 1952, p. 195, *apud* VIRGA. *Diritto Ammininistrativo, I principi*. 5ª edizione. Milano: Giuffrè, 1999.

[64] A obra de Otto Mayer é realmente significativa para o Direito Administrativo. O livro *Derecho Administrativo Alemán* (Buenos Aires: Depalma, t.1, 1951), cuja versão original é de 1895, revela o quanto a função básica deste ramo do direito era a supremacia do interesse geral.

ela própria quando o interesse público assim o reclamasse. O doutrinador alemão também distinguiu, desde remota época, os fenômenos da nulidade e invalidez: segundo o seu ponto de vista, a invalidez não seria mais do que um motivo para se declarar a ineficácia, não representando, em si mesma, a própria ineficácia. O contrário da invalidez, afirmava Mayer (1951, p. 126), é a nulidade, o que significaria uma ineficácia de direito. Nesse sentido, o ato de autoridade não seria mais nulo do que o caso em que realmente não exista ato de autoridade, senão a sua mera aparência; ou seja, o ato administrativo nulo é aquele que se constitui em uma disposição emanada de pessoas absolutamente incompetentes.

Segundo o pensamento clássico de Fleiner (1933, p. 163-164), para que se produza a nulidade, ao contrário do que ocorre no Direito Privado, no Direito Público somente se toma em consideração infrações jurídicas gravíssimas da lei. Considera-se nula apenas aquela ordem que carece de algum elemento jurídico essencial (a competência em razão da matéria e do território), a forma e os preceitos essenciais sobre o procedimento, o cumprimento das condições jurídicas que a lei considera imprescindíveis, a possibilidade fática e jurídica e a não-contradição a uma norma proibitiva.

Aos poucos, passou-se a arraigar o juízo, no seio da doutrina alemã, de que a atividade invalidatória com o fim de restaurar a legalidade violada deveria respeitar a boa-fé de terceiros e os direitos por ele adquiridos. Expoente desse pensamento, Merkl (1935, p. 263-278) já declarava que certos atos administrativos seriam imutáveis, ainda que diante das imposições demandadas pelo interesse público, em razão das exigências do princípio da segurança das relações jurídicas. Lastreou sua posição de imutabilidade de certos atos administrativos em torno da noção da *coisa julgada administrativa*. Para este doutrinador, os atos defeituosos que adquirissem validade posterior agregariam, como efeito, força de *coisa julgada administrativa*, sobretudo no caso de gerarem direitos a terceiros.

Traçando um certo contraponto às idéias até então formuladas, Forsthoff (1958, p. 320 e ss) afirmava que a Administração não poderia atribuir à sua atividade a força de coisa julgada material conferida à sentença do juiz ordinário, uma vez que a decisão judicial, via de regra, concerne a um fato claramente circunscrito pertencente ao passado, e por essa razão, "invariável", ao passo que a atividade administrativa se encontraria ante circunstâncias que escapam a uma delimitação temporal, uma vez que feitas para o futuro, razão pela qual sempre permaneceriam "variáveis". Justamente em face dessa variabilidade é que não se poderia dar às decisões administrativas a força de coisa julgada material.

Para o doutrinador, existem diferenças entre a anulação de atos administrativos que qualifica de onerosos e a empreendida quanto aos atos que considera favoráveis, qualificando o primeiro caso como *cancelamento* e o segundo caso como *revogação* (Forsthoff, 1958, p. 357). Os critérios que tratam de limitar a livre revogabilidade de que dispõe a Administração não seriam extensíveis aos atos administrativos antijurídicos. Quanto a estes últimos, a sua retirada do mundo do Direito não seria somente lícita, senão encerraria *um dever jurídico*, o qual não restaria limitado a considerações devidas ao destinatário do ato, mas, sim, ao interesse público, pressupondo-se um motivo objetivo. Forsthoff admite que os limites ao poder de proceder à anulação de ofício provêm, ao menos em parte, dos princípios jurídicos que regem o direito, os quais ensejam uma tendência na preservação dos direitos adquiridos dos destinatários dos atos passíveis de invalidação (princípio da segurança jurídica).

Forsthoff (1958, p. 339) qualificou como supostos de atos nulos: 1) a incompetência territorial quando a competência está determinada em razão do objeto a que se refere o ato administrativo, citando como exemplo as licenças locais de construção e fundação de indústrias; 2) atos ditados por instâncias inferiores quando a competência está reservada à superior; 3) atos ditados com notório erro de competência – violação de competência objetiva, que legitima a negar a proteção de confiança, por exemplo: uma resolução adotada somente pelo residente de um órgão colegiado; 4) uma resolução com infração de forma quando existe uma clara vinculação legal; 5) impossibilidade de fato por contradição com a realidade; 6) a infração de uma norma proibitiva.

Mais recentemente, Maurer expõe o pensamento de que a mera impugnabilidade do ato administrativo é a regra, sendo apenas excepcionalmente nulo. A impugnação pode, mas não precisa conduzir à anulação.[65] O ato é nulo quando sofre de um vício manifesto e grave e, nesse caso, não precisa ser cumprido pelo cidadão e pode ser anulado a qualquer hora e em qualquer procedimento. O ato nulo não é insignificante, podendo causar direitos de indenização. Se a autoridade não compartilhar a concepção do cidadão de que o ato é nulo e houver expirado o prazo para impugnação, não mais este poderá objetar a antijuridicidade do ato administrativo.

1.6.3. Doutrina Francesa

Na França, a construção de uma teoria das nulidades é atribuída em boa parte à contribuição de Alcindor.[66] Segundo o autor, a teoria administrativa sobre as nulidades se funda sobre a distinção entre atos inexistentes, atos irregulares e atos anuláveis: 1) São atos inexistentes aqueles ditados por uma autoridade que atenta de uma maneira certa e inegável contra as

---

[65] Cf. a obra *Allgemeines Verwaltungsrecht*, 14ª ed., Munique, 2002, traduzido para o português por LUÍS AFONSO HECK: *Direito Administrativo Geral*. Barueri, SP: Manole, 2006, p. 281.

[66] Por meio da clássica obra *Essai d'une théorie dês nullités em droit administratif*, Paris, M. Giard et E. Briére, 1912, *apud* CHAPUS, René. *Droit administratif général*. t 1. 15ª ed. Paris: Montchrestien, 2001.

disposições que fixam a sua competência de tal forma que nenhuma pessoa possa duvidar da violação da regra jurídica. Os atos inexistentes que carecem de toda força de fato e de direito constituem uma mera pretensão do agente administrativo. Perante os atos inexistentes, não é necessário exercitar ações judiciais. Se a autoridade persiste em seu desejo de executar o ato inexistente, surge o direito de resistência, cujo conflito de pretensões será dirimido por tribunais judiciais.[67] 2) Um ato é irregular quando o funcionário que o admitiu não respeitou de maneira estrita as regras que fixam o alcance de seus poderes ou as forma estabelecidas. Desse modo, o ato é irregular nas hipóteses de desvio de poder ou de infração ao ordenamento jurídico (de uma disposição regulamentaria). O ato irregular tem a aparência de um ato legal. O ato nulo é suscetível de produzir determinados efeitos – razão que leva Alcindor a preferir a denominação de "ato irregular" diante da então aceita "ato nulo". O ato irregular é nulo *ab initio*, sua nulidade pode ser invocada por todo indivíduo. A ação pode ser perpétua ou circunscrita dentro de um determinado prazo. A declaração do juiz em caso de insurgência jurisdicional é *erga omnes.* 3) Por último, um caso é anulável quando a autoridade superior tem a faculdade de se pronunciar sobre a sua supressão dentro de um prazo determinado.

A principal contribuição de Alcindor será a crítica à categoria da anulabilidade. A concepção então vigente respaldada por Laferrièrre e Moreau vai ser objeto de revisão. Os denominados atos irregulares eram objeto de uma bipartição categórica: nulidade absoluta, de pleno direito, na qual o vício podia ser invocado a todo momento; e anulabilidade na qual os atos são anuláveis dentro de um prazo restrito, pois transcorrido este prazo os atos anuláveis são equiparados aos atos legais, e sua validez não poderá ser discutida. Diante dessa construção, Alcindor crê que a distinção entre atos nulos e anuláveis é produto do intento de adaptação de tais categorias ao Direito Público. E sua origem, que se situa no Direito Romano, não tem sentido no Direito Administrativo. Neste último, não se conhece a coexistência de duas legislações, uma rígida, mas digna de respeito, e a outra, eqüitativa e flexível. Por isso, em sua opinião, todos os atos administrativos ilegais, deliberações ou decisões individuais, formam uma só categoria e são submetidos a um mesmo regime jurídico, seguindo neste ponto os traços prévios de Jèze (em Direito Administrativo as nulidades são de ordem pública) e Hauriou.

No Direito Administrativo francês, a partir do caso *Dame Cachet*, de 1922, a segurança jurídica ganha contornos mais importantes que a própria

---

[67] Os supostos de inexistência correspondem à violação flagrante das disposições gerais que fixam a competência do agente, a saber: usurpação de poder de um agente sobre uma autoridade; usurpação de poder de uma autoridade administrativa sobre uma jurisdição; usurpação de poder de uma autoridade administrativa sobre outra autoridade e incompetência absoluta. Do seu estudo jurisprudencial, deduz que o Direito Público considera inexistente "l'acte emane d'um individu que n'avait aucune qualité pour agir, ou l'acte dont lê contenu es totalement étranger á la fonction de son auteur" (Alcindor, op. cit., p. 21-28 e 41).

legalidade. Para Jean Rivero (1981, p. 124), a partir de tal precedente, a jurisprudência francesa passou a considerar a segurança jurídica em um patamar mais significativo que a própria legalidade, estabelecendo-se que os atos administrativos inválidos somente podem ser desconstituídos no prazo de sessenta dias, o qual corresponde ao legalmente previsto para a interposição do recurso por excesso de poder. Para o autor, a jurisprudência francesa retirou da Administração qualquer faculdade de revogação no que tange a uma categoria particular de atos criadores de direitos: as autorizações implícitas que decorrem da expiração de um certo prazo. Mesmo ilegais, não podem ser retiradas tais autorizações, ainda que a pretensão de revogação seja manifestada nos dois meses (idem).

Para Benoit (1968, p. 568-570), caso a anulação do ato administrativo inválido se desse após o lapso temporal de dois meses fixados na jurisprudência do Conselho de Estado como limite ao autocontrole da legalidade, o ato de invalidação, que retiraria do mundo jurídico o ato administrativo ilegal, também padeceria de vício similar de ilegitimidade, ainda que esta expressão se afigure mais ampla do que aquela. O autor gaulês destaca que tal retratação ocorrida além do termo garantidor da segurança das relações jurídicas resultaria na responsabilização civil do Estado.

As concepções mais atuais da doutrina francesa distinguem nulidade de inexistência. Os atos nulos são aqueles afetados por aquilo que se poderia denominar de ilegalidade ordinária (atos praticados por autoridade incompetente, ou por meio de procedimento irregular ou com vício de motivo). Já a inexistência seria declarada em razão da maior gravidade dos vícios apurados.[68]

1.6.4. Doutrina Espanhola

Garrido Falla, em estudo precursor sobre o dever de anulação de ofício da administração,[69] estabeleceu uma gradação dos vícios concernentes ao ato sob exame, de modo que aqueles contaminados por vício de nulidade absoluta (então enumerados no art. 47 da Ley de Procedimento Administrativo de 1952) podem ser anulados a qualquer momento, sem limitação de tempo. Nessa visão, outros vícios menores estariam sujeitos ao limite de quatro anos para serem invalidados de ofício, enquanto os atos declaratórios de direitos, por sua vez, não seriam passíveis de anulação *ex officio*, devendo ser objeto de impugnação em sede de contencioso administrativo.

---

[68] Como aduz René Chapus: "Ce cas particulier (quoique banal) mis à part, c'est a titre exceptionnel et em raison de la gravite dês vices qui l'entachent, que la non-conformité d'um acte à la légalité se traduit par son inexistence juridique: il será considere, selon l'expression habituelle de la jurisprudence, comme <<nul et nn avennu>>, et declare tel sul recours em déclaration d'inexistence ou sur recours pour excès de pouvoir que lê juge assimilera au précédent". (*in Droit administratif général*, 2001, p. 1014).

[69] Cf. a obra *Régimen de impugnación de os actos administrativos*. Madri: Instituto de Estudios Políticos, 1956.

Tal distinção doutrinária restou consagrada com o advento da "Ley de Régimen Jurídico de las Administraciones Públicas y Del Procedimiento Administrativo Común", de 26 de novembro de 1992. A Lei de Procedimento Administrativo (Ley 30, de 26 de novembro de 1992) classifica, do ponto de vista de sua validade, os atos administrativos em duas grandes categorias, quais sejam, os atos nulos de pleno direito e os atos anuláveis.

Os atos nulos de pleno direito encontram-se previstos no art. 62 da mencionada Lei de Procedimento Administrativo, Ley 30 de 26.11.1992, compreendendo os seguintes: "1. Os atos da Administração são nulos de pleno direito nos casos seguintes: a) os atos que lesionarem o conteúdo essencial de direitos e liberdades suscetíveis de amparo constitucional; b) os atos ditados por órgão manifestamente incompetente em razão da matéria ou do território; c) os atos que tenham um conteúdo impossível; d) os atos que sejam constitutivos de infração penal ou ditados em conseqüência desta; e) os atos ditados prescindindo total e absolutamente de um procedimento legalmente estabelecido e das normas que contenham as regras essenciais para formação da vontade dos órgãos colegiados; f) os atos que expressa ou presumidamente sejam contrários ao ordenamento jurídico, por meio dos quais sejam adquiridas faculdades ou direitos quando inexistentes os requisitos essenciais para sua aquisição; g) qualquer outro que seja estabelecido expressamente em um dispositivo de categorial legal. 2. Também serão nulas de pleno direito as disposições administrativas de classe superior, as que regulem matérias reservadas à lei, e as que estabeleçam a retroatividade dos dispositivos sancionadores não favoráveis ou restritivos de direitos individuais".

Como atos anuláveis, consigna o art. 63 da LPA da Espanha, aqueles que incorram em qualquer infração do ordenamento jurídico, inclusive o desvio de poder. Dispõe ainda o artigo em questão que, não obstante o defeito de forma, a anulabilidade do ato administrativo somente será determinada quando este careça dos requisitos formais indispensáveis para alcançar seu fim ou quando dê lugar à impossibilidade de defesa pelos interessados. Igualmente, a realização das atuações administrativas fora do tempo estabelecido somente implicará a anulabilidade do ato quando assim se imponha pela natureza do prazo.

Para alguns doutrinadores, apesar da expressa menção do texto legal, não existiria, na doutrina de Direito Administrativo espanhol, a figura da nulidade de pleno direito. Segundo tal corrente, afirmar que um ato é nulo de pleno direito não expressaria a realidade jurídica, pois enquanto o ato não é anulado, por um órgão especialmente qualificado para tal, ele vale. A distinção, efetuada pela lei, entre atos nulos e anuláveis, tomada de empréstimo ao direito privado, não tem sentido em Direito Administrativo.[70]

---

[70] Nesse sentido, a doutrina de Juan Alfonso Santamaria Pastor (La nulidad de pleno derecho de los actos administrativos. 2ª ed. Madri: Instituto de Estudios Administrativos, 1975, p. 169), segundo a qual a nulidade e a anulabilidade não são "modos de ser" do ato. Acrescenta: "Sólo forzando el sentido de

Outra distinção que a doutrina espanhola efetua, segundo a lição de Garrido Falla (2002, p. 665), é quanto à utilização dos termos *revogação* e *anulação* do ato administrativo. A primeira refere-se à retirada do ato administrativo do mundo jurídico, em face de motivos de conveniência e oportunidade, enquanto a última ocorre por dever de ofício. Nas palavras do mestre espanhol (Falla, 2002, p. 668):

> Si la revocación consiste en la posibilidad que se atribuye a la Administración de eliminar sus propios actos cuando sus efectos resulten inconvenientes al interés público, quiérase decir que la revocabilidad no es tanto una característica objetiva del acto, cuanto una potestad de que dispone ele sujeto que lo emite. Supuesto que la revocabilidad se refiere a actos válidos, su fundamento hay que buscarlo entonces en la disponibilidad que el titular de un acto tiene respecto de sus efectos jurídicos para adecuarlos a sus propios intereses.

Na doutrina espanhola, alguns autores referem a possibilidade de inexistência do ato, que se justificaria, pois a lei não faz referência a certos requisitos dos atos, quando se trata de exigências verdadeiramente elementares, óbvias e evidentes. Acaso faltem tais requisitos, o intento de sancionar a sua ausência tropeça na velha regra *pás de nullité sans texte* (não há nulidade sem norma que expressamente a estabeleça). Para superar este obstáculo, que impediria eliminar os atos inadmissíveis, afirma-se que o ato a que faltam estes requisitos mínimos, mais que um ato nulo, é inexistente, já que sequer teria a aparência de tal.[71]

Por outro lado, a maior dificuldade da teoria da inexistência do ato administrativo enunciada por Garcia de Enterria e Fernandez, a qual se propõe a resolver a situação gerada quando o ato adoece de requisitos que a lei não reconhece expressamente, devido a sua qualidade óbvia e elementar, advém de sua distinção da nulidade absoluta. Como apontou Garrido Falla (2002, p. 580), o ato não existe e então não se justifica falar de ato viciado, ou tem ao menos aparência material de ato, em cujo caso não tem sentido a diferença.

1.7. TEORIA DAS INVALIDADES NO DIREITO BRASILEIRO

A teoria das nulidades do Direito Administrativo pátrio carece do mesmo tratamento dado à doutrina civilista em relação à classificação das invalidades. Com efeito, não há um Código de Direito Administrativo a consagrar de modo amplo e seguro uma solução legislativa com abrangência sistemática. É certo que o Direito Administrativo contém matérias

---

las palabras puede hablarse de actos nulos o anulables". Diz, ainda (p. 93): "En la realidad jurídica, la nulidad no se produce nunca de modo automático, porque la nulidad no es un hecho, una realidad, sino una calificación que debe hacerse valer en el procedimiento correspondiente para que sea efectiva".

[71] Nesse sentido, ENTERRIA, Eduardo Garcia e FERNÁNDEZ, Tomás-Ramón. *Curso de Derecho Administrativo.* 10ª ed. v. 1. Madri: Civitas, 2000, p. 607.

heterogêneas a dificultar uma regulação uniforme e unitária quanto às nulidades, fato que inclusive tem propiciado o surgimento de disposições sobre o tema em algumas leis esparsas, tais como Lei de Licitações, Lei do Processo Administrativo e a Lei das Desapropriações para fins de Reforma Agrária.

É de se recordar, em consonância com Marçal Justen Filho (2005, p. 251), que grande parte da teoria das nulidades no Direito Administrativo foi desenvolvida sob a influência não-democrática, na qual a atuação estatal refletia a vontade suprema do governante. Tais dificuldades ensejaram a inexistência, no Direito Administrativo, de uma doutrina uniforme ou tratamento legislativo que estabelece com precisão as categorias de nulidade e anulabilidade com a mesma abrangência dada pelo Código Civil.

O Código Civil de 1916, o qual precedeu a Lei da Ação Popular, já classificava os atos em nulos e anuláveis. Em uma abordagem perfunctória, eram causas de nulidade (art. 166): a) a incapacidade absoluta; b) a ilicitude ou impossibilidade do seu objeto; c) a forma não prescrita em lei; d) a inobservância de solenidade que a lei considere essencial; e) a declaração legal de ato nulo ou sem efeito. As nulidades se caracterizavam: a) pela possibilidade de serem alegadas por qualquer interessado ou pelo Ministério Público, quando lhe couber intervir, ou pronunciada pelo juiz de ofício; b) pela impossibilidade de serem ratificadas pelas partes. Eram causas de anulabilidade (art. 171): a) a incapacidade relativa; b) vício resultante de erro, dolo, coação, simulação, ou fraude. As anulabilidades se caracterizavam: a) pela exigência de que só os interessados as podem alegar, não podendo ser pronunciadas de ofício; b) pela possibilidade de ratificação, com efeitos *ex tunc*.

Alguns doutrinadores pátrios almejaram utilizar as definições da teoria das nulidades do Direito Civil, então propugnadas para o Direito Administrativo, imbuídos do espírito de que assim como os atos judiciais seguem as regras peculiares às nulidades do processo, sempre nas linhas gerais da teoria civil brasileira, assim também os atos administrativos deveriam obedecer à dicotomia das nulidades estabelecidas em nosso Direito, respeitado aquilo que de especial lhes defere o Direito Público.[72]

Trilhando tal senda doutrinária, Oswaldo Aranha Bandeira de Mello adotou a clássica distinção entre atos nulos e anuláveis, sob o argumento de que tal divisa, embora objeto de sistematização pelos civilistas, não envolveria matéria jurídica de Direito Privado, mas da Teoria Geral do Direito,

---

[72] Um desses doutrinadores, por exemplo, é Tito Prates da Fonseca, *in* "Atos administrativos nulos e anuláveis", *Revista Direito* 13/51.

pertinente à ilegitimidade dos atos jurídicos. Portanto, seria perfeitamente adaptável ao Direito Público, especialmente, ao Direito Administrativo.[73]

Por outro lado, Seabra Fagundes (2006, p. 70) abordou a questão, já nos idos de 1941, sob um diverso paradigma, disposto a desestimular a tal atitude. Para ele, a teoria das nulidades no Direito Privado visa a restaurar o equilíbrio individual violado, de forma que os interesses atingidos pela fulminação do ato estariam limitados. No Direito Público, por sua vez, os afetados são múltiplos, tanto quanto os interesses, o que implica a possibilidade freqüente de haver maior lesão ao interesse público com a supressão retroativa do ato do que com a sua manutenção.

Com efeito, não há como deixar de notar que o sistema das nulidades civis tutela fundamentalmente a vontade das partes diretamente envolvidas, ainda que tal sistema não esteja imune aos efeitos das normas e princípios fundamentais extraídos principalmente da Constituição. E aqui reside importante nuance a ser destacada no trato do Direito Administrativo: as nulidades administrativas buscam principalmente reafirmar a vigência dos princípios de Direito Administrativo, não exclusivamente o da legalidade, assegurando-se a aplicação do interesse público, o qual não se confunde com o interesse da administração, mas representa o interesse coletivo de que a administração não viole a ordem jurídica, nem desconsidere o somatório de interesses individuais atingidos.[74]

---

[73] Embora Oswaldo Aranha Bandeira de Mello admita a aplicação da distinção entre atos administrativos nulos e anuláveis, decorrente da teoria geral do direito, ressalva que uma vez adotada, não se vincula o direito administrativo ao direito privado. Para o autor, é pela semelhança de situação e identidade de razão que se aplica a teoria da nulidade e anulabilidade dos atos num ou noutro ramo jurídico. O autor propõe uma aplicação analógica: "Será nulo quanto à capacidade da pessoa se praticado o ato por pessoa jurídica sem atribuição, por órgão absolutamente incompetente, ou por agente usurpador da função pública. [...] Será nulo quanto ao objeto, se ilícito ou impossível, por ofensa frontal à lei. [...] Será nulo, ainda, se deixar de respeitar forma externa prescrita em lei. [...] Ao contrário, será simplesmente anulável, quanto à capacidade da pessoa, se praticado por agente incompetente, dentro do mesmo órgão especializado, uma vez o ato cabia, na hierarquia, ao superior" (BANDEIRA DE MELLO, Oswaldo Aranha. *Princípios Gerais do Direito Administrativo*. v I. Rio de Janeiro: Forense, 1979, p. 579-80).

[74] Seabra Fagundes propõe a classificação dos atos administrativos inválidos em três categorias: a) atos absolutamente inválidos (violam regras referentes à manifestação da vontade, ao motivo, à finalidade ou à forma), b) atos relativamente inválidos ou anuláveis (apesar de infringirem as regras referentes aos elementos do ato administrativo, podem ter uma validez parcial, em atendimento ao interesse público concreto) e c) atos irregulares (apresentam defeitos irrelevantes, normalmente de forma). O autor rejeita a aplicação da teoria das nulidades do Direito Civil para o Direito Administrativo, muito embora reconheça que a teoria das nulidades no Direito Administrativo é embaraçada ante a falta de sistematização dos textos desse ramo do Direito. Por isso, é necessário recorrer aos textos da legislação civil e aos princípios do Direito Civil, mas só supletivamente. Ressalta que a particularidade da natureza dos atos administrativos deve ser observada. Na argumentação sobre a inaplicabilidade do Direito Privado para o Direito Público, o autor destaca: "A nulidade, como sanção com que se pune o ato defeituoso por infringente das normas legais, tem no Direito Privado, principalmente, uma finalidade restauradora do equilíbrio individual perturbado. No Direito Público já se apresenta com feição muito diversa. O ato administrativo, em regra, envolve múltiplos interesses. Ainda quando especial, é raro que se cinja a interessar um só indivíduo. Há quase sempre terceiros cujos direitos afeta. Ao contrário, o ato jurídico privado se restringe, normalmente, a repercutir entre os seus participantes diretos, e, quando interessa a terceiros, o faz de modo bem mais restrito do que em se tratando do ato jurídico público" (FAGUNDES, Seabra, op. cit., p. 65).

Segundo registra Almiro do Couto e Silva, com o advento da Lei da Ação Popular (Lei n° 4.717, de 29 de junho de 1965), consagrou-se uma diferença de tratamento às invalidades dos atos administrativos, ainda que de forma incompleta.[75] Embora se tenha adotado a mesma dicotomia privatística entre os atos nulos e anuláveis, outorgou-se-lhes um tratamento específico, diferente dos consagrados paradigmas do Direito Privado. A lei estabeleceu distinto catálogo de atos nulos (art. 2°), causas genéricas de nulidade, com definição das anulabilidades segundo a técnica residual (art. 3°). Não se assentou que conseqüências práticas decorreriam da nulidade ou da anulabilidade, nem se diferenciou o prazo de decadência para uma ou outra hipótese (art. 21). Contudo, embora presentes tais lacunas, não se tem notícia, além da Lei de Ação Popular, de outro texto legislativo de âmbito federal que cuidasse de desenvolver melhor o tema, identificando melhor as conseqüências da nulidade e da anulabilidade no Direito Administrativo. Por outro lado, como não houve desenvolvimento legislativo do tema, resultando escassas as especificações das diversas conseqüências dos atos nulos e anuláveis, permitiu-se que o sistema de invalidade dos atos jurídicos de Direito Administrativo fosse tratado dentro de uma perspectiva marcadamente civilista.

Hely Lopes Meirelles (1996, p. 189), ignorando a expressa adoção da anulabilidade pelo arcabouço legislativo, postulou a sua inexistência prática, ainda que reconhecida uma dicotomia com nuances próprias. Para o professor paulista, "o ato administrativo é legal ou ilegal; é válido ou inválido. Jamais poderá ser legal ou meio legal; válido ou meio válido, como ocorreria, se se admitisse a nulidade relativa ou anulabilidade, como pretendem alguns autores que transplantam teorias do Direito Privado para o Direito Público sem meditar na sua inadequação aos princípios específicos da atividade estatal. O que pode haver é correção de mera irregularidade que não torna o ato nem nulo, nem anulável, mas simplesmente defeituoso ou ineficaz até a sua retificação".

Segundo essa senda, hoje propagada, com temperamentos, por Régis Fernandez de Oliveira (2001, p. 129), não se poderia admitir, em se tratando de invalidação de atos administrativos, a diferença entre atos nulos e anuláveis, já que "de pouco vale a análise da estrutura do ato, como se pretende, uma vez que, havendo ou não uma desconformidade total do ato com a norma (nulidade) ou existindo apenas desconformidade parcial (anulabilidade), a supressão dele do mundo jurídico produz os mesmos efeitos". Também Diogo de Figueiredo Moreira Neto (2001, p. 179) propugna a inadequação da aplicação do instituto da anulabilidade ao Direito Administrativo, uma

---

[75] Cf. o posicionamento manifestado *in* "O princípio da Segurança Jurídica (Proteção da confiança) no direito público brasileiro e o direito da administração pública de anular seus próprios atos administrativos: o prazo decadencial do art. 54 da lei do processo administrativo da União (Lei n° 9.784/99)", RDA 237, Jul/Set 2004, Rio: Renovar, p. 271-315.

vez que este é pertinente apenas ao ramo do Direito Privado, cujos particulares envolvidos podem deliberar acerca da manutenção ou não do ato.

Para Antônio Carlos Cintra do Amaral (1978, p. 63), a distinção entre os atos administrativos praticados com vícios dependeria da natureza jurídica desses defeitos, aos quais haveria ou não a possibilidade de convalidação. Segundo o autor, tanto os atos administrativos válidos quanto os inválidos podem produzir efeitos e, portanto, a distinção entre eles somente se põe quando ocorre a apreciação da legalidade por um órgão estatal competente. Se dessa apreciação resulta sua manutenção no mundo jurídico, são válidos; caso contrário, são inválidos. Não há como se afirmar, antes da anulação, que há ato administrativo inválido. Na visão do autor, não importa que o ato seja efetivamente convalidado, mas que seja passível de invalidação, permanecendo, portanto, o interesse à ciência do direito em indagar sobre a validade de um ato administrativo. De um ponto de vista jurídico, porém, não há atos inválidos, senão os assim qualificados por decisão judicial passada em julgado.

Também proclamando tratamento distinto entre as invalidades do Direito Público e Privado, o ilustre professor Celso Antônio Bandeira de Mello (2006, p. 446) acrescenta uma outra categoria aos atos nulos (que não podem ser repraticados sem vícios, como os de objeto ilícito, desvio de poder, motivo, causa, ou que a lei declarar nulo) e anuláveis (que podem ser repraticáveis sem vícios, suscetíveis, pois, de convalidação), quer seja, a categoria dos "atos inexistentes". Esses atos, ao contrário dos nulos e anuláveis, jamais prescrevem e não podem ser objeto de conversão, havendo, ainda, um direito de resistência contra eles. São vícios graves, decorrentes de comportamentos correspondentes a condutas criminosas ofensivas a direitos fundamentais da pessoa humana, ligados à sua personalidade ou dignidade intrínseca e, como tais, resguardados por princípios gerais de Direito que informam o ordenamento jurídico dos povos civilizados. São atos, conforme o ilustre professor, que estão *fora do possível jurídico e radicalmente vedados pelo Direito*.[76]

Em face de seu pioneirismo em uma complexa sistematização da matéria e congruência na abordagem do tema, não se poderia deixar de abordar o ponto de vista de Weida Zancaner (2001, p. 44). Segundo a autora, para que se possa analisar a intensidade da reação repulsiva, ou o grau de tolerância que a ordem jurídica dispensa aos atos administrativos inváli-

---

[76] Para o autor, a teoria das nulidades tem diferentes funções no Direito Privado e no Direito Administrativo. Por isso, deve ter tratamentos diferentes. Mas isso não incompatibiliza a distinção entre atos nulos e anuláveis e nem quer dizer que devem os dois ramos do direito ignorar a diversidade de tratamento jurídico que cada qual tem. Só os atos "inexistentes" podem ser vistos como próprios do direito público. A distinção mais acentuada entre esses dois ramos do direito está na categorização dos vícios, mas as conseqüências, ressalvadas algumas desigualdades, são mais próximas (BANDEIRA DE MELLO, 2006, p. 446).

dos, qualquer classificação doutrinária das invalidades terá que partir de premissas identificadas com as conseqüências jurídicas imputadas aos atos inválidos. Segundo tal vereda, podem ser detectadas três ordens de conseqüências advindas dos atos inválidos: a) alguns atos inválidos deverão ser obrigatoriamente convalidados porque podem ser restaurados sem vícios; b) outros obrigatoriamente invalidados, ou porque não poderiam ser refeitos sem vícios, ou porque foram impugnados; c) outros não poderão ser nem convalidados e nem invalidados, porque se estabilizaram, ou em razão do decurso de prazo, ou nos casos de atos ampliativos de direito por força do princípio da segurança jurídica e da boa-fé do administrado.

Por conseqüência dessas distinções, Weida Zancaner propõe uma classificação quadricotômica dos atos inválidos: a) atos absolutamente sanáveis – aqueles manchados por pequenas irregularidades (por exemplo, erros de grafia), que não deixam dúvida quanto ao conteúdo do ato e, apesar de estarem em desacordo com o Direito, pela irrelevância do defeito, são recebidos pelo Direito como atos regulares, devendo ser convalidados, já que a impugnação não será óbice ao dever de convalidar; b) atos relativamente sanáveis – aqueles que a Administração tem o dever de convalidar (salvo nos vícios de competência), uma vez que, mesmo sendo atos inválidos, seus efeitos serão reproduzidos validamente pela Administração Pública, podendo ser sanados por impugnação do particular, ou por decurso de prazo; c) atos relativamente insanáveis – aqueles que não podem ser convalidados pela Administração, nem sanados por ato do interessado, devendo, em tese, ser invalidados, havendo possibilidade de estabilização em virtude do decurso de tempo, ou dos princípios da segurança jurídica e da boa-fé, aliado a um lapso de tempo e uma regra jurídica que proteja a situação; d) atos absolutamente insanáveis – aqueles que têm por objeto uma ação criminosa (são correspondentes aos "atos inexistentes" da classificação de Celso Antônio Bandeira de Mello), tal como a tortura de um preso ou autorização para exploração de trabalho escravo, devendo ser sempre invalidados, pois o decurso de prazo ou outro fator não os estabiliza.

Analisando a questão das invalidações (ainda antes do advento da Lei 9.789/99) sob o aspecto da moralidade e da boa-fé nas relações plubicistas, Juarez Freitas (1997, p. 32) já oferecia várias diretrizes, prescrevendo que os atos administrativos formalmente ilegais na sua origem, ou supervenientemente, mesmo após longo lapso de tempo, deveriam ter a nulidade decretada *ex tunc,* sempre que provada ou fortemente presumível a má-fé. No caso de incontrastável boa-fé dos destinatários, os atos administrativos devem ser anulados excepcionalmente com efeitos atenuados quando da passagem de um médio lapso temporal, a critério da prudência pretoriana, sem que se trate de convalidação parcial. No caso de administrativos ilegais e ilegítimos, mesmo presumida *juris tantum* a boa-fé do cidadão, deveriam ter a sua nulidade decretada, em todos os casos, quando da passagem de um reduzido lapso temporal.[77]

Para o mestre gaúcho, com as devidas cautelas, a distinção entre atos administrativos nulos e anuláveis é impositiva, sobremodo porque o sistema administrativista requer a aplicação concertada de todos os princípios, no desiderato de se manter efetivamente aberto e respeitável, porquanto sem o pleno enraizamento do prestígio da boa-fé, tanto na proteção do cidadão na defesa da Administração, por certo sobe o ponto de risco de soluções formalmente perfeitas e moralmente inaceitáveis ou arbitrárias.

Segundo Juarez Freitas (1997, p. 27), a distinção entre nulo e anulável deve ser feita sem o apego a nominalismos ou a classificações precárias que se imponham sobre o próprio direito examinado.[78] Utilizando-se de uma aproximação com a doutrina de Garrido Falla, vaticina como nulo o ato "absolutamente eivado de vícios" (Freitas, 2004, p. 269), enquanto anulável é aquele "portador de vícios não tão graves e, por conseguinte, não fulminantes".[79] Com essas considerações é que, evitando a introdução da classe dos atos administrativos inexistentes, mantém a classificação dúplice, salientando que o conceito de invalidação abarca a decretação de nulidade absoluta e de nulidade relativa. Em ambos os casos, a orientação há de ser a declaração com efeitos retroativos, sem olvidar o resguardo da "boa-fé do administrado", mesmo nas nulidades absolutas, havendo possibilidade de mitigações dos efeitos no caso dos atos anuláveis (Freitas, 2004, p. 272).

Compulsando a classificação proposta pelos diversos autores pátrios, pode-se observar que a sistematização das invalidades dos atos administrativos é tema desafiador, sendo empregados profusamente vários critérios diferenciadores, quais sejam: a) convalidação; b) declaração *ex officio* e c) decadência. Passo a analisar se tais aspectos efetivamente se mantêm imunes e coesos sob o ponto de vista da diferenciação das invalidades.[80]

À luz da Lei dos Procedimentos Administrativos, pode-se concluir, em primeira vista, que a convalidação se apresenta hoje como critério legal que diferencia as invalidades dos atos administrativos federais (art. 55 da Lei 9.784/99). Segundo tal dispositivo legal, os atos inválidos que apresentam defeitos insanáveis devem ser anulados. Não se deve olvidar, contudo,

---

[77] Cf. Estudos de Direito Administrativo. São Paulo: Malheiros, 1997, p. 32.

[78] O Supremo Tribunal Federal, no RE 101.212-RJ, DJU de 09-05-1986, por meio do voto proferido pelo Ministro Moreira Alves, em decisão unânime, destacou que "[...] em nosso Direito Administrativo, como decorre inclusive do parágrafo único do art. 2º da Lei 4.717/65, não se faz distinção entre atos administrativos inexistentes e nulos".

[79] O art. 55 da Lei 9.784/99 dispõe que somente os atos sanáveis, observados os requisitos substanciais haverão de ser tidos como parcial ou totalmente convalidáveis.

[80] Nesse sentido, Mônica Martins Toscano Simões. *O processo administrativo e a invalidação de atos viciados*. São Paulo: Malheiros, 2004, p. 126.

em exame mais acurado, que os atos administrativos convalidáveis nem sempre assim o serão, pois pode estar presente relevante fator impeditivo de tal providência. Importa, pois, destacar quais são estes fatores e quando e em que situações se farão presentes.

Se a convalidação não é o único critério a propiciar uma diferenciação entre as invalidades, a pronúncia do vício *ex officio* cumpriria de forma eficaz esse papel? Embora tal critério se apresente como relevante na análise do tema, já que, via de regra, nos casos de nulidades insanáveis o vício pode ser argüido por iniciativa do próprio controlador, vale ressaltar que a pronuciabilidade *ex officio* do vício não se trata de valor absoluto, uma vez que sua infalibilidade cai por terra diante de um ato administrativo que produza simultaneamente efeitos ampliativos e restritivos de direitos para distintos destinatários, apresentando complexa situação.

No que tange à questão do prazo decadencial invalidatório, pode-se constatar que apenas os atos administrativos anuláveis estarão sujeitos a prazo decadencial (no caso dos atos administrativos federais, o art. 54 da Lei 9.784/99). Via de regra, portanto, o ato insanável ou nulo não estará sujeito a prazo decadencial para invalidação. Contudo, determinadas situações em que é possível detectar vícios convalidáveis ou não referentes ao mesmo ato prejudicarão a dicotomia enfocada, pois haveria atos anuláveis (com parcial convalidação) cujos efeitos serão nulificados.

Assim, diante de tais considerações, diante da falibilidade dos critérios propostos, talvez fruto da inefabilidade dos conceitos jurídicos, imersos em uma realidade complexa e sofisticada, resulta melhor analisar a finalidade da investigação antes que a ela adentrar. Como ocorre com qualquer outro termo jurídico, as palavras não têm um significado intrínseco, não há uma referência semântica e somente servem a um propósito como técnica de "presentação".[81] É por isso que nesse estudo, ao invés de se propor uma busca utópica de um critério definitivo dogmático para o sistema de nulidades no Direito Administrativo, indaga-se quais são as conseqüências jurídicas que sucederão os defeitos ou vícios concretos dos atos administrativos, propondo, quanto mais for possível, um delineamento do tema e o enunciado de parâmetros que permitam o seu efetivo controle racional.

Diante da relevância dos principais aspectos enfocados pelos doutrinadores, não se irá descurar dos critérios já propostos, ou seja, pretende-se verificar em que situações efetivamente os atos administrativos defeituosos se estabilizam, impedindo o decreto de nulidade *ex officio,* para reduzir os conflitos intertemporais, seja pela convalidação (total e parcial), seja pelo

---

[81] Nesse sentido, Genaro Carrió, ao tratar dos conceitos indeterminados (*Notas sobre Derecho y Lenguage*. Buenos Aires: Abeledo Perrot, 1994, página 29). Há também o que Fernando Sainz Moreno (*Conceptos Juridicos, Interpretacion y Discricionariedad Administrativa*, Madri: Editora Civitas, 1976, p. 70-71) chamou de "zona de certeza positiva", ao lado da "zona de certeza negativa": *el de certeza positiva (lo que es seguro) y el de certeza negativa (lo que es seguro que no es).*

próprio decurso do tempo, o qual ensejará o perecimento do dever de invalidar (decadência). Nesta vereda, constata-se que a conseqüência jurídica examinada não é a nulidade ou anulabilidade, senão a efetiva supressão ou não parcial ou não do ato sob tais ou quais condições. Assim, ao fim e ao cabo de todo o estudo proposto, importa salientar que a noção de nulidade ou anulabilidade não reúne em um conceito unitário todas as condições e características que devem implicar ou não a efetiva supressão do ato administrativo.[82] A partir de então, prefere-se adotar a denominação "sanáveis", atribuída aos atos que total ou parcialmente não forem suprimidos da ordem jurídica, nomenclatura que, inclusive, é a adotada no art. 55, da Lei 9.784/99 (Lei do Processo Administrativo).

---

[82] Nesse sentido, GORDILLO, Agustín. *Tratado de Derecho Administrativo.* Tomo 3. 5ª ed. Buenos Aires: Fundación de Derecho Administrativo, 2000, p. XI-2.

2. O papel dos princípios do Direito Administrativo na preservação dos efeitos dos atos administrativos viciados

No capítulo anterior, viu-se que os atos, para serem reconhecidos como atos administrativos, devem ter sua regência sempre orientada por normas, princípios e valores de ordem pública, já que, se assim não o for, não será legítima a atuação estatal que os promoveu.[83] O controle da conformidade ao direito não se restringe, pois, ao simples exame da legalidade estrita do ato. Assim, na superposição de atos administrativos ao longo do tempo, seja com o advento de um novo ato modificador do ato original regular, seja com a edição de um ato convalidador/invalidador de um ato defeituoso, é o conjunto do ordenamento jurídico que definirá quais efeitos e até que momento devem ou não permanecer no mundo jurídico, já que toda interpretação, tal como leciona Juarez Freitas, é necessariamente sistemática.[84] Os efeitos produzidos por um ato viciado podem constituir situações que serão, por si só, protegidas pelo ordenamento e devem ser levadas em conta pelo intérprete que, colmatando o conflito temporal originado, tem o dever de considerar todo o sistema jurídico, e não uma aparente "norma específica" do caso.

A desconstituição total de um ato em resposta a toda e qualquer violação a um dispositivo normativo, com efeitos eminentemente retroativos, ensejaria, muitas vezes, um verdadeiro atentado à segurança jurídica que esmagaria tudo em sua passagem, promovendo a injustiça em tamanha e intemporal desordem. Tal problema não é novo e não passou despercebido de Kelsen, o qual, desde 1928, já propugnava que a anulação de uma lei no controle de constitucionalidade deveria, salvo exceções, produzir efeitos para o futuro. O ato administrativo, por sua vez, também enseja expectativas ao cidadão. Na restauração da legalidade de tais atos, até que ponto se pode levar em consideração a confiança e boa-fé do cidadão para a pre-

---
[83] Cf. item 1.2.2.3 do Capítulo 1.
[84] Cf. FREITAS, *A Interpretação Sistemática do Direito*, 2002, especialmente p. 70 e ss.

servação de alguns efeitos? O defeito de legalidade do ato administrativo é sinônimo de invalidade? Total ou parcial?

Classicamente, são catalogadas três classes de eventos em que a infração à legalidade não implica a retirada (parcial ou total) do ato administrativo do mundo jurídico: (a) quando ocorrer a convalidação, com a emissão de outro ato administrativo preservando os efeitos do ato originalmente viciado; (b) quando ocorrer a prescrição; (c) quando ao menos alguns efeitos do ato administrativo viciado puderem ser preservados por força de princípios gerais do Direito, ou de normas mais específicas, que protegem a situação criada com base no ato administrativo originário.

Seguindo essa senda, o próximo passo do presente estudo implicará a necessária análise dos princípios cuja aplicação pode determinar a resolução dos conflitos apontados e das respectivas situações doutrinariamente catalogadas. Contudo, o arrolamento pormenorizado de cada princípio aplicável e o seu alcance não vai ser o caminho que se vai seguir, já que tal tarefa extrapolaria em muito as pretensões deste ensaio, e tal exame não é nosso objetivo central. Esboçando a importância capital dos princípios no controle dos atos administrativos, almeja-se, por ora, enfocar o exame do princípio da segurança jurídica, salientando-se a importância do valor da segurança para o Estado de Direito, para em um segundo momento enunciá-lo como princípio à luz de uma concepção atualizada, traduzindo os enfoques objetivo e subjetivo do princípio. Ao final deste capítulo, busca-se enunciar um instrumental principiológico básico para a redução dos conflitos intertemporais por meio da estabilização dos atos administrativos defeituosos, tarefa a ser esmiuçada na última divisão deste estudo.

Por outro lado, antes de abrir clareiras na matéria densamente dialógica dos princípios jurídicos, importa salientar uma importante matriz epistemológica que vai orientar a análise proposta: uma vez que se pretende examinar "princípios jurídicos", os quais se situam nos contornos da ciência jurídica, em posição imbricada com a filosofia, cabe salientar que, em todo o estudo que ora se propõe, estarão presentes *os limites da argumentação (e do próprio conhecimento científico) que impedem o alcance de uma fundamentação última*. Assim, nem tudo se pode tornar manifesto por meio da investigação que ora se pretende. É sobre esse aspecto antecedente que se pretende iniciar.

2.1. DO EXERCÍCIO DA ARGUMENTAÇÃO JURÍDICA

A atividade dos operadores do direito não dispensa o uso da argumentação para a defesa e afirmação de suas teses. Isso porque, a despeito da pretensão de se estar certo ou não, de haver uma unidade ou uma fragmentação da razão, há bons indícios que a prática do Direito consista, fundamentalmente, em argumentar, e todos costumamos concordar que a qualidade que define o que se entende por um "bom jurista" seja a sua capacidade de construir argumentos e manejá-los com habilidade. A comunidade jurídica começa a se interessar de forma cada vez mais abrangente pelo tema da argumentação racional, capitaneada pelas obras de Alexy,[85] Dworkin,[86] MacCormick[87] e Atienza[88] dentre outros, sendo o conhecimento filosófico a fonte primordial que os inspira. Neste quadro, importa consignar, desde já, que o interesse sobre a argumentação jurídica implica uma opção semântica segundo a qual os operadores do direito não são meros aplicadores da lei de forma exegética-silogística, mas que, em um estado democrático, o juiz assume o compromisso de exercer o poder estatal sob inspiração não somente de regras, mas também de princípios orientadores do ordenamento jurídico, os quais adequadamente aplicados outorgam legitimidade à decisão.[89] Não mais se aceitam os parâmetros lançados pela escola da exegese, a qual, emergida a partir da codificação francesa de 1804, alicerçava-se no mito da completude da lei como instrumento de regência dos comportamentos sociais, configurando a sentença como simples e automática aplicação literal da lei ao caso concreto.[90]

A grande maioria dos doutrinadores do direito hodierna reconhece a perspectiva aberta do Direito, tanto em face de sua construção a partir da tópica jurisprudencial quanto pela capacidade evolutiva dos conceitos. Não é incomum, contudo, a veiculação da noção, por vezes até exagerada, de que o juiz cria o direito ao resolver o caso concreto, cabendo admitir o fato de que, no exercício de seu poder, os juízes não estão ligados a nenhum *standard* e exercem, de alguma forma e com freqüência, a função de legisladores, ao menos em seu aspecto negativo.[91]

Importa, então, aclarar o tema para que se possa prescindir dos extremos tanto do mero arbítrio judicial quanto da mera aplicação do texto

---

[85] ALEXY, Robert. *Teoría de los Derechos Fundamentales.* Trad. Ernesto Garzón Valdés. Madri: Centro de Estudios Políticos y Constitucionales, 2001.

[86] DWORKIN, Ronald. *Taking Rights Seriously.* 18ª ed. Cambridge: Harvard University Press, 2001.

[87] MACCORMICK, Neil. *Argumentação Jurídica e Teoria do Direito.* São Paulo: Martins Fontes, 2006.

[88] ATIENZA, Manuel. *As razões do Direito: Teoria da Argumentação Jurídica.* São Paulo: Landy, 2000.

[89] "Se a Justiça for considerada como fundamento do Estado, teremos que admitir que onde não há Justiça, o Estado, uma vez perdida sua justificação, converte-se, no pensamento de Santo Agostinho, em um "bando de ladrões" (*in A Cidade de Deus.* 2ª .ed. Petrópolis: Vozes, 1990. (Parte II).

[90] Há quem ainda sustente tais idéias: "el juez de Derecho civil (em oposição ao Juiz da Common Law) tiene las manos atadas: debe actuar como un simple operador de una maquinaria diseñada y construida por el legislador (Merryman, 1969:37/38), es decir, de forma altamente mecánica y acreativa, tanto respecto de cuestiones procesales como sustantivas" (TOHARIA, Jose-Juan. *El Juez Español.* Madri: Ed. Tecnos, 1975, p. 24).

[91] HART surpreende quando afirma que: "in the penumbral situation judges must necessarily legislate" (*in "The concept of Law.* Londres: Ed. Clarendon Law Series, 1997).

da lei (arbítrio do legislador), buscando revelar o Direito como um sistema *coerente* e integrado de regras e de princípios, de onde poderia ser almejada a melhor solução,[92] ainda que, no mínimo, isto represente um ideal a ser alcançado. Importa, nesta senda, investigar como se dá, efetivamente, o discurso da argumentação jurídica, como justificação formal da decisão judicial. Para tanto, indaga-se: o intérprete deve buscar apenas oferecer razões para a aceitação da idéia proposta ou é necessário argumentar contrariamente às idéias opostas, explicitando o motivo de sua recusa?

Contrariando àqueles que pensam que as duas hipóteses propostas constituem uma opção discricionária do intérprete, o que se quer mostrar é que se por meio do conhecimento abstrato filosófico nos convencermos de que não há uma possibilidade de fundamentação última para o conhecimento científico, então nem uma via, nem outra podem ser utilizadas isoladamente para a justificação de uma teoria, inclusive jurídica. Propõe-se explicitar sucintamente o Trilema de Munchhausen, elencando a problemática platônica do uno e do múltiplo como exemplos de regresso ao infinito. Exposta a causa da impossibilidade da fundamentação última do conhecimento científico, podemos concluir o reflexo de tal idéia para a argumentação jurídica, a partir do que se entende por racionalidade. É o que ora se propõe.

2.1.1. Da inviabilidade de fundamentação última

O debate acerca da instauração de um fundamento último e inabalável para todo o conhecimento legítimo é antigo na filosofia e constituiu o principal objeto da epistemologia clássica. Com efeito, já na Antiguidade Platão identificara as dificuldades na fundamentação do conhecimento verdadeiro, invocando, para fins de superação da necessidade da obtenção do fundamento, uma forma de apreensão direta (imediata): a apreensão do primeiro princípio não-hipotético, que não pode deduzir-se de nenhum outro porque é superior a todo os demais.[93]

Os filósofos gregos procuravam os fundamentos da ciência indagando: "como estabelecer as bases da ciência de modo racional, ou seja, por meio de argumentos?" Podemos conceber a ciência como "a opinião verdadeira acompanhada de razão". Nesse ritmo, de acordo com Platão, pode-se concluir que são necessárias três etapas para se possuir a ciência de algo, quer sejam: é preciso que seja omitida uma opinião, que essa opinião seja verdadeira e que sejam dadas razões que sustentem a verdade do opinado.[94]

---

[92] Por sua vez, DWORKIN (*Law's Empire*. Cambridge: Harvard University Press, 1986) desenvolve a noção de que cabe ao juiz projetar o direito como uma estrutura de princípios coerentes concernentes à justiça e à eqüidade, e aplicá-los aos casos novos, de tal sorte que a situação de cada pessoa possa ser julgada com eqüidade e justiça segundo os mesmos *standard*s.

[93] Cf. o pensamento de Platão, no seu livro *Teeteto*.

[94] Idem.

Para se sustentar a veracidade de uma assertiva, deve-se produzir uma prova a partir de outras premissas, as quais têm de ser verdadeiras, segundo prescrevem as regras lógicas. Para que se confirme a veracidade das premissas eleitas, é necessária a emissão de novas premissas, as quais também hão de ser verdadeiras. Tal procedimento, como se vê, impõe um *regressus ad infinitum*, o qual, se estancado, revela argumento dogmático que macula a pretensão de se produzir ciência.

Ciente de tal dificuldade, Aristóteles propugnou a superação da dificuldade ora anunciada pela introdução de uma forma de conhecimento mais fundamental que o saber científico, denominada *nous*, com duas características básicas: de um lado um saber imediato, cujas verdades conhecidas por seu intermédio devam ser estabelecidas sem a necessidade de passos pregressos, e de outro, um saber mais certo e infalível do que o conhecimento científico, pois fornecerá as bases para este.[95]

Várias correntes da tradição filosófica dedicaram-se ao problema até que H. Albert sintetizou as principais conclusões a que chegara, denominando-as de Trilema de Munchhausen.[96] Segundo o Trilema, ao tentarmos fundamentar de modo último nossa opinião ou concepção teórica, temos inevitavelmente de recorrer a uma das seguintes instâncias: ou a uma prova circular, ou ao apelo constante a novos pressupostos, sem parar o processo de prova (regresso ao infinito), ou a uma interrupção arbitrária do processo em algum ponto (dogmatismo). Como todos esses recursos devem ser recusados como prova efetiva de nosso ponto de vista, então a fundamentação última deve ser negada como parte da argumentação sensata. Os problemas apontados no trilema "albertiano" já eram conhecidos dos antigos céticos e foram tematizados criticamente pelo próprio Hegel em texto de 1801.[97]

Desde já cabe salientar que a aceitação da inescapabilidade do Trilema não conduz necessariamente a um ceticismo radical, abdicando-se do encontro de qualquer conhecimento verdadeiro, mas a uma versão mais humilde, no sentido de que nossas pressuposições estariam abertas a possíveis modificações, desde que tenhamos bons argumentos para tanto.[98]

2.1.2. Da argumentação jurídica como oferecimento de razões positivas e a refutação das teses opostas

Perelman, em sua obra Ética e Direito (2002), aduz que a argumentação intervém, de fato, em todos os casos em que os homens devem tomar

---

[95] Cf. o texto "Analíticos Segundos", no tratado de lógica de Aristóteles.
[96] Cf. LUFT, E. *As Sementes da Dúvida*. São Paulo: Mandarim, 2001, capítulo 1.
[97] Idem.
[98] Um modelo de regresso ao infinito cuja solução final desafia o Trilema de Munchhausen é o problema do uno e do múltiplo, ao menos a forma como é anunciada por Platão: "Mas se me provassem que é múltipla a simples unidade, ou que o múltiplo é um: eis o que me surpreenderia sobremodo" (Parmênides, 129 b-c).

decisões, fazer escolhas refletidas, cada vez que devem deliberar, discutir, criticar ou justificar. Com efeito, a objetividade que encontramos nas decisões jurídicas há de ser encontrada na adesão racional daqueles a quem a decisão se dirige. A ligação pelo racional mobiliza uma relação discursiva, por meio de uma estrutura de pensamento que apresente uma fundamentação. A argumentação racional, por sua vez, refere-se a um procedimento e práticas capazes de fornecer uma solução adequada, razoável.

Nota-se que as decisões jurídicas se encontram fundadas em juízos de valor, diante de discursos de caráter axiológico, cuja demonstração encontra sérias restrições, ao menos enquanto se procura apenas um referencial empírico. A argumentação, na verdade, está ligada a uma ação, a um processo com o qual se almeja, por meio do pensar, de uma linguagem, obter um resultado. Resultado que já sabemos qual é: a adesão, a aquiescência do auditório.[99]

Em matéria onde não se encontram provas cabais do que seja o "verdadeiro", o "correto" ou o "falso", as decisões só podem ocorrer pelo modo argumentativo. Não é possível uma demonstração lógico-dedutiva, determinista, senão um procedimento de justificação, em face da interação entre o orador e o auditório.

Esta atividade de justificação pode-se dar de duas formas: a) no oferecimento de razões para a aceitação da idéia proposta ou b) na argumentação contrária às idéias opostas.

Para que a justificação possa se dar apenas da primeira forma proposta, ter-se-ia que supor um fundamento último de certeza capaz de sustentar os pressupostos invocados mais relevantes. Isto porque, para fundamentarmos uma idéia, lastrearíamos as conclusões em premissas que seriam provadas de acordo com outras premissas até que todo o sistema teórico proposto se encontre centrado em uma idéia basilar. Esta idéia básica, para estar imune à dúvida, haveria de ser um fundamento último, um início para a ciência que ora se propõe, isto é, a jurídica. Todavia a pretensão restaria inviabilizada ante os limites impostos pelo Trilema de Munchhausen, pois, conforme aduz E. Luft:

[...] para sustentar o suposto caráter indubitável de nossa idéia mais básica, precisaríamos ou recorrer a uma nova idéia que, para ser provada, exigiria a postulação de ainda outra, e assim por diante, em um processo sem fim de justificação, ou apelaríamos a uma

---

[99] Sobre este ponto, Aristóteles (Retórica. Madri: Gredos, 1990, 1355ª) já considerava que o assentimento ocorre quando se alcança a convicção de que algo está demonstrado. Por isso, para o filósofo de Estagira, na medida em que a retórica é a arte de saber convencer, retórica e demonstração devem permanecer unidas. A função fundamental da retórica é demonstrar, oferecer demonstrações ao seu auditório. Deste modo, inverte-se a imagem do retórico como alguém que engana; o retórico, muito ao contrário, é aquele capaz de demonstrar a um auditório sobre a conveniência e oportunidade de suas propostas. Quanto menos confuso seja um orador, quanto mais claras e demonstrativas serão suas exposições. Para Aristóteles os argumentos retóricos são uma espécie de demonstração, pois outorgamos crédito quando entendemos que algo está demonstrado.

afirmação cuja única razão de ser seria dada pela própria idéia-fundamento, ou, por fim, decretaríamos a indubitabilidade dessa idéia sem razões para tanto. Ou seja, cairíamos ou em um regresso sem fim na argumentação, ou em má circularidade ou ainda em uma postura dogmática.[100]

De outra banda, a atividade de justificação poderia centrar-se apenas no aspecto de refutação das teses opostas. Contudo, a recusa a uma tese proposta resulta, usualmente, na aceitação de um ponto de vista antagônico, que, para ser admitido como verdadeiro, também haveria de estar fundado na idéia última, o que é vedado pelo Trilema. Caso a refutação esteja cingida à busca de contradições na tese oposta, sem a proposição de uma concepção antagônica, ainda assim a justificativa não é consistente com a vedação da fundamentação última, já que estaria centrada nas regras da lógica (princípio da não-contradição), as quais devem ser consideradas em sua falibilidade para terem consistência.

O último caminho para a argumentação contrária seria uma negativa cética da teoria oposta. Tal procedimento representaria uma opção arbitrária e dogmática, com a agravante de violar, em sede de argumentação jurídica, o princípio de que todas as decisões devam ser fundamentadas, inserto na grande maioria das Cartas Políticas.[101]

Nesse diapasão, tomando como ponto de partida o processo de argumentação jurídica como atividade racional do intérprete, pode-se concluir que não é possível a justificação de uma decisão pelo simples elenco de razões para a aceitação da tese proposta, nem é possível que se justifique a decisão pelo simples ato de se refutar a tese oposta. O discurso do intérprete que não deseja ser dogmático nem absolutamente cético (o que resulta no mesmo caso do anterior) deve levar em conta os apontamentos e limitações da atividade racional e da problemática envolvendo o Uno e o Múltiplo.

Enfim, pode-se afirmar que uma posição argumentativa somente pode ser tida como justificada quando são *oferecidas as razões até o limite em que se possa*, com Platão, "deixar a unidade de cada coisa perder-se em liberdade no infinito", *refutando-se as teses contrárias*. É isso o que melhor se pode esperar da argumentação jurídica, pois o conhecimento não deve estar ancorado em certezas inabaláveis, mas na atividade dubitativa capaz de evitar o erro.[102]

---

[100] Cf. noção exposta *in As Sementes da Dúvida*, p. 18.

[101] No caso brasileiro, os incisos IX e X do art. 93 da Constituição Federal de 1988 garantem que tanto o administrador quanto o julgador têm o dever de indicar fundamentos de fato e de direito, ainda quando se admitam legalmente, os juízos de eqüidade e conveniência, excetuados os atos de mero expediente, os ordinatórios de feição interna e os que a Carta Política admitir como de motivação dispensável (p. ex. exoneração de ocupante em cargo de comissão).

[102] Nos dizeres de Platão (*in op. cit., passim*), *Filósofo* não é o sábio, mas quem está em busca da sabedoria.

2.2. O SISTEMA JURÍDICO DO ESTADO DE DIREITO DEMOCRÁTICO BRASILEIRO

Antes de adentrar o exame pormenorizado dos princípios, importa salientar o ponto de partida fundamental para a compreensão dos desenvolvimentos seguintes, quer seja, a noção de sistema jurídico, no qual os princípios estão inseridos.

Para Juarez Freitas (*A interpretação sistemática do Direito,* 1997, p. 54), seguindo a senda traçada por Canaris, o sistema jurídico é uma "rede axiológica e hierarquizada topicamente de princípios fundamentais, de normas estritas (ou regras) e de valores jurídicos cuja função é a de, evitando ou superando antinomias em sentido lato, dar cumprimento aos objetivos justificadores do Estado Democrático, assim como se encontram consubstanciados, expressa ou implicitamente, na Constituição".

Partindo dessa definição básica, podemos afirmar que o sistema jurídico do Estado de Direito Democrático brasileiro é um sistema normativo aberto de regras e princípios.[103] É um sistema jurídico, pois se revela a partir de normas que se inter-relacionam dinamicamente, diferenciando-se, por isso, de outros ramos da ciência como a filosofia, a sociologia e a história.[104] É um sistema aberto, em superação ao que era preconizado pela Escola de Exegese, havendo uma estrutura dialógica, traduzida na disponibilidade e capacidade de escolha da construção lógica do silogismo,[105] num pluralismo aberto para captar as concepções cambiantes decorrentes da indeterminação dos enunciados semânticos da matéria jurídica. É um sistema normativo, porque a estruturação das expectativas referentes a valores, programas, funções e pessoas é feita por meio de normas, reveladas por meio de regras e princípios.

2.3. O PAPEL DOS PRINCÍPIOS PARA O INTÉRPRETE DO DIREITO

O conteúdo normativo de um texto é extraído a partir da interpretação dos elementos semânticos lançados: o operador do direito se debruça sobre

---

[103] CANOTILHO, J. J. Gomes. *Direito Constitucional.* 5ª ed. Coimbra: Almedina, 2001, p. 1143-5.

[104] Segundo Luhmamm, o ponto de partida de qualquer análise teórico-sistêmica deve consistir na diferença entre sistema e entorno. Os sistemas estão estruturalmente orientados ao entorno, e sem ele, não podem existir, não se trata de um contato ocasional, tampouco de uma mera adaptação. Segundo o autor, os sistemas se constituem e se mantêm mediante a criação e a conservação da diferença com o entorno, utilizando seus limites para regular dita diferença (1998, p. 40).

[105] Para Alexy, as razões básicas para seguir os precedentes é o princípio de universabilidade, a exigência de que tratemos casos iguais de modo semelhante. Isso imediatamente revela uma das dificuldades decisivas para seguir o precedente: dois casos não são sempre totalmente idênticos. Sempre é possível descobrir uma diferença. Então, o problema real transforma-se no problema de determinar que diferenças são relevantes (*Teoria da argumentação jurídica,* 2001a, p. 259).

os dispositivos, os quais são *objeto* de sua elaboração, enquanto o produto final, o resultado de sua construção, da fusão dos horizontes de entre objeto e observador é a *norma*.[106]

Não há consenso na doutrina sobre o alcance semântico do enunciado lingüístico "princípio"[107] e sua distinção relativamente às "regras", sendo importante salientar que as diversas formulações denunciam a eleição de um diferente critério de distinção, cada qual salientando uma nuance própria no exame em tela. A polissemia da expressão "princípio" está, pois, a justificar este entendimento preliminar. Passa-se a elencar, em intróito, o entendimento consagrado dos doutos.

Partindo do conceito semântico de norma, Alexy compreende os princípios jurídicos como uma espécie de norma jurídica por meio da qual são estabelecidos deveres de otimização (posteriormente considerados "a otimizar"), aplicáveis em vários graus, segundo as possibilidades normativas e fáticas (1998, p. 8). No caso de colisão entre princípios, a solução não se resolve com a determinação imediata de prevalência de um princípio sobre outro, mas estabelecendo-se uma ponderação entre os princípios colidentes, na qual um deles receberá a prevalência, segundo as circunstâncias concretas.

Por sua vez, invocando diverso critério (modo de aplicação), o magistério de Dworkin preceitua, distinguindo princípios e regras: [108]

> [...] as regras jurídicas, não comportando exceções, são aplicáveis de modo completo ou não o são, de modo absoluto, não se passando o mesmo com os princípios; os princípios jurídicos possuem uma dimensão – a dimensão do peso ou importância – que não comparece nas regras jurídicas.

Norberto Bobbio (*Teoria do Ordenamento Jurídico,* 1994, p. 158-9) – seguindo a trilha esboçada por Larenz – entende que os princípios gerais são normas fundamentais ou generalíssimas do sistema, estabelecendo critérios para que determinado mandamento seja encontrado. Segundo o autor, os princípios podem-se apresentar como expressos ou implícitos, dividindo-se os primeiros em já aplicados e ainda não aplicados.

---

[106] Cf. GUASTINI, *Teoria e Dogmatica delle Fonti,*1998, p. 16.

[107] Segundo o Dicionário de Plácido e Silva, "os princípios jurídicos, sem dúvida, significam os pontos básicos, que servem de ponto de partida ou de elementos vitais do próprio Direito. Indicam o alicerce do Direito. E, nesta acepção, não se compreendem somente os fundamentos jurídicos, legalmente instituídos, mas todo axioma jurídico derivado da cultura, jurídica universal. Compreendem, pois, os fundamentos da Ciência Jurídica, onde se firmaram as normas originárias ou as leis científicas do Direito, que traçam as noções em que se estrutura o próprio Direito. Assim nem sempre os princípios se inscrevem nas leis. Mas, porque servem de base ao Direito, são tidos como preceitos fundamentais para a prática do Direito e proteção aos direitos" *(Vocabulário Jurídico.* v. III. Rio de Janeiro: Forense, 1989, p. 447).

[108] *Apud* GRAU, Eros Roberto. *A ordem econômica na Constituição de 1988 (interpretação e crítica).* São Paulo: RT, 1990, p. 114.

Por sua vez, J. J. Gomes Canotilho (2002, p. 1144-5), em brilhante síntese, analisou as linhas do constitucionalismo moderno, apontando para a necessidade de se proceder a uma classificação tipológica da estrutura normativa. Afirma que as normas constituem um gênero, do qual os princípios e regras são espécies. A distinção entre ambos emerge de cinco critérios, quais sejam:

a) grau de abstração: os princípios são normas com elevado teor de abstração, enquanto as regras têm seu conteúdo abstrato reduzido;

b) grau de determinabilidade: as regras são de aplicação direta, ao contrário dos princípios que, por virem quase sempre vazados em linguagem vaga e indeterminada, necessitam, frente aos casos concretos, da intervenção concretizante do legislador e do juiz;

c) caráter de fundamentalidade do sistema: os princípios exercem um papel de fundamento do ordenamento jurídico, em face de sua posição hierárquica no sistema das fontes ou de sua importância estruturante no sistema jurídico, de forma que as regras neles se sustentam;

d) proximidade da idéia de direito: os princípios são *standards* vinculantes e tradutores do ideal de justiça. A vinculação das regras advém de ponto de vista meramente formal;

e) natureza normogenética: representam a base ou alicerce das regras.

O mestre de ultramar, manifestando-se sobre a função dos princípios adianta que são multifuncionais, podendo ora desempenhar uma função argumentativa, atuando como cânone interpretativo, ora servir de instrumento de revelação de normas não expressas nos enunciados legislativos (2002, p. 173).

Entre nós, Eros Roberto Grau (2000, p. 114) foi o pioneiro em congregar, no gênero norma jurídica, as modalidades regras e princípios, dividindo estes últimos em princípios positivos de Direito e princípios gerais do Direito.[109] Embasado na idéia de Dworkin, o autor aparta princípios de regras desde a demonstração de que "as regras jurídicas, não comportando exceções, são aplicadas de modo completo ou não o são, de modo absoluto, não se passando o mesmo com os princípios; os princípios jurídicos possuem uma dimensão – a dimensão de peso ou importância – que não comparece nas regras jurídicas" (idem).

Pondo em relevo o caráter de fundamento do ordenamento, Celso Antônio Bandeira de Mello (*Curso de Direito Administrativo*, 2006, p 902-3) define princípio como "mandamento nuclear de um sistema, verdadeiro alicerce dele, disposição fundamental que se irradia sobre diferentes normas compondo-lhes o espírito e servindo de critério para sua exata compreensão e inteligência, exatamente por definir a lógica e a racionalidade do sistema normativo, no que lhe confere a tônica e lhe dá sentido harmônico. É o

---

[109] O autor seguiu o discrímen forjado por Antoine Jeammaud, segundo o qual os princípios positivos de Direito são as normas jurídicas ou princípios positivados, enquanto os gerais são aqueles que, a despeito de não enunciados em norma explícita, vicejam em cada ordenamento em estado de latência, sendo suscetíveis de descoberta pelo labor do intérprete.

conhecimento dos princípios que preside a intelecção das diferentes partes componentes do todo unitário que há por nome sistema jurídico positivo".

Mais adiante, o proeminente administrativista paulista assevera que a violação a um princípio é a mais grave forma de ilegalidade ou inconstitucionalidade, conforme o escalão do princípio atingido, porque representa *"insurgência contra todo o sistema, subversão de seus valores fundamentais, contumélia irremissível a seu arcabouço lógico e corrosão de sua estrutura mestra"*. Por sua vez, também Carmen Lúcia Antunes Rocha (1994, p. 27-28) atribui a eles conotações funcionais positiva e negativa, pondo em relevo a necessidade da preservação dos valores tutelados. A primeira consiste em ditar o caminho dos subprincípios e das regras que se põem à observância da sociedade e do Estado (pontos de partida e de chegada da intelecção de todas as normas). O colorido negativo importa no alijamento do sistema jurídico de toda prescrição que àqueles se contraponha.[110]

Em mais um avanço no estudo do tema, não se pode deixar de anotar o conceito analítico de princípio, em contraste com o de regras, segundo a precisa lição de Humberto Ávila, segundo a qual princípios são "normas que estabelecem diretamente fins, para cuja concretização estabelecem com menor exatidão qual o comportamento devido (menor grau de determinação da ordem e maior generalidade dos destinatários), e por isso dependem mais intensamente da sua relação com outras normas e de atos institucionalmente legitimados de interpretação para a determinação da conduta devida".[111]

Em face de todo o exposto, pode-se concluir que as regras e princípios são duas espécies de normas, e a sua existência permite a decodificação, em termos de um constitucionalismo adequado, da estrutura sistêmica, isto é, possibilita a compreensão da constituição como sistema aberto de regras e princípios. Recolhe-se, então, a lição de Juarez Freitas, segundo a qual os princípios se distinguem das regras não propriamente por generalidades, mas pela qualidade argumentativa superior, de modo que, "havendo colisão, deve ser realizada uma interpretação em conformidade com os princípios (dada a 'fundamentalidade' dos mesmos), sem que as regras, por supostamente apresentarem fundamentos definitivos, devam preponderar" (1997, p. 56). Ao lecionar especificamente sobre a aplicação dos princípios de Direito Administrativo, Juarez Freitas (*Controle dos Atos Administrativos*, 2004, p. 213) elenca aspecto fundamental da hermenêutica jurídica, qual

---

[110] Outra visão dicotômica da função dos princípios é a produzida por José Augusto Delgado, que formulou feliz síntese, consoante a qual os princípios possuem várias funções, sumariadas como: a) ordenadoras (fixam diretrizes para o aplicador do Direito na interpretação e integração de seus mandamentos); b) prospectivas (tendem a elaborar sugestões para a atualização do *ordo juris*).

[111] Cf. posicionamento manifestado*in A distinção entre princípios e regras e a redefinição do dever de proporcionalidade*, Revista de Direito Administrativo, vol. 215. Rio de Janeiro: Renovar, 1999, p. 151-179.

seja, a coerente interpretação administrativa *jamais poderá ser isolada ou destituída de vocação teleológica para a abertura e para a unidade*. A tarefa fundamental do intérprete é, pois "bem hierarquizar, no plano empírico, os princípios, as normas e os valores, nunca esquecendo serem os princípios os responsáveis tanto pela abertura como pela capacidade de ordenação, sem os quais o sistema não existiria democrático e livre".

Dessa forma, em resumida síntese o critério que se vai adotar no presente estudo é o de que as regras privilegiam a concepção de objetividade e certeza do direito, proporcionando o critério de nossas ações, dizendo como se deve e não deve atuar em determinadas situações, "convidando" o intérprete ao silogismo (não se está dizendo que se deva adotá-lo). Os princípios, por sua vez, não dizem nada sobre a situação específica, mas proporcionam critérios para tomar posição ante as situações concretas que, em princípio, aparecem indeterminadas. São os fenômenos jurídicos que marcam a quebra do sistema positivista e racionalista. Outrossim, os princípios requerem do aplicador mais do que mera decisão, já que carecem de base fática *a priori*. *Seu* significado não pode ser determinado, senão em casos concretos e somente nesses casos se pode entender o seu alcance.[112]

2.4. O PRINCÍPIO DA SEGURANÇA JURÍDICA

Neste tópico, pretende-se analisar o conteúdo da segurança jurídica primeiro como valor e, em seguida, com princípio jurídico, dando ênfase à sua aplicabilidade no Direito Administrativo, lançando mão de assertivas positivas universalizáveis e refutando as razões opostas encontradas na doutrina e jurisprudência.

2.4.1. A Segurança jurídica como valor necessário para a Ordem Jurídica e Social

Para o filósofo grego Heráclito, tudo flui, *Panta Rei,* tudo está em constante fluir, tudo é movimento. Em sua mais conhecida passagem, assegura que "não é possível ingressar duas vezes no mesmo rio, nem tocar duas vezes uma substância mortal no mesmo estado". Diante desta mudança constante é que podemos traduzir a realidade, apreciando o devir

---

[112] Nesse sentido também é o entendimento de Zagrebelsky (*El derecho dúctil. Ley, derechos, justicia.* Tradução de Marina Gascón. 5ª ed. Madri: Editorial Trotta, 2003, p. 110), para o qual, se o sistema jurídico fosse composto apenas de regras, poderia ser totalmente automatizado. Mas como a aplicação dos princípios exige uma posição, uma reação, não se pode conceber uma máquina que se posicione como indicado, já que uma máquina segue sendo sempre uma máquina.

dos opostos, a mutação de um estado em outro.[113] Diante desse permanente devir, no qual se vai descortinando a realidade, como o homem pode conduzir, planificar e conformar de forma autônoma sua vida sem certa dosagem de segurança?

É verdade que os processos naturais, tais como a sucessão dos dias e noites, o ciclo da água, da amônia, vistos sob a perspectiva de causa e efeito ensejam se conclua que haja certa ordem na natureza.[114] O universo se afigura com certa regularidade que permite algum grau de previsibilidade, para a qual sempre se busca apelar.

É buscando uma racionalidade nas "leis da natureza" que Thomas Hobbes[115] lastreou toda a sua teorização do direito político. Não que outros antes dele não se houvessem encarregado do assunto, como Aristóteles ("A República") e Santo Agostinho ("Cidade de Deus"), mas o filósofo de Malmesbury dirige a todos os outros que o precederam a crítica contundente de terem sempre considerado a política como uma questão de arte e prática. Hobbes, contudo, entende que o Poder deve ser encarado como uma questão teórica e de princípio.

Para Hobbes, existe uma "lei de natureza fundamental" em que "todo homem deve se esforçar pela paz, por todo o tempo que tiver a esperança de obtê-la".[116] A natureza humana é, de fato, o palco de paixões contraditórias: se umas levantam os homens uns contra os outros e geram a guerra, outras, como o medo da morte, o desejo das coisas necessárias a uma vida agradável e a esperança de obtê-las, inclinam-nos para a paz. O filósofo

---

[113] Em uma abordagem diversa, mas que também autoriza tal conclusão, Ernildo Stein (2002) salienta que é imprescindível a libertação da visão dicotômica sujeito-objeto. Para o filósofo, "uma filosofia presa ao esquema sujeito-objeto é incapaz de distinguir entre um pensar e um falar que objetivam e um outro pensar e falar que se dão além da objetivação. É claro que nunca poderemos prescindir do pensamento objetivador no campo da ciência, mas seria um equívoco pensarmos que toda a racionalidade se esgota na representação de objetos por um sujeito. O pensar e o falar podem ser concebidos como um acontecer no qual as coisas, os eventos e as pessoas se apresentam. Desse modo, eles não são uma simples ferramenta para o domínio objetivo da realidade. Heidegger afirma que podemos conceber a linguagem não simplesmente como uma obra do homem. Ele diz: "A linguagem fala".

[114] Para Carlos Cirne-Lima ("Causalidade e auto-organização". In: CIRNE-LIMA, Carlos; ROHDEN, Luiz (org.). *Dialética e auto-organização*. São Leopoldo: Unisinos, 2003. (Coleção Idéias)): "a mais impressionante semelhança com as teorias contemporâneas de auto-organização consiste na criatividade ínsita nesse processo de evolução. Para Schelling a natureza é altamente inventiva, é poderosamente criativa. Ela está sempre a engendrar novidades, novas formas, novos seres, novos pontos de equilíbrio. E como tudo se faz dentro de uma única totalidade, que é a Natureza, tudo está interligado e tudo influi sobre tudo. O Todo do Universo, a totalidade em movimento criativo engendra a multiplicidade, mas elimina as incoerências e restabelece sempre de novo o equilíbrio do processo evolutivo. Assim, a Natureza produz o homem com seu espírito e sua capacidade criativa. A criatividade artística do homem é a ponta de lança da criatividade primeira da própria Natureza. O homem em sua autoconsciência, pensa e cria. Mas mesmo esta autoconsciência é apenas o fruto maduro de algo que já estava, desde o começo, posto no ovo inicial".

[115] Coube a Hobbes a primazia do projeto de derivar da razão humana a estrutura do Estado. Segundo ele, mesmo quando a razão não tem a capacidade de domínio de que a dota Descartes, ela adquire por sua lida com as paixões, um formidável poder criador que se mostra o motor da sociedade civil.

[116] Hobbes, "O leviatã", cap. XIII, p. 129.

recorre a um sutil racionalismo em que a "a razão sugere as cláusulas apropriadas de acordo pacífico, a partir das quais se pode levar os homens a se entenderem".[117]

A vida em sociedade, que também é um fenômeno natural, impõe necessariamente a existência de uma ordem.[118] Aqui se presencia uma aparente antinomia entre a lei e o valor da liberdade, sintetizada no famoso dito ciceroniano segundo o qual se deve ser servo da lei para se poder ser livre. É verdade que tal enunciado deve ser interpretado com temperamentos, pois, do contrário, poderia parecer um retórico convite à mera obediência. Rosseau, em sua versão sobre o tema, vaticina que "sempre se é livre quando se está submetido às leis, mas não quando se deve obedecer a um homem; porque neste segundo caso devo obedecer à vontade de outrem e quando obedeço às leis acato apenas a vontade pública, que é tanto minha como de qualquer outro".[119]

Em outro viés, pode-se constatar que a personalidade do ser humano é relacional, constitui-se não como realidade em si, mas como existência que se constrói na relação com o outro.[120] A reciprocidade é fundamental na relação eu-tu. Dela decorre a resposta ao apelo dialógico, ou mais propriamente, em sentido ético, a responsabilidade. Para Umberto Ecco (2001, p. 95), é o olhar do outro que nos define e nos forma:

> Nós (assim como não conseguimos viver sem comer ou sem dormir) não conseguimos compreender quem somos sem o olhar e a resposta do outro. Mesmo quem mata, estupra, rouba, espanca, o faz em momentos excepcionais, mas pelo resto da vida lá está a mendigar aprovação, amor, respeito, elogios a seus semelhantes. E mesmo àqueles a quem humilha ele pede reconhecimento do medo e da submissão.

Assim, a partir da necessidade do convívio com o outro, ainda que na natureza do homem possam existir causas para discórdia[121], pode-se verificar que o ser humano está impelido a organizar-se em um contexto social, para o qual é necessário certa ordem, visto que a vida coletiva exige que as condutas sejam pautadas por regras comuns. Ao menos para que se possa, ao mesmo tempo, prever-se o que os outros farão ou estarão autorizados a fazer.

Para uma melhor compreensão do fenômeno da ordem social como imperativa do direito, vale ressaltar o papel central que ocupa o conceito

---

[117] Hobbes, "O leviatã", cap. XIII, p. 129.

[118] Hauriou declarou que a ordem social apresenta o mínimo indispensável à sua própria existência (*in Principes du droit public*. Paris: Sirey, 1910, *Apud* René Chapus, 2001).

[119] Texto extraído dos *Fragments politiques, apud* BOBBIO. *O Futuro da Democracia*. São Paulo: Ed. Paz e terra, 8ª Ed, 2002, p.172.

[120] Nesse sentido também é o pensamento de Martin Buber, exposto na obra *Eu e Tu* (Trad. Newton Aquiles von Zuben. São Paulo: Moraes, 1982).

[121] Para Hobbes, três seriam as causas principais para discórdia: a competição, a desconfiança e a glória. Para o filósofo inglês, quando não existe um poder capaz de manter a todos em respeito, pois cada um pretende que seu companheiro lhe atribua o mesmo valor que ele se atribui a si próprio, os homens não tiram prazer algum da companhia uns dos outros.

de direito subjetivo. Os direitos subjetivos (em inglês *rigths*) fixam os limites dentro dos quais um sujeito está legitimado para afirmar livremente sua vontade. Tais direitos definem iguais liberdades de ação para todos os indivíduos, entendidos como portadores de direitos ou pessoas jurídicas. No artigo 4° da *Declaração dos direitos do homem e do cidadão de 1789*, consignou-se: "A liberdade consiste em poder fazer tudo o que não cause prejuízo a outro. Assim, o exercício dos direitos naturais de um homem não tem outros limites senão aqueles que asseguram aos demais membros da sociedade o desfrute dos mesmos direitos. Estes limites somente podem ser estabelecidos em lei".

Tal enunciado é produto direto da doutrina do direito de Kant, segundo a qual o Direito visa como último fim a uma regulamentação racional da vida social de modo que somente o estado de paz, assegurado por leis estatais, ofereceria uma garantia segura para o estabelecimento do que é meu e o que é seu numa coletividade de seres humanos vizinhos. Para o filósofo alemão, a solução do problema da paz perpétua pressupõe, portanto, a solução de problemas relativos a definir o que é meu e o que é teu. Kant chama essa questão de o problema do meu e teu externos, para mostrar que se trata do meu e do teu sob o ponto de vista do direito (que é de fato a regra das ações externas do homem).[122]

De fato, tanto o que Kant (1797, p. 69) denominou "meu em termos de mero direito" (*bloss-rechtlich*) ou "meu inteligível" (*intelligibel*), constituem expressões que designam um conceito básico da razão prática, visto que é usado em juízos fundamentais como "este objeto externo é meu", o qual, por sua vez, se caracteriza como um ato de legislação, por meio do qual "é imposta a todos uma obrigação que eles não teriam, a de se absterem do uso desse mesmo objeto". Tal obrigação inclui uma presunção de *legitimidade* da posse, uma prerrogativa do direito (p. 75), que impõe a todos um dever de direito (*Rechtspflicht*), previamente à existência de leis positivas que pudessem garantir a sua *legalidade*.

John Rawls (1971, p. 64) se ateve a semelhante princípio na formulação de seu primeiro princípio de justiça: "Cada pessoa deve de ter um direito igual ao mais abrangente sistema de liberdades básicas iguais que seja compatível com um sistema semelhante de liberdades para as outras". Tal concepção revela a matriz do Direito moderno, centralizada em um conceito de igualdade preponderantemente formal. Tal concepção é espe-

---

[122] Kant identifica o problema do meu e do teu externos como o problema da posse privada, ou seja, no problema de saber *se* e *como* é possível a razão *legitimar* que algo seja meu. Para Loparic (*in A Semântica Transcendental de Kant,* 2002), a tarefa proposta por Kant não parece ser problemática quanto a afirmar *a priori* que algo que estiver em minha posse física – algo de que sou detentor – possa ser, também, legítima e mesmo legalmente, meu, pois tudo faz pensar que a negação dessa possibilidade equivale à supressão pura e simples do uso externo do livre-arbítrio. A tarefa muito mais difícil a que se propôs o filósofo idealista se afigura em justificar, unicamente com fundamento na razão pura prática, que algo seja meu mesmo sem estar em minha posse física (a posse indireta).

cialmente adequada para a integração social de sociedades cujo sistema econômico ocupa uma posição proeminente, nas quais em âmbito de ação eticamente neutralizados, dependem das decisões descentralizadas de sujeitos individuais, guiados por interesses, orientados a buscar o êxito próprio de cada caso. Nas sociedades modernas, o Direito somente pode cumprir a função de estabilizar expectativas se mantiver uma conexão interna com a força sociointegradora que tem a ação comunicativa.[123]

Até aqui podemos destacar dois traços fundamentais para a organização social: 1) que cada um possa saber, ainda que não de forma absoluta, uma vez objetivada a ação, não exatamente como será o seu resultado histórico, mas como ela será qualificada e sopesada no meio social;[124] 2) que o procedimento democrático de produção das normas permita o entendimento dos cidadãos acerca das regras que vão reger a sua convivência.[125]

A vida em sociedade impõe ao homem que possa prever como a sua atuação pode ser interpretada, havendo necessidade de uma estrutura mais ou menos rígida, esquemática, na qual pautas de conduta possam ser daí extraídas. É aqui que se apresenta, pois, a ordem jurídica, não identificada apenas com a lei, mas como norma de direito. Não se pode extrair a coesão social a partir da moral, já que esta está inserida no âmago de uma relação intersubjetiva, sem poder garantir estabilidade para as situações do porvir, as quais são, no contexto social, sempre exteriores.

O valor principal da *segurança* nas relações externas deriva, pois, da existência de uma previsibilidade que imponha a confiança. Para o desenvolvimento da sociedade humana revela-se necessário que se possa pré-qualificar as condutas de cada um dos seus participantes, depositando-se, assim, a confiança em si mesmo, nos demais e no próprio devir na existência de um prévio ordenamento jurídico.[126] Com efeito, para que o indivíduo possa tomar suas decisões pessoais diante dos fatos e atos humanos, é necessário que ele possa prever qual será, no porvir, a qualificação das ações presentes e com o que poderá contar num futuro.

Até aqui foi relatado o que é o valor segurança jurídica. Contudo, não se pode confundir o "valor" segurança de que tratamos com o "princípio da segurança jurídica". Ocorre que neste ensaio não se pretende apenas exaltar o conteúdo valorativo da "segurança jurídica" implicitamente protegido pela Carta Magna brasileira, sem examinar quais são os comportamentos indispensáveis à realização desse valor e qual o instrumento metódico

---

[123] Nesse sentido, a doutrina de Habermas (*in Facticidad y Validez,* 1998, p. 148).

[124] KNIJINIK, Danilo. *in* "O princípio da segurança jurídica no direito administrativo e constitucional", *Revista do Ministério Público do Rio Grande do Sul,* 35-205-251.

[125] Cf. HABERMAS, *in op. cit.,* p. 149.

[126] Segundo Radbruch, um direito incerto é também um direito injusto, pois não é capaz de assegurar a fatos futuros tratamento igual (*in Le but du droit, apud* Theophilo Cavalcanti Filho, "O problema da segurança do direito". São Paulo: RT, 1964, p. 81)

essencial à controlabilidade racional de sua aplicação.[127] Importa, pois, o exame do princípio da segurança jurídica na manutenção de atos administrativos viciados, segundo a verificação da legitimação dos critérios que permitam aplicar esse mesmo valor, especificando condutas necessárias à realização do valor prestigiado. Além disso, pretende-se justificar e controlar a aplicação desse princípio mediante uma (re)construção racional da doutrina e das decisões judiciais.

Em outras palavras, almeja-se ir mais além da mera enunciação do conteúdo dos valores tutelados, tentando-se superar as contraposições inevitáveis, buscando os critérios para hierarquizar "sem restar jungido às hierarquias dadas, no diálogo maduro com os textos, os precedentes e as prescrições objetivas".[128] Com efeito, o intérprete deve "produzir desempenho que permita conquistar, mediante subsunção de índole substancial, a permanente legitimação do consenso (mais que mera adesão), característica de qualquer sistema que timbre por ser efetivamente aberto, coerente e de eficácia expansiva".[129]

2.4.2. Os fundamentos do princípio da segurança jurídica e suas concreções

2.4.2.1. Matriz constitucional implícita do princípio da segurança jurídica

A base constitucional do princípio da segurança jurídica está precipuamente lançada em assento constitucional nos enunciados que invocam o princípio do Estado de Direito, em especial o art. 1º da Carta Magna Brasileira:

> Art. 1º A República Federativa do Brasil, formada pela união indissolúvel dos Estados e Municípios e do Distrito Federal, constitui-se em Estado Democrático de Direito e tem como fundamentos:
> I – a soberania;
> II – a cidadania;
> III – a dignidade da pessoa humana;
> IV – os valores sociais do trabalho e da livre iniciativa;
> V – o pluralismo político.

O valor "segurança" está expressamente mencionado no *caput* do art. 5º,[130] contudo, como já exposto alhures, o valor "segurança" não pode

---
[127] Salientando o aspecto de controlabilidade racional dos princípios Humberto Ávila (2003, p. 56).
[128] Cf. FREITAS, 2002, p. 175.
[129] Idem, p. 175.
[130] Constituição da República Federativa do Brasil, art. 5º: "Todos são iguais perante a lei, sem distinção de qualquer natureza, garantindo-se aos brasileiros e aos estrangeiros residentes no País a inviolabilidade do direito à vida, à liberdade, à igualdade, à *segurança* e à propriedade, nos termos seguintes" [grifo nosso].

ser confundido com o "princípio da segurança jurídica", o qual se entremeia pelo texto constitucional de modo a não estar expresso em nenhum dispositivo específico, derivado do princípio do Estado de Direito. Com efeito, não se tem notícia de que algum ordenamento contenha regra explícita prevendo o "princípio da segurança jurídica".[131] Segundo Celso Antônio Bandeira de Mello (2006, p. 92), este princípio não pode ser radicado em qualquer dispositivo constitucional específico, uma vez que é da essência do Estado Democrático de Direito. Também Juarez Freitas (2004, p. 62) deriva o princípio da segurança jurídica da noção de Estado Democrático de Direito, destacando-se o seu núcleo na estabilidade das relações jurídicas como condição para o cumprimento das finalidades do ordenamento.

Os princípios constitucionais podem apresentar-se explícitos ou implícitos, exercendo idêntica importância. Os princípios implícitos ou não-expressos, conforme Norberto Bobbio, são aqueles que se podem tirar por abstração de normas específicas ou pelo menos não muito gerais, formuladas pelo intérprete, que busca colher, comparando normas aparentemente diversas entre si, aquilo a que comumente se chama o "espírito do sistema" (1994, p. 159). Josaphat Marinho[132] acrescenta que tais elementos, admitidos por doutrina lógica e vitoriosa, valem e obrigam tanto quanto os explícitos, embora exijam perspicácia para situá-los no corpo da Constituição e dar-lhes força normativa. Para Carlos Ari Sundfeld (1993, p. 143), desconhecer os princípios constitucionais implícitos é tão grave quanto desconsiderar quaisquer outros princípios. Assim como o conteúdo da norma sempre é muito mais do que o seu singular significado semântico,[133] não se pode deixar de considerar a existência de princípios não expressos extraídos do ordenamento constitucional.

O princípio da segurança jurídica é, pois, um princípio implícito do nosso sistema jurídico, decorrente do princípio do Estado de Direito, podendo ser extraído de diversos dispositivos constitucionais, especialmente a partir dos direitos e garantias fundamentais. Segundo esse entendimento, Humberto Bergmann Ávila (2004, p. 295) enuncia que:

> O princípio da segurança é construído de duas formas. Em primeiro lugar, pela interpretação dedutiva do princípio maior do Estado de Direito (art. 1º). Em segundo lugar, pela interpretação indutiva de outras regras constitucionais, nomeadamente as de proteção do direito adquirido, do ato jurídico perfeito e da coisa julgada (art. 5º, XXXVI) e das regras da legalidade (art. 5º, II e art. 150, I), da irretroatividade (art. 150, III, *a*) e da anterioridade (art. 150, III, *b*).

---

[131] Esse também é o pensamento de KNIJINIK, *in op.* Cit, p. 223.

[132] MARINHO, Josaphat. "Perspectivas do Controle de Constitucionalidade", *in* Letras Jurídicas, Revista do Instituto dos Advogados do Distrito Federal, 1977, Brasília, p. 63-64.

[133] Vale lembrar a distinção entre norma e texto, exposta por J.J. Gomes Canotilho (2002, p. 1202): "O recurso ao 'texto' para se averiguar o conteúdo semântico da norma constitucional não significa a identificação entre texto e norma. Isto é assim mesmo em termos lingüísticos: o texto da norma é o 'sinal lingüístico'; a norma é o que se 'revela' ou 'designa'".

Em todas essas normas a Constituição Federal dá uma nota de previsibilidade e de proteção de expectativas legitimamente constituídas e que, por isso mesmo, não podem ser frustradas pelo exercício da atividade estatal.

Com efeito, tanto se pode extrair o princípio da segurança jurídica do princípio do Estado de Direito, quanto se pode derivá-lo a partir dos dispositivos constitucionais que a contemplam implicitamente na outorga de direitos e garantias individuais, como os incisos XXXV[134] e XXXVI[135], do art. 5º da Carta Magna. O princípio da legalidade administrativa (art. 37, *caput,* da Constituição brasileira)[136] também é um princípio fundamental que enseja o reconhecimento implícito do princípio da segurança. Com efeito, a reserva de lei em sentido formal qualifica-se como *instrumento constitucional de preservação da integridade de direitos e garantias fundamentais.*[137] E o princípio da legalidade talvez represente aspecto mais evidente e manifesto decorrente do princípio da segurança jurídica.

Pode-se também verificar que a nossa Constituição Federal reconheceu implicitamente um direito fundamental "à boa administração", como também o fez de forma explícita a Carta Européia de Direitos Fundamentais. Tal constatação pode ser feita a partir do artigo 1º, III, que consagra a dignidade da pessoa humana como fundamento da República brasileira, e no artigo 37, onde estão elencados os princípios diretivos da administração pública. Somente há dignidade à pessoa quando lhe é fornecida uma boa administração, a qual deve ser pautada pela moralidade, impessoalidade, eficiência e proporcionalidade. Com efeito, entre nós avançou-se um pouco mais do que na Carta Européia, pois se optou por traduzir os parâmetros que traduzem a "boa administração".

Em nível infraconstitucional, o princípio está disciplinado, ao menos parcialmente, no plano federal, na Lei nº 9.784/1999, art. 2º, *in verbis:*

Art. 2º A Administração Pública obedecerá, dentre outros, aos princípios da legalidade, finalidade, motivação, razoabilidade, proporcionalidade, moralidade, ampla defesa, contraditório, *segurança jurídica,* interesse público e eficiência.

2.4.2.2. Matriz doutrinária do princípio da segurança jurídica

No presente estudo, almeja-se destacar o conteúdo do princípio da segurança, construído a partir do valor "segurança", sob o enfoque da in-

---

[134] "Art. 5º [...] XXXV – a lei não excluirá da apreciação do Poder Judiciário lesão ou ameaça a direito";

[135] "Art. 5º [...] XXXVI – a lei não prejudicará o direito adquirido, o ato jurídico perfeito e a coisa julgada";

[136] "Art. 37. A administração pública direta e indireta de qualquer dos Poderes da União, dos Estados, do Distrito Federal e dos Municípios obedecerá aos princípios de legalidade, impessoalidade, moralidade, publicidade e eficiência [...]"

[137] Nesse sentido, o voto do Ministro Celso de Mello, no Agravo Regimental na Ação Cautelar nº 1.033, STF, julg. em 25.05.2006.

validação ou preservação dos atos administrativos. Trilhando esse objetivo, vem a calhar as considerações lançadas por J. J. Canotilho (2002, p. 257), segundo o qual tal princípio está em conexão com elementos objetivos da ordem jurídica – garantia de estabilidade jurídica, segurança de orientação e realização do direito – e componentes subjetivos, como a proteção da confiança, decorrente de uma "calculabilidade" e previsibilidade dos indivíduos em relação aos efeitos jurídicos dos atos dos poderes públicos. Segundo Canotilho, o indivíduo deve poder confiar que aos seus atos ou decisões públicas incidentes sobre os seus direitos, posições ou relações jurídicas alicerçados em normas jurídicas vigentes e válidas ligam-se os efeitos jurídicos previstos e prescritos no ordenamento jurídico (idem).

Conforme o constitucionalista português, o princípio da segurança jurídica possui três principais matizes, segundo a função estatal correspondente (2002, p. 257):

> a) Em relação a atos normativos – proibição de normas retroativas restritivas de direito ou interesses juridicamente protegidos;
>
> b) em relação a atos jurisdicionais – inalterabilidade do caso julgado;
>
> c) em relação a atos da administração – tendencial estabilidade dos casos decididos por meio de atos administrativos constitutivos de direitos.

Tanto no ordenamento nacional, como visto alhures, quanto na doutrina constitucionalista ocidental, de uma maneira geral, o princípio da segurança jurídica tem o seu conteúdo derivado a partir do princípio do "Estado de Direito". Tal fato é destacado no clássico estudo de Almiro do Couto e Silva (1987, p. 40), denominado "Princípios da Legalidade da Administração Pública e da Segurança Jurídica no Estado de Direito Contemporâneo", em que o autor gaúcho destaca, na mesma linha que Canotilho, que a noção de Estado de Direito apresenta duas faces: material ou formal. No primeiro sentido, os elementos que constituem o Estado de Direito são as idéias de justiça e de segurança jurídica, como uma tradução do enunciado saxão "*rule of law*", diferenciando-se da noção do governo arbitrário de homens. No outro, o conceito de Estado de Direito compreende vários componentes dentre os quais têm importância especial: [138]

> a) a existência de um sistema de direitos e garantias fundamentais;
>
> b) a divisão das funções do Estado, de modo que haja razoável equilíbrio e harmonia entre elas, bem como entre os órgãos que as exercitam, a fim de que o poder estatal seja limitado e contido por 'freios e contrapesos' (check and balances);
>
> c) a legalidade da Administração Pública e
>
> d) a proteção da boa-fé ou da confiança (Vertrauensschutz) que os administrados têm na ação do Estado, quanto à sua correção e conformidade com as leis.

---

[138] Cf. COUTO E SILVA, *in Princípios da Legalidade da Administração Pública e da Segurança Jurídica no Estado de Direito Contemporâneo*, 1987, p. 40.

Gilmar Ferreira Mendes (1998, p. 261), por sua vez, destaca a origem tedesca da expressão e, seguindo o magistério de Hans-Uwe Erichsen (*in* Hans-UWe Erichsen e Wolfgang Martens, *Allgemeines Verwaltungsrecht*, 6. ed., Berlim-Nova York, p. 240), aduz que o princípio da legalidade da Administração é apenas um dentre os vários elementos do princípio do Estado de Direito. O princípio do Estado de Direito contém, igualmente, o postulado da segurança jurídica (Rechtssicherheit und Rechtsfriedens) do qual se extrai a idéia da proteção à confiança. Dessa forma, Legalidade e Segurança Jurídica – como derivações do princípio do Estado de Direito – têm o mesmo valor e a mesma hierarquia. Destacando a impossibilidade de uma definição apriorística do princípio, o autor revela que uma solução adequada para o caso concreto depende de um juízo de ponderação que leve em conta todas as circunstâncias que caracterizam a situação singular.

Definindo melhor o que se pode entender por "Estado de Direito" para apresentar como produto o princípio da segurança jurídica, Leandro Paulsen (2006, p. 38), em brilhante estudo, conclui:

> Na medida em que o Estado de Direito se apresenta assim, como um modelo e supremacia do Direito a exigir a realização de certos valores, como o respeito aos direitos fundamentais pelos próprios indivíduos e pelo Estado e a vedação de arbitrariedade, bem como a pressupor determinadas garantias institucionais, como a separação dos Poderes e o acesso ao Judiciário, apresenta-se como sobreprincípio, assim entendido o princípio do qual se pode extrair outros princípios decorrentes que concorrem para a realização do valor maior naquele consubstanciado, mas que guardam, cada um, sua esfera de autonomia normativa.

Com efeito, fundamental para o nosso estudo é ressaltar que o princípio do Estado de Direito pressupõe que a lei advenha combinada com uma promessa de que as autoridades terão que se conformar a esta lei e não aplicarão outra aos cidadãos. Implica principalmente que o cidadão deve poder confiar nos serviços públicos de maneira geral e acreditar que estes observam regras que seguirão uma política bem estabelecida, e que não será concebida de outra forma.

2.4.2.3. Natureza objetiva e subjetiva do princípio da segurança jurídica

Partindo-se da noção do princípio da segurança jurídica como um subprincípio maior do Estado de Direito (ao lado e do mesmo nível hierárquico de outro subprincípio do Estado de Direito, que é o da legalidade), pode-se, como visto alhures, demarcar o princípio em dois aspectos: 1) natureza *objetiva*, que envolve os limites à retroatividade dos atos do Estado, à proteção ao direito adquirido, ao ato jurídico perfeito e à coisa julgada. 2) natureza *subjetiva*, concernente à proteção à confiança das pessoas diante dos procedimentos e das condutas do Estado, nos mais diferentes aspectos de sua atuação. Essa última categoria impõe ao Estado limitações na liberdade de alterar sua conduta e de modificar atos que produziram vantagens para os destinatários, mesmo quando ilegais, ou atribui a ele conseqüências patrimoniais por essas alterações, em virtude da crença gerada nos beneficiários, ou na sociedade em geral, de que aqueles atos eram legítimos. Também se pode subdividir o princípio da confiança legítima em dois aspectos, negativo e positivo, e é desse ponto, que se passa a tratar.

2.4.2.3.1. Os aspectos positivo e negativo do princípio da segurança em sua natureza subjetiva (confiança na administração pública)

Segundo Judith Martins-Costa (2004, p. 110-120), a confiança do cidadão na administração pública vem relacionada a um dever de boa-fé que se desdobra em dois sentidos diversos: 1) resguardar as situações de confiança traduzidas na boa-fé (crença) dos cidadãos na legitimidade dos atos administrativos e regularidade de certa conduta; 2) agir segundo impõe a boa-fé, considerada como norma de conduta, produtora de comportamentos ativos e positivos de proteção. Citando autores europeus, Judith Costa introduz a concepção de que a fonte do princípio da proteção da confiança legítima estaria, não na estrita legalidade, mas nos direitos fundamentais, transformados, por força da jurisdição constitucional e comunitária, na referência incontornável de toda e qualquer ordem jurídica.[139]

No primeiro aspecto salientado, a que preferimos denominar *negativo,* a confiança reside na tutela da boa-fé do particular, na medida em que existe uma interação entre confiança e crença, confiança e fé, aparecendo a confiança, ora como elemento da proteção da boa-fé, ora como uma de suas concretizações, das quais são exemplos: a *estoppel,* originária do Direito anglo-saxão; os limites à revogação e ao anulamento dos atos administrativos geradores de eficácia na esfera jurídica dos particulares; a vinculatividade das informações dadas por autoridade administrativa, a responsabilidade pré-contratual e o princípio que coíbe o *venire contra factum proprium,*[140] o qual acarreta a vinculação da Administração Pública à sua própria prática, quando geradora de legítimas expectativas.

No segundo aspecto abordado, o qual denominamos *positivo,* a nuance está na confiança do cidadão no cumprimento das finalidades previstas

---

[139] Judith Martins-Costa ("A re-significação do princípio da segurança jurídica na relação entre o estado e os cidadãos", Revista CEJ n° 27, out/dez. 2004) destaca a ação positiva do Estado, tendo em vista o interesse social e coletivo no livre desenvolvimento da personalidade dos indivíduos.

[140] A doutrina dos atos próprios aplicada à Administração Pública já foi aplicada pelo Superior Tribunal de Justiça no julgamento do Recurso Especial 141.879/SP (DJU 22/06/1998, p. 187), no qual o Ministro Relator Ruy Rosado de Aguiar Junior afirmou que "o princípio da boa fé deve ser atendido também pela administração publica e até com mais razão por ela e o seu comportamento nas relações com os cidadãos pode ser controlado pela teoria dos atos próprios, que não lhe permite voltar sobre os própriois passos depois de estabelecer relações em cuja seriedade os cidadãos confiaram".

no ordenamento jurídico, mormente na efetivação dos direitos fundamentais dos cidadãos. Nesta mesma senda, Juarez Freitas (2004, p. 62) deriva o princípio da segurança jurídica da noção de Estado Democrático de Direito, destacando-se o seu núcleo na estabilidade das relações jurídicas como condição para o cumprimento das finalidades do ordenamento.

a) *O princípio da confiança legítima em seu aspecto negativo (defesa).*

Já restou consignado alhures que o princípio da segurança jurídica evoluiu a partir da doutrina alemã do início do século, a qual consagrava que a faculdade do Poder Público de anular seus próprios atos tem limite não apenas nos direitos subjetivos regularmente gerados, mas também no interesse em proteger a boa-fé e a confiança (*Treue und Glauben*) dos cidadãos. Citando Otto Bachof, Almiro do Couto e Silva (2004, p. 271-315) leciona que nenhum outro tema despertou maior interesse do que este nos anos 50, na doutrina e na jurisprudência tedesca, para concluir que o princípio da possibilidade de anulamento foi substituído pelo da impossibilidade de anulamento, em homenagem à boa-fé e à segurança jurídica. Informa, ainda, que a prevalência do princípio da legalidade sobre o da proteção da confiança só se dá quando a vantagem é obtida pelo destinatário por meios ilícitos por ele utilizados, com culpa sua, ou resulta de procedimento que gera sua responsabilidade: "Nesses casos não se pode falar em confiança do favorecido (Verfassungsrecht, Verwaltungsrecht, Verfahrensrecht in der Rechtssprechung dês Bundesvarwaltungsgerichts, Tubingen, 1966, 3. Auflage, vol. I, p. 257 e segs.; vol. II, 1967, p. 339 e ss)" (idem).[141]

Segundo o que se constata a partir da doutrina de Direito Administrativo brasileiro, o princípio da segurança jurídica, corresponde à denominação "princípio da proteção à confiança" (*vertrauenschutz*) do Direito alemão e, no Direito da União Européia de "princípio da proteção à confiança legítima".[142] Esse aspecto impõe ao Estado limitações na liberdade de alterar sua conduta e de modificar atos que produziram vantagens para os destinatários, mesmo quando ilegais, ou atribui a ele conseqüências patrimoniais por essas alterações, sempre em virtude da crença gerada nos beneficiários ou na sociedade em geral de que aqueles atos eram legítimos.

Partindo-se somente da noção de princípio da segurança jurídica como mandado de otimização do comportamento dos atos estatais apenas segundo a sua natureza objetiva, ou seja, almejando a certeza, a imutabilidade e

---
[141] Cf. o entendimento exarado no artigo "O princípio da segurança jurídica (proteção à confiança) no direito público brasileiro e o direito da administração pública de anular seus próprios atos administrativos; o prazo decadencial do art. 54 da Lei do processo administrativo da União (Lei n° 9.784/99)", Revista de Direito Administrativo, Vol 237, Rio de Janeiro: Renovar, jul/set 2004, p. 271-315.

[142] Nesse sentido, Marçal Justen Filho (2005, *passim*).

a intangibilidade,[143] não se pode chegar à pretensão de estabilidade dos atos administrativos constitutivos de direitos dos cidadãos. É necessário o aspecto de defesa, da confiança e da boa-fé do destinatário, ou seja, a qualidade subjetiva que envolve a ausência do dolo e da fraude, a fim de construir o conjunto de características que envolve o princípio da segurança, dando-lhe uma feição deontológica. Com efeito, somente com a proteção da confiança é que se configura o dever de abstenção do Estado em não atingir o direito adquirido ou o ato jurídico perfeito, o respeito aos casos cujo decurso do tempo impôs o advento da prescrição, decadência ou preclusão, a manutenção sem modificações de práticas há longo tempo consolidadas em benefício do cidadão e a não-revogação ou anulação de atos administrativos que tenham produzido efeitos ampliativos na esfera de direitos dos cidadãos, sobretudo os que interferem na esfera jurídica de terceiros.

O viés objetivo do princípio da segurança jurídica (como previsibilidade e certeza dos atos estatais) tem origem bem sedimentada na doutrina e jurisprudência pátrias.[144] O dever de abstenção do Estado no sentido de não atingir o direito adquirido ou o ato jurídico perfeito, a não-retroação das leis civis, a garantia das situações abrangidas pelo manto protetor da prescrição e a decadência são conceitos sedimentados secularmente entre nós. Contudo, a tutela da confiança não se restringe a condutas de abstenção, ou a uma quase-ação. O princípio da segurança jurídica vem relacionado também a outro tipo de confiança: uma confiança na ação positiva do Estado.

b) *O princípio da confiança legítima em seu aspecto positivo: o princípio da preservação dos atos administrativos.*

O núcleo deste princípio, revelado como o aspecto positivo da confiança do cidadão, estaria situado no valor de se "cumprir uma promessa", ou de "executar o comando exarado pela autoridade", ou até mesmo, de se "levar a efeito até o fim o que restou expressamente anunciado".[145] Mais precisamente, pode-se identificar o seu caráter teleológico com o objetivo de se tornar socialmente efetivos os atos administrativos *capazes de produzir efeitos protegidos pelo direito*. A propósito, segundo K. Larenz,[146] o fim do Direito não é outro que o de satisfazer os interesses da comunidade

---

[143] Cf. Mônica Gutierrez (*Derecho administrativo y seguridad jurídica*, 1965). O tema basilar deste estudo da doutrinadora chilena é enfocar o princípio da segurança jurídica segundo três vertentes fundamentais: a *certeza*, a *imutabilidade* e a *intangibilidade*.

[144] Cite-se como exemplo o julgamento da Remessa *Ex Officio* nº 1999.01.00.037546-6/DF, Rel. Juiz Federal Flávio Dino de Castro e Costa, TRF 1ª Região, em cuja ementa se destaca: "*No Estado Democrático não há razões de Estado absolutas, que prevaleçam – a qualquer preço – contra interesses individuais. Do mesmo modo, o Direito Público, especialmente o regime das nulidades, não é imune a institutos como boa-fé e segurança jurídica, consoante consagrado normativamente pela Lei nº 9.874/99*".

[145] Para uma verificação do valor "segurança" ver item 2.4.1.

[146] Cf. *Derecho Justo. Fundamentos de ética jurídica*. Madri: Ed. Civitas, 1993, p. 150.

jurídica, o que exige harmonizar, não somente os interesses dos distintos sujeitos individualmente considerados, mas também os que afetam a sociedade em geral. Assim, poder-se-ia afirmar que o princípio da conservação expressa a existência de um valor jurídico em preservar todo ato capaz de cumprir validamente os fins que se tem encomendado. Visa a tornar segura, assim, a satisfação dos interesses dos sujeitos jurídicos, o que, em última instância, supõe a garantia da própria vigência do Direito.

Jesús González Pérez destaca que a jurisprudência espanhola tem consagrado o princípio da preservação/conservação dos atos administrativos denominando-o como *favor acti,* derivando-o do princípio da boa-fé. O princípio do *favor acti* não apenas confere a presunção de legitimidade aos atos administrativos, mas também representa o núcleo da confiança de que os órgãos administrativos exercerão suas atividades segundo o comando exarado no ato. Tal princípio encerra uma expectativa do cidadão de que a atividade administrativa não é inútil, possui uma finalidade que, em princípio, espera-se, seja definitivamente perseguida. Diz o eminente autor espanhol:[147]

> La confianza derivada de la existencia del acto determina para todos los que intervinieron en su nacimiento un deber de conservación, de tal modo que solo en último extremo se acuda a su anulación, procurando salvarles de su ineficacia mediante la interpretación correctora y la figura de la conversión.

Interessante relevar, também, o conceito de *força de existência* de atos administrativos, de que trata a doutrina de direito público alemã, desenvolvida com apoio no conceito processual de coisa julgada e na expectativa de aplicabilidade da legislação (produto do poder legislativo).[148] Embora não se deixe de destacar as peculiares diferenças entre ato administrativo, sentença e lei promulgada, tal doutrina preconiza que também o ato administrativo, na qualidade de manifestação de um poder estatal, gera uma expectativa de vinculatividade e durabilidade, mormente em face de sua característica de regulação soberana, devendo receber certa estabilidade jurídica.

Entre nós, por sua vez, cabe destacar o pioneirismo de Miguel Reale (1968, p. 62) na abordagem do tema. Em sua análise sobre o princípio da segurança na administração, o autor formulou concepção que merece ser recolhida, ao menos em parte e com temperamentos, no sentido de que *"o tempo transcorrido pode gerar situações de fato equiparáveis a situações jurídicas, não obstante a nulidade que originariamente as comprometia"*.

O conteúdo do princípio da preservação dos atos administrativos não está a reforçar a conduta de estabilizar qualquer vício contido na produção do ato. Do contrário, o que se está a tutelar é a conservação do ato, quando *validamente* puder atingir os seus fins, garantindo-se a confiança do cidadão.

---

[147] Cf. *El principio general de la buena fe en el derecho administrativo.* 4ª ed. Madri: Civitas, 2004, p. 161.
[148] Cf. MAURER, in *Direito Administrativo Geral,* 2006, p. 310.

Tal enunciado valorativo também está a propagar um estado ideal de coisas no sentido de que seja favorecido o cumprimento dos efeitos a que estão destinados os atos administrativos. Inclusive, a partir desse princípio aliado à esperança do cidadão de que o ato será concretizado é que se impõe o dever de correção de um determinado vício que não implique a invalidade do ato.

Não se quer aqui esgotar com precisão todas e cada uma das manifestações desse princípio, senão pôr em relevo que realmente existe um valor jurídico que obriga a conservar *todos os atos capazes de produzir efeitos juridicamente protegidos*, ou seja, que possam cumprir sua finalidade sem infringir o ordenamento jurídico e que há um dever correlato para todos os sujeitos jurídicos de respeitar esse valor em sua atuação. Tal enunciado tem especial valor no ramo do Direito Administrativo, que é a disciplina imantada pelos princípios e finalidades públicas.

b1) *O princípio da preservação dos atos administrativos como elemento orientador do dever de convalidar.*

Diz-se, de maneira preponderante na doutrina, que por força da legitimidade dos atos administrativos, não seria razoável, ante a constatação de vício, decidisse a Administração desde logo invalidá-los, com a total supressão dos efeitos produzidos, sem que antes se verifique a possibilidade de correção do defeito.[149] Contudo, não é apenas com fulcro na legitimidade dos atos administrativos que se pode motivar tal postura. Outras tão ou mais relevantes razões podem ser invocadas, como é o caso do princípio do *favor acti*. Na qualidade de elemento positivo da confiança do cidadão, este princípio atua promovendo um estado ideal em que as promessas sejam cumpridas e levadas a cabo, mormente quando se trata de entidades políticas.

Portanto, também o princípio da preservação dos atos administrativos propõe como dever mediato a conduta necessária de convalidação, quando possível. Ou seja, havendo possibilidade de sanar o vício do ato administrativo, ela é obrigatória. Daí resulta que primeiro deve a Administração verificar se é possível convalidar o ato; apenas depois, diante da impossibilidade da sanatória, proceder-se-á à invalidação. Assim, é na condição de "poder-dever" que deve ser interpretado o verbo "poder" contido na redação do art. 55 da Lei 9.784/99: "em decisão na qual se evidencie não acarretarem lesão ao interesse público nem prejuízo a terceiros, os atos que apresentarem defeitos sanáveis poderão ser convalidados pela própria Administração".[150]

Não se deve ceder à tentação de tomar o preceito legal que autoriza a convalidação como uma mera faculdade da Administração, sob pena de se promover uma interpretação que não seja sistemática. Em face das causas

---

[149] Weida Zancaner (2001, p. 56) afirma que, frente ao ato viciado, ou a Administração Pública está obrigada a invalidar, ou, quando possível a convalidação do ato, esta será obrigatória.

[150] A convalidação também é admitida nesses termos pelo legislador sergipano (art. 77, § 4º, LC 33/1996) e pelo legislador paulista (art. 11 da Lei 10.177/1998).

já apontadas (legitimidade e segurança jurídica), conclui-se que, diante do caso concreto, uma vez constatado o vício pelo agente público, não havendo lesão ao interesse público, à moralidade ou prejuízo a terceiros, e podendo ser promovido um ato com efeitos retroativos, a convalidação será compulsória, na qualidade de um dever jurídico.

Excepciona o dever de convalidar o caso de um vício de competência em ato administrativo discricionário.[151] Tal exceção, contudo, confirma a regra: nos demais casos, uma vez preenchidos os requisitos para a convalidação, esta será obrigatória.

b2) *O princípio da preservação dos atos administrativos como elemento redutor de conflitos intertemporais.*

O núcleo axiológico do princípio da preservação dos atos administrativos situa-se na idéia de que sejam cumpridos validamente os fins distintos que o Direito pretendia alcançar por meio da declaração contida no ato administrativo. Com efeito, o que determina a invalidez de um ato não é simplesmente haver sido incurso em uma ilegalidade, senão que essa desconformidade o impeça de se alcançar o fim que o sistema jurídico considera merecedor de proteção. A finalidade não é, portanto, somente o resultado concreto que se persegue diretamente com a realização do ato, mas também a valoração de outros fins que o Direito possa pretender.

Por outro lado, o Direito Administrativo também sofre os efeitos do estado de "urgência", do "império do efêmero"[152] que qualifica nossas sociedades do tempo real, devotadas à volatilidade do tempo e à variabilidade dos modos. Com efeito, o crescimento do indecidível, implicando revisão permanente das escolhas (incerteza epistemológica e indeterminação democrática), a desestabilização do Estado Social e o crescimento da sociedade do risco, a generalização do tempo real ultracurto e do tempo efêmero da moda, tornou desacreditada a idéia de progresso e provocou uma sobrecarga do tempo presente.

Todavia, não é a urgência dos problemas que impede a elaboração dos projetos a longo prazo, mas a ausência de projetos que nos submete à tirania da urgência. Em termos de direito, segundo François Ost, "insistir no caráter instável, efêmero, aleatório da produção jurídica contemporânea tornou-se uma banalidade" (1999, p. 337). Em se tratando da produção de leis, não ocorre exceção. Não é novidade o ritmo cada vez mais acelerado da mudança jurídica, com a dinâmica profusão das leis, mormente em nosso país. Para se ter uma idéia de nossa produção acelerada de regras legais, pode-se tomar por base o levantamento efetuado pelo jornal "O Estado de São Paulo" no período iniciado com a promulgação da Constituição, em 5

---

[151] Cf. item 3.4.2 deste estudo.

[152] Tal expressão é criação do sociólogo francês Lipovetsky, publicada no livro *L'Empire de l'ephemere. La mode et son destin dans lês societés modernes.* Paris: Gallimard-Folio, 1987.

de outubro de 1988 até abril de 2002: foram produzidas 41 emendas constitucionais (por coincidência, 41 é o número médio diário das normas legais criadas no País), 55 leis complementares, 2.738 leis ordinárias, 6.144 medidas provisórias, 7.181 decretos e 78.422 normas complementares (que compreendem portarias, instruções, atos normativos, ordens de serviços, pareceres normativos, etc.). Na legislação estadual, foram produzidas 1.727 leis ordinárias, 3.148 decretos e 102.365 normas complementares. E nas municipais foram promulgadas 77.336 leis ordinárias, 116.004 decretos e 1.392.048 normas complementares.[153] A lei, desta forma, perde o referencial de mudança de paradigma, revelando que atualmente, o transitório tornou-se o habitual, a urgência tornou-se permanente.

No plano do executivo, a situação não é muito diferente. Basta uma leitura atenta ao Diário Oficial que o leitor constatará muitas ordens de execução sem amparo legal, delegações de poder formuladas em termos absolutamente vagos, disposições transitórias perenizadas, milhares de atos administrativos classificados como "de urgência". Nesse quadro de premente insegurança, ainda mais necessário se faz constatar que, em um Estado de Direito, em um governo de leis e não de homens (*rule of law*), o comando contido em um ato administrativo configura uma promessa: a promessa de as próprias autoridades terão de se conformar a este comando e imprimirão esforços em atingir as suas finalidades.

Ora, o princípio da preservação dos atos administrativos, como elemento a ressalvar a confiança dos cidadãos, é um dos freios e contrapesos que visa a dominar, ao menos um pouco, a mutabilidade generalizada da regulamentação, reduzindo-se os conflitos intertemporais nefastos e geradores de insegurança.

Por outro lado, não se deduz da preservação dos atos administrativos que se esteja a sustentar a existência de um respeito absoluto aos direitos adquiridos do cidadão ou à manutenção de qualquer regulamentação, outorgando-se à segurança jurídica uma amplitude excessiva e prejudicial, a suplantar até mesmo com a erradicação da pobreza e à dignidade da pessoa humana. Do contrário, pretende-se tutelar a confiança dos cidadãos com mecanismos que obriguem o estado a não impor aos cidadãos uma mudança demasiadamente brutal. É por isso que se sustenta que novas regras devem comportar, quando possível, medidas transitórias em proveito dos destinatários, detentores de expectativas legítimas.[154] Ou, ao menos, exige-se o direito a uma justificação razoável da mudança de atitude da Administração.

---

[153] Matéria publicada no jornal *O Estado de São Paulo*, de 20/04/2002, p. A3.

[154] Certamente, esta é uma diligência que pode parecer, à primeira vista, destituída de qualquer fundamento textual, completamente estranha à lógica objetiva e binária (anulação/convalidação) que subjaz o contencioso da legalidade. Mas já houve jurisprudência no passado. É suficiente pensar a teoria do funcionário de fato, elaborada por via jurisprudencial, que permite afastar os efeitos da ilegalidade de uma decisão que procede à nomeação de um agente público ao período posterior à constatação desta ilegalidade para não fragilizar os diferentes atos realizados por este agente no exercício das suas funções. Na

2.4.2.4. Princípio da segurança jurídica "versus" legalidade

Prevalece ainda na doutrina o entendimento de legalidade administrativa como a norma tipicamente comportamental, endereçada ao poder público ou a quem lhe faça as vezes, pela qual a Administração Pública somente poderia agir se houvesse permissivo legal que precedesse e estabelecesse os meios de atuação. Tal é o que pode extrair a partir da expressão alemã – *Vorbehalt des Gesetzes* – atribuída normalmente a Otto Mayer (1949).

Por outro lado, a visão liberal clássica da legalidade segue perdendo importância, já que a "Lei", no sentido de produto do Poder Legislativo, vem perdendo a sua característica de meio da expressão da "vontade geral".[155] Cada vez mais se consolida a noção de que o administrador não está vinculado apenas à lei, mas a todo o Direito,[156] destacando-se o respeito à aplicação dos princípios constitucionais no exercício da atividade administrativa, sobretudo no desempenho do poder discricionário.[157]

Existem razões de política legislativa que explicam a erosão do mito rousseniano da lei. Nos dizeres de Norberto Bobbio (1992, p. 151):

> [...] a participação popular nos estados democráticos reais está em crise por pelo menos três razões: a) a participação culmina, na melhor das hipóteses, na formação da vontade da maioria parlamentar; mas, o parlamento, na sociedade industrial avançada, não é mais o centro do poder real, mas apenas, freqüentemente, uma câmara de ressonância de decisões tomadas em outro lugar; b) mesmo que o parlamento ainda fosse o órgão do poder real, a participação popular limita-se a legitimar, a intervalos mais ou menos longos, uma classe política restrita, que tende à própria autoconservação e, que é cada vez menos representativa; c) também no restrito âmbito de uma eleição *una tantum* sem responsabilidades políticas diretas, a participação é distorcida ou manipulada, pela propaganda das poderosas organizações

---

França, uma aplicação recente de tal posicionamento é o elencado na decisão: CE, Sect., 16 mai 2001, *Préfet de police c/ M. Mtimet*, à paraître au recueil, chron. M. Guyomar et P. Collin, AJDA 2001.642.

[155] Como assegurou A. Castanheira Neves (*in O Instituto dos 'Assentos' e a Função dos Supremos Tribunais*, Coimbra, 1983, p. 584-585): "Três notas fundamentais vimos caracterizarem a lei moderno-iluminista: ela seria uma prescrição normativa da vontade geral, de índole e validade racional e que se identificava com o direito. Pois bem – nenhuma destas notas se poderá manter no seu actual entendimento: nenhuma delas se cumpre na presente realidade político-jurídica da lei. É já insustentável a sua imputação à vontade geral – ao todo ou ao comum comunitário –, pois as leis não são mais do que prescrições de particulares forças políticas, de forças políticas parciais, e mesmo partidárias, que no quadro do sistema político-estadual (ou constitucional) adquiriram a legitimidade para tanto, a partir de uma sociedade dividida (justamente em diferentes forças sociais e políticas, actuantes e interventoras ao nível do poder) e plural (nos projetos ideológicos sobre essa mesma sociedade) [...] e, por isso, sendo a expressão de uma vitória num conflito político, a lei invoca e afirma uma vontade, mas apenas a vontade da força política legislativamente dominante ou essa vontade transacionada com outras vontades políticas também particulares".

[156] Segundo Canotilho, "a reserva vertical da Lei foi substituída por uma reserva vertical da Constituição" (*in Direito Constitucional e Teoria da Constituição*, 2002, p. 836).

[157] Para Maurer, a atividade administrativa deverá respeitar "os limites gerais do Direito e as vinculações da administração à lei em geral (competência, direitos fundamentais, princípios gerais do Direito Administrativo)." (*in* "Allgemeines Verwaltungsrecht", München, C. H. Beck'sche Verlagsbuchhandlung, 1985, p. 10).

religiosas, partidárias, sindicais etc. A participação democrática deveria ser eficiente direta e livre: a participação popular, mesmo nas democracias mais evoluídas, não é nem eficiente, nem direta, nem livre.

A crise do modelo liberal oitocentista da lei vai ser acentuada em países de recente democratização, como é o caso do Brasil, no qual se observa que o processo legislativo é dominado pelo Executivo, seja por meio de reservas de iniciativa para a apresentação de projetos de lei, seja pela formação de amplas bases de sustentação parlamentar, seja pela profusão de medidas provisórias (as quais parecem representar uma tentativa de perfeccionismo normativo, resultante da vontade de se prever todas as hipóteses, no mínimo detalhe), nos moldes da aporia do "mapa tão grande quanto o território representado" de que falava Borges.[158]

Ora, embora tais deficiências democráticas do poder legislativo não sejam suficientes, por si só, para conferir legitimidade à jurisdição constitucional, o fato é que propiciam argumento robusto em seu favor.[159] De fato, caberá ao juiz, dentro de um regime de jurisdição constitucional – como é caso brasileiro – o dever de alargar o conceito de controle dos atos administrativos visando a conferir maior concreção aos princípios constitucionais consoante os quais deve pautar a sua conduta o próprio agente e os que atuam por delegação do Poder Público. Sem dúvida, tendo em vista as mudanças funcionais do Estado de Direito contemporâneo há urgência e indispensabilidade de rever categorias, sobretudo no que diz com os efeitos e limites de anulação ou decretação de nulidade dos atos administrativos.

A observância da lei como atividade infraconstitucional pela administração não deixa de ser uma garantia à cidadania, já que a submissão da Administração Pública à lei formal, exclui o arbítrio no desenvolvimento das relações sociais. Onde há lei escrita, não pode haver arbítrio.[160]

Em nome da segurança jurídica, em princípio, não se pode conceber que o estado possa se libertar da obrigatoriedade da própria lei que cria. O Estado deve sujeitar-se às leis que ele próprio faz. Nesse quadro, revela-se paradoxal que sobre o argumento da garantia à segurança jurídica e da

---

[158] No conto "Del rigor de la ciencia" (in El Hacedor. Buenos Aires: Emecé Editores, 1960, p. 103), Jorge Luís Borges revela todo o absurdo que se pode chegar com o detalhamento excessivamente minucioso. O eminente escritor relata o fato inusitado de um cartógrafo produzir um mapa do tamanho do território: "[...] En aquel Imperio, el Arte de la Cartografía logró tal Perfección que el Mapa de una sola Provincia ocupaba toda una Ciudad, y el Mapa del Imperio, toda una provincia. Con el tiempo, estos Mapas Desmesurados no satisficieron a los Colegios de Cartógrafos levantaron un Mapa del Imperio, que tenía el Tamaño del Imperio y coincidía puntualmente con él. Menos adictas al estudio de la Cartografía, las Generaciones Siguientes entendieron que ese dilatado Mapa era Inútil y no sin Impiedad lo entregaron a las Inclemencias del Sol y de los Inviernos. En los Desiertos del Oeste perduran despedazadas Ruinas del Mapa, habitadas por Animales y por Mendigos; en todo el País no hay otra reliquia de las Disciplinas Geográficas".

[159] Nesse sentido o pensamento de Sérgio Moro (2004, p. 140).

[160] Cf. CIRNE-LIMA, *Comentários*, 1987, p. 8-10.

estabilidade das relações sociais, os efeitos produzidos por atos viciados sejam preservados – efeitos de atos contrários à legalidade, que não obedeceram às prescrições do direito positivo. Como falar em legalidade contra segurança jurídica, se a legalidade foi concebida justamente para garantir a segurança jurídica?

Pela sua precisão na análise do tema em foco, vale citar trecho de respeitável parecer exarado pelo Ministro Relator Marcos Vinícios Vilaça para o Tribunal de Contas da União,[161] no qual se enuncia o pensamento de que tais princípios receberam *status* constitucional, não havendo prevalência de um sobre outro:

> O princípio da legalidade, *lato sensu,* repousa na subordinação de todos, cidadãos e Estado, aos comandos da lei. Assim é que, em um Estado de Direito, a lei é o principal instrumento de que dispõem as pessoas sujeitas ao império estatal para evitar a arbitrariedade e a injustiça. (...) A segurança jurídica, por sua vez, pode ser entendida como a certeza de que essa mesma lei, que deve, tanto quanto possível, ser clara e estável, será efetivamente aplicada dentro do seu limite temporal de vigência, permitindo assim aos cidadãos prever as conseqüências jurídicas dos atos que pretendem praticar.

Na superação de tal aparente contradição, Jacintho Arruda Câmara sugere duas possibilidades. Ou se compreende um conceito ampliativo do princípio da legalidade, no sentido de um agir conforme ao Direito, e não somente à Lei, ou concebe-se uma releitura do conflito, tomando-se a segurança como um fim a ser atingido: tanto a preservação dos efeitos dos atos viciados, quanto a sua desconstituição teriam por fim a preservação da segurança jurídica. Segundo esse viés, afirma o ilustre doutrinador: [162]

> Quando fosse aventado o problema da preservação dos efeitos de atos administrativos viciados, o conflito a ser proposto haveria de ser: de um lado, a desconstituição dos efeitos produzidos pelo ato – como corolário do princípio da legalidade; do outro, a preservação desses efeitos – constituídos com base numa presunção de legalidade. Ambas alternativas teriam como fim o atingimento da segurança jurídica e a opção sobre qual delas seguir haveria de ser tomada justamente em favor da que melhor o atingisse.

Ao que tudo indica, o elenco de princípios expostos no art. 37 da Constituição brasileira (legalidade, moralidade, impessoalidade, publicidade e eficiência) já aponta uma preferência do legislador constituinte originário e derivado (O art. 3° da Emenda n° 19, de 19 de junho de 1998, acrescentou ao art. 37 da Constituição o princípio da eficiência da Administração Pública) para uma noção ampliada do princípio da legalidade. Com feito, o constituinte parece dar-se conta de que as leis "regras",

---

[161] Cf. VILAÇA, Marcos Vinícios. Princípio da Segurança Jurídica – Professores Estrangeiros Contratação Anterior à EC n° 11/96 – Considerações. In: Boletim de Direito Administrativo. Ano XIX.° 04, abril 2003, p. 333.

[162] CÂMARA, Jacintho Arruda. A Preservação dos Efeitos doa Atos Administrativos Viciados. In: Revista Diálogo Jurídico, Salvador, CAJ – Cento de Atualização Jurídica, n° 14, junho/agosto, 2002. Disponível em: http//www.direitopúblico.com.br. Acesso em: 01 de fevereiro de 2005.

assim como os princípios, permitem a consideração de aspectos concretos e individuais, ensejando uma correta ponderação. Se fosse possível que a aplicação da lei se desse apenas segundo a sua literalidade, atendendo a um simples "legalismo", não haveria por que enunciar os outros princípios paralelos destinados à administração pública (notadamente a moralidade e eficiência), já que ao administrador caberia apenas a exata leitura do enunciado legal.[163] Contudo, já que obedecer à lei não é *homenagear-lhe a forma, mas reverenciar-lhe o conteúdo*,[164] impõe-se a superação definitiva de uma imponderada aplicação da lei, que não leve em conta a aplicação dos princípios da administração de forma harmônica e reciprocamente instrumentalizada.[165]

2.4.2.5. Nova noção para o princípio da legalidade

Há que se afastar práticas dogmáticas que operam como se o Direito possuísse uma relação natural de identificação da lei, ou seja, como se ela fosse uma realidade previamente existente a ser revelada pelo conhecimento. Nesse sentido, não cabe mais a adoção do princípio da legalidade segundo a feição de um puro "legalismo" estrito. Nesse ponto, acolhe-se a lição de João Batista Moreira (2005, p. 406), no sentido de que uma nova perspectiva para o princípio da legalidade passa pelo entrelaçamento recíproco com os outros princípios constitucionais da administração pública:

a) a *impessoalidade* afasta a vontade pessoal do administrador, própria da administração-propriedade, fazendo prevalecer a vontade da lei;

b) a *moralidade* leva a uma aplicação evolutiva da lei, em consideração a valores imperantes na sociedade;

c) a *publicidade* (a que se acrescenta, como seu instrumento, a motivação) das atividades administrativas é condição para o controle da aplicação da lei;

d) a *eficiência* valoriza os resultados, em detrimento de uma concepção formalista da lei ou atomística do ato administrativo;

e) a *razoabilidade* e a *proporcionalidade*, princípios implícitos, impedem o encaminhamento para o chamado direito livre ("A razoabilidade proscreve a irracionalidade, o absurdo ou a incongruência na aplicação – e, sobretudo, na interpretação – das normas jurídicas. É inválido o ato desajustado dos padrões lógicos").

A aplicação da lei pelo administrador deve, portanto, dar-se conforme a Constituição, em uma interpretação sistemática, axiológica e teleológica, guiada pela Lei Fundamental. O princípio da legalidade muda de grau qualitativo

---

[163] O Supremo Tribunal Federal já deu amostras (HC 73.662-9, rel. Min. Marco Aurélio, DJU 20.09.1996) de que a interpretação das normas classificadas como "regras" nem sempre se dá segundo a tradicional concepção do "tudo ou nada" (se a hipótese de incidência de uma regra é preenchida, ou a regra é válida e ocorre a consequência, ou será inválida).

[164] Cf. clássico enunciado de Celso Antônio Bandeira de Mello (2006, p. 96).

[165] No sentido de uma visão ampliada da legalidade, pode-se citar o pensamento de Odete Medauar (2005, p. 142).

convertendo-se em princípio da constitucionalidade (Freitas, 2004, p. 44). Não se pode admitir como eficiente a interpretação da lei pela Administração que não dê vazão à interpretação conforme a Constituição (como técnica de interpretação constitucional), não em primeira mão, mas diante de reiterada jurisprudência, sobretudo do Supremo Tribunal Federal.[166]

Cada vez mais as leis vão configurando uma forma moldura (leis-quadro) que estabelece limites em vez de linhas precisas.[167] Situações excepcionais, portanto, podem ensejar que uma lei deixe de ser aplicada. É que uma regra pode ser perfeitamente constitucional do ponto de vista abstrato, e, no entanto, em certas circunstâncias, produzir resultado inconstitucional, por violar o próprio fim que busca alcançar. No julgamento do AMS 2000.01.00.046441-1/DF, DJU de 11.06.2001, o TRF 1ª Região, nas palavras do relator João Batista Gomes Moreira, assegurou que: "'As leis são feitas para aquilo que normalmente acontece' (José Souto Maior Borges). Por isso, não significa negativa de vigência deixar de aplicar dispositivo legal a determinado caso, em face de suas peculiaridades".

2.4.2.6. Uma proposta de síntese entre segurança jurídica "versus" legalidade

A contradição entre segurança jurídica e legalidade quando se está a tratar da estabilização de atos administrativos sanáveis revela-se apenas na aparência, constituindo-se numa falsa antinomia. Tanto a preservação dos efeitos dos atos administrativos viciados, como a desconstituição destes, por intermédio da invalidação (a bem da legalidade), têm por fim a preservação da segurança jurídica. A antinomia estabelecida à primeira vista é solucionada com a ampliação do conceito da legalidade, aliada à introdução do *limite temporal*, o qual produzirá a síntese entre a aparente duplicidade de sentidos invocados.

Quanto ao limite temporal, Hauriou afirmou que "se o direito não utilizasse o tempo, se se reduzisse a atos instantâneos, nada seria".[168] O jurista francês destacou, com precisão, que o direito somente pode-se firmar como instituição, se for inscrito na duração, conquanto seja uma duração evolutiva, que incessantemente engendre o novo. Isso porque em um ambiente exageradamente instável haveria o desencorajar dos empreendimentos e o estaqueamento das liberdades, pois as previsões seriam incessantemente frustradas,

---

[166] Admite-se, excepcionalmente, que a própria administração possa deixar de cumprir a lei sob o fundamento da inconstitucionalidade, desde que se trate de situação inequívoca, destinada a preservar valores constitucionais maiores, não se dê em primeira mão e que ocorra apenas no âmbito da função julgadora (entidades que decidem litígios administrativos).

[167] João Batista Moreira (2005, p. 405) estabelece inspirada relação entre os limites legais e a noção de leis oscilantes, estas derivadas da construção pitagórica dos números irracionais por frações contínuas, em que a aproximação nunca se dá de forma exata.

[168] *Principes du droit public*. Paris: Sirey, 1910, *Apud* René Chapus, 2001.

e os impulsos, paralisados. A segurança jurídica é, portanto, uma das garantias do direito, sendo a lei um dos instrumentos para se atingir esse fim.

Por outro lado, o ato administrativo estatal, na condição de produto do Poder Executivo, investe o destinatário na expectativa de uma conformidade com o direito. Na qualidade de instrumento necessário à satisfação dos deveres inerentes à função administrativa e à realização dos fins estatais que deve realizar, possui presunção de legitimidade e de regularidade, com aptidão para gerar efeitos vinculantes *erga omnes*.

Com efeito, permitir indefinidamente a possibilidade de declarar a invalidade dos atos defeituosos supõe privar seus destinatários da confiança na certeza das situações declaradas pela Administração, a qual, na condição de Poder Público, em princípio, somente pode atuar legalmente. Contudo, permitir a permanência de qualquer ato administrativo ilegal é instaurar perigoso arbítrio. A eleição de um prazo decadencial e de uma noção mais alargada do princípio da legalidade permite demarcar as duas realidades que precisam coexistir: invalidação e preservação. Com efeito, até o prazo razoável (estabelecido em lei ou extraído pela jurisprudência a partir da efetividade social do princípio constitucional da segurança) impõe-se, via de regra, a anulação. A partir de então, porém, o tempo decorrido deve ser levado em consideração para a hipótese de estabilização dos atos pelo decurso do tempo.[169]

2.4.2.7. Concreções do princípio da segurança jurídica na preservação dos atos administrativos inválidos

Para a investigação do princípio da segurança, não se pode prescindir do exame jurisprudencial da matéria, a fim de comprovar a sua utilização tópica. Na busca da especificação da finalidade declarada do princípio, impõe-se a verificação de casos paradigmáticos, esmiuçando-se as nuances comportamentais que permitam identificar e estabilizar as expectativas em bases racionais.[170]

2.4.2.7.1. Matriz jurisprudencial estrangeira

Em se tratando de decisões de tribunais, o pioneirismo, ao menos no que pertine à estabilidade dos atos administrativos, coube ao Conselho de

---

[169] Ver "capítulo 3 – A Estabilizaçãc dos Atos Administrativos sanáveis como fator de redução de Conflitos Intertemporais" para aprofundamento da questão.

[170] Aulis Aarnio destaca que as noções operacionalizadas pelos tribunais são aquelas idôneas a possibilitar ao indivíduo uma organização de sua vida perante a previsibilidade dos acontecimentos. Nas palavras do doutrinador: "(....) los tribunales tienen que comportarse de manera tal que los ciudadanos puedan planificar su propia actividad sobre bases racionales" (*Lo racional como razonable*. Madri: Centro de Estudios Constitucionales, 1991, p. 26).

Estado francês, o qual procedeu ao exame e julgamento do paradigmático *arrêt Dame Cachet.*[171] Ali, decidiu-se de maneira inovadora que os atos criadores de direito apenas poderiam ser invalidados em razão de ilegalidade no prazo do recurso contencioso de anulação. Neste caso, introduziu-se o conceito de estabilização das situações criadas aos cidadãos, encerrando a possibilidade indefinida de revogação dos atos administrativos.

Embora a França seja o berço de tal precedente precursor, o conceito de segurança jurídica, entendida como a necessidade de as autoridades administrativas assegurarem a estabilidade das situações jurídicas individuais no tempo, ainda não foi erigido ao nível de princípio geral de direito, a exemplo do que foi feito tanto na República Federativa alemã quanto na Comunidade Européia.[172] Isso não significa que a noção de segurança jurídica, inerente à própria de direito, esteja ausente da jurisprudência administrativa francesa. Pelo contrário, a jurisprudência gaulesa promove o seu reconhecimento por meio de diversos princípios mais orientados, que de resto inspiraram a jurisprudência comunitária, como a proibição da retirada das decisões criadoras de direito que se tornaram definitivas ou a não-retroatividade dos atos administrativos, conciliando-o com o princípio de legalidade e se esforçando para assegurar à ação administrativa certa flexibilidade.

No que tange à justiça administrativa da Comunidade Européia, o juiz comunitário tem identificado – a partir das regras escritas ou não-escritas comuns aos diversos Estados-Membros – princípios gerais de direito comunitário, dentre os quais figura notadamente o princípio da segurança jurídica.[173] Compulsando-se decisões exaradas, podem-se reter cinco aplicações principais do princípio da segurança jurídica pelo Tribunal de Luxemburgo.

A primeira tende a garantir os direitos definitivamente adquiridos pelos particulares sob o império de uma determinada regulamentação.

---

[171] A *Dame Cachet*, possuidora de uma propriedade em Lyon, compreendendo uma casa habitacional e jardins para a exploração de hortaliças, a qual se verificava através de horticultor, que, em contrapartida, solvia-lhe aluguel, cujo pagamento cessara me virtude da Lei de 09 de março de 1918, fora compensada, mediante ato do diretor da repartição de registro do Rhome, com indenização em torno de 121 francos. Insatisfeita com o valor oferecido, recorreu ao Ministério das Finanças, postulando compensação mais elevada, tendo esta autoridade, à consideração de que o imóvel da recorrente não ostentava a qualidade de rural e, portanto, não se encontrava no campo da indenização prevista pela citada norma legal, não somente rejeitado o pedido de sua elevação, mas, de ofício, suprimindo aquela fixada pela autoridade recorrida. O Conselho de Estado entendeu indevida a retirada, pelo Ministro das Finanças, do ato que, originalmente, fixara indenização em prol da proprietária.

[172] Cf. Sophie Boissard, *in*, "Comment garantir la stabilité des situations juridiques individuelles sans priver l'autorité administrative de tous moyens d'action et sans transiger sur le respect du príncipe de légalité? Le difficile dilemme du juge administratif", *Les Cahiers du Conseil constitutionnel* n° 11, Etudes et doctrines, set. 2001.

[173] TJCE, 13 juill. 1961, *Meroni c/Elevado Autorité da CECA*, aff. 14/60 e s., *Rec.* p. 319 e 9 juill. 1969, *Portelange c/Smith Corona Andando internacional*, aff. 10/69, *Rec.* p. 309.

Concretiza-se em especial pela proibição feita às instituições comunitárias de estabelecer normas retroativas[174] ou de reabrir a discussão, após um prazo razoável, sobre questões envolvendo situações ampliativas de direitos lastreadas em atos ilegais.[175]

A segunda aplicação, um prolongamento da primeira, visa a proteger a "confiança legítima" dos particulares em relação às instituições comunitárias,[176] ou seja, a confiança que os destinatários das regras nutrem normalmente, durante ao menos certo tempo, na consolidação das situações estabilizadas com base nestas regras. Esse princípio encontra aplicação, sobretudo, no contencioso econômico ou em matéria de ordem pública. Geralmente, conclui-se que a modificação de um regulamento deve estar acompanhada de medidas de informação – que permitam aos destinatários levar em conta tais disposições – bem como, acaso necessário, de medidas transitórias que limitem os efeitos desfavoráveis da mudança de regulamentação para situações em curso. Na ausência de tomada de tais disposições, as autoridades comunitárias expõem-se ao dever de verter indenizações em favor das pessoas lesadas pela mudança de regulamentação.[177]

Além dessas duas aplicações mais notáveis, o juiz comunitário também extrai do princípio da segurança jurídica as regras de conduta para as autoridades comunitárias ou dos Estados-Membros na aplicação do direito comunitário. É o caso da regra de acordo com a qual um Estado-Membro não pode reputar-se quite com as suas obrigações em matéria de transposição até que revogue as disposições em contrário no Direito nacional, a fim de garantir a clareza das regras aplicáveis.[178]

O imperativo da segurança jurídica fornece ainda ao Tribunal do Luxemburgo uma chave de interpretação das normas de direito comunitário. Entende-se, assim, que um regulamento pode ser interpretado apenas à luz dos dados contemporâneos à sua edição e não à luz de dados posteriores.[179]

Por fim, o juiz comunitário leva em conta o princípio da segurança jurídica para determinar o alcance das suas próprias decisões. Ele deduz, por exemplo, que as decisões tomadas em prejuízo aos órgãos jurisdicionais nacionais têm necessariamente um efeito *ultra partes*, a fim de assegurar

---

[174] TJCE, 22 févr. 1984, Kloppenburg, aff. 70/83, Rec. p. 1075.
[175] TJCE, 9 de Março de 1978, Herpels c/Comissão, aff. 54/77, Rec. p. 585.
[176] TJCE, 19 de Maio de 1983, *Mavridis c/Parlamento*, aff. 289/81, *Rec.* p. 1731.
[177] TJCE, 14 de Maio de 1975, *CNCTA c/Comissão*, aff. 74/74, *Rec.* p. 533.
[178] Cf., tratando-se de um recurso por descumprimento: TJCE, 4 avr. 1974, *Comissão c/França*, aff. 167/73, p. 359.
[179] TJCE, 18 de Março de 1975, *Deuka*, aff. 78/74, Rec. p. 421 e 18 de Março de 1986, *Ethicon*, aff. 58/85, Rec. p. 1131.

a mesma aplicação do direito comunitário em todo o território da União.[180] Além disso, pode ser admitido, sempre por motivos de clareza da regra de direito e da estabilidade das situações individuais, a modulação do alcance das suas decisões no tempo, além do que prevêem as estipulações do tratado de Roma, que lhe abrem explicitamente esta possibilidade apenas no âmbito de um recurso de anulação. Assim, em certas hipóteses, decidiu-se manter provisoriamente em vigor um ato ilegal por vícios de forma, na pendência da elaboração de um novo texto[181] ou de limitar os efeitos da anulação para o futuro,[182] tudo a fim de evitar o nascimento de um vazio jurídico.

2.4.2.7.2. Matriz Jurisprudencial Brasileira

Entre nós, vários doutrinadores já destacaram a relativamente lenta e escassa evolução do seu tratamento doutrinário no Brasil, refletida evolução jurisprudencial na mais alta Corte do país.[183] Com efeito, até meados da década de 60, seja em exame de matéria constitucional ou administrativa, o Supremo Tribunal Federal propugnava posicionamento refratário à tendência de mitigação na aplicação do princípio da legalidade, como se pode notar nas Súmulas 346[184] e 473,[185] das quais não se extrai qualquer exceção à anulação de atos inválidos por ilegais. Ou seja, segundo o entendimento exarado na época, não haveria qualquer limitação ao exercício da autotutela pela Administração, exercício que revela a plena expressão do princípio da legalidade, à exceção da clássica proteção ao direito adquirido.

Contudo, desafiando a orientação sumular já entabulada, pode-se verificar ainda no repertório da década de 60, o surgimento das primeiras decisões paradigmáticas do Supremo Tribunal Federal, julgadas pelo Pleno, Primeira e Terceira Turmas daquela Casa, revelando uma inicial inclinação em prol da convalidação do ato nulo.[186] Os Ministros Evandro Lins e

---

[180] TJCE, 13 de maio de 1981, PPC *Internacional Chemical Corporação*, aff. 60/80, Rec. p. 1191.

[181] TJCE, 7 juill. 1992, Parlamento c/Conselho, aff. 295/90, Rec. p. 5299.

[182] TJCE, 3 juill. 1986, Conselho c/Parlamento, aff. 34/86, Rec. p. 2155

[183] Cf. Almiro do Couto e Silva, "Princípio da Legalidade da Administração Pública e da Segurança Jurídica no Estado de Direito Contemporâneo", *RDP 84*, p. 61.

[184] *Súmula 346*: "A Administração Pública pode declarar a nulidade de seus próprios atos".

[185] *Súmula 473*: "A administração pode anular seus próprios atos, quando eivados de vícios que os tornam ilegais, porque deles não se originam direitos, ou revogá-los, por motivo de conveniência ou oportunidade, respeitados os direitos adquiridos, e ressalvada, em todos os casos, a apreciação judicial".

[186] São elas, em ordem cronológica: Recurso ordinário em mandado de segurança nº 14.040/BA – Relator Ministro Evandro Lins e Silva, Recorrente: Divaldo Passos Rodrigues, Recorrida: União Federal, Sessão Plenária de 13 de abril de 1965; Recurso extraordinário nº 55.476/RJ – Relator Ministro Evandro Lins e Silva, Recorrente: União Federal, Recorrido: Mário Braune, Sessão Plenária de 3 de junho de 1965; Recurso em mandado de segurança nº 13.807/GB – Relator para o acórdão: Ministro Prado Kelly, Recorrente: Regina Heloisa Fernandes Granha, Recorrida: União Federal, Terceira Turma, em 3 de março de 1966 (RTJ 37/ 248); Recurso em mandado de segurança nº 17.144/ GB – Relator: Ministro

Silva, Hermes Lima, Victor Nunes, Prado Kelly, Oswaldo Trigueiro, Luiz Gallotti e Lafayette de Andrada foram os pioneiros na construção, ainda que incipiente, de considerações sobre a questão da convalidação ou manutenção do ato viciado de ilegalidade por força de sua persistência temporal. Todavia, é bom salientar que, em tais julgamentos, os magistrados apoiavam o embasamento de suas decisões em uma *força* ou *responsabilidade* ocasionada por medidas liminares, que serviriam de título jurídico para imprimir consistência ao tempo transcorrido. Até então, ainda não havia sido acolhido jurisdicionalmente o pensamento de se fundamentar a permanência dos efeitos do ato administrativo inválido sem a prévia chancela judicial, por força de outras normas vigentes no ordenamento jurídico.

Decisões inovadoras para a época começaram a surgir, ainda que pontuais. A propósito do tema, já no Recurso Extraordinário nº 29.122, de 28 de novembro de 1955, relatado por Nelson Hungria, e respectivos embargos, de 7 de janeiro de 1959, já se pretendia afastar o argumento da manutenção do ato inválido fulcrado somente sobre a autoridade da concessão de liminar. Segundo a senda bem traçada pelo então Ministro-Relator, é a situação de fato dotada de caracteres especiais que induziria à convalidação do ato nulo. Não era e não poderia ser a liminar a que daria, por si só, valor ao tempo transcorrido, ainda que tivesse o condão, entretanto, de *evidenciar* a legitimidade e a correção do lapso concretamente verificado. A decisão judicial provisória figurava-se, pois, como elemento que, no mínimo, serviria para caracterizar a inversão do ônus da prova, prescindindo-se da perquirição sobre a presença de dolo na procrastinação temporal. Ela poderia servir, assim, como prova prévia, mas não determinaria, por si só, um elemento anterior à necessária manutenção da *situação consolidada*. Esta última haure sua força da sua própria constatação fática, que, associada ao elemento de boa-fé – que não tem por pressuposto essencial uma anterior liminar concedida –, obrigaria a incidência da proteção da segurança jurídica pela simples constatação de uma inércia institucional.[187]

Ao que tudo indica, o primeiro passo adiante no sentido de se superar o argumento da autoridade da liminar tenha sido dado em novembro de 1977, pelo então presidente do Supremo Tribunal Federal, Ministro Bilac Pinto, em seu voto no Recurso Extraordinário nº 85.179/RJ.[188] Neste julgamento, o qual retrata caso em que a Administração Pública prolongara por demais a aplicação de uma decisão judicial de anulação de um concurso pú-

---

A. C. Lafayette de Andrada, Recorrente: Afonso Ferrucio Veloso e outros, Recorrida: Universidade do Brasil, Primeira Turma, em 10 de outubro de 1966 (RTJ 45/589).

[187] Ainda hoje se observa, com certa parcimônia, o entendimento de atribuir à medida liminar algo que transcenda a própria decisão de mérito, e que pudesse justificar, por si só, a manutenção de uma situação ilegal. Sobre o tema ver Marga Inge Barth Tessler, *in O fato consumado e a demora na prestação jurisdicional*, Revista do CEJ, Brasília, n. 27, p. 95-101, out./dez. 2004.

[188] Revista Trimestral de Jurisprudência, n. 83, p. 921-924.

blico, a Corte Constitucional se aproximou de uma maior elaboração sobre a questão do *juízo de ponderação* necessário entre os princípios da legalidade do ato administrativo e da segurança jurídica *stricto sensu*, apesar da redação da ementa,[189] a qual não revela a profundidade e o teor verdadeiro do julgado. Nesse julgamento, importa destacar, atribuiu-se valor essencial à inércia da Administração Pública a justificar a *sanatória* do ato inquinado de vício de ilegalidade.

Embora seja notável a evolução do tema no âmbito jurisprudencial, o lento e linear avanço na abordagem da matéria foi interrompido em abril de 2003, pelo advento do surpreendente julgamento da Medida Cautelar nº 299-3/RS, em que a 2ª Turma do Supremo Tribunal Federal, por unanimidade, aprovou o voto do Relator, Ministro Gilmar Mendes, o qual propiciou um verdadeiro giro hermenêutico na significação do princípio da segurança jurídica. Trata-se de caso em que houve recurso extraordinário, interposto contra acórdão da 3ª Turma do Tribunal Regional Federal da 4ª Região, que determinou o indeferimento da transferência de uma instituição de ensino superior federal para outra, pleiteada por estudante servidora em razão da assunção de cargo, para o qual foi aprovada em concurso público. A requerente, por ter sido nomeada para trabalhar em Porto Alegre, em decorrência de sua aprovação no concurso público para o cargo de técnico operacional júnior na Empresa Brasileira de Correios e Telégrafos, em 1999, mudou seu domicílio para Porto Alegre, pleiteando a transferência do curso de Direito da Universidade de Pelotas – UFPEL, onde se encontrava matriculada no 4º (quarto) semestre, para a Universidade Federal do Rio Grande do Sul – UFRGS –, com base no princípio constitucional estabelecido, principalmente, nos arts. 205 c.c. 206, I e IV, e 37 c.c. 5º, XXXIII. O pleito foi indeferido, administrativamente, ao entendimento de que não se tratava de funcionária pública federal removida *ex officio*, não se enquadrando, portanto, na Lei 9.536/97 para ingresso na UFRGS. A interessada impetrou mandado de segurança, acolhido em sentença datada de 21.12.2000, a qual reconheceu o seu direito de transferência para Porto Alegre e freqüência ao curso de Direito na UFRGS. Por sua vez, o Tribunal Regional Federal da 4ª Região, ao julgar a apelação, reformou a sentença de 1º grau, ao argumento de que a impetrante não provara a existência de vagas na universidade para a qual pretendia ingressar e, também, por considerar inaplicável a transferência compulsória, disciplinada pela Lei nº 9.536, de 1997, aos

---

[189] Recurso Extraordinário nº 85.179/RJ: "Ementa: – Ato administrativo. Seu tardio deferimento, já criada situação de fato e de direito, que o tempo consolidou. Circunstância excepcional a aconselhar a inalterabilidade de situação decorrente do deferimento da liminar, daí a participação no concurso público, com aprovação, posse e exercício. Recurso extraordinário não conhecido".

empregados de empresa pública que não gozam de "status" de funcionário ou servidor público federal, como é o caso dos Correios e Telégrafos.[190]

---

[190] Pela sua importância, merece transcrição de alguns trechos do Voto do Ministro Gilmar Mendes: "A propósito do direito comparado, vale a pena trazer à colação clássico estudo de Almiro do Couto e Silva sobre a aplicação do aludido: 'É interessante seguir os passos dessa evolução. O ponto inicial da trajetória está na opinião amplamente divulgada na literatura jurídica de expressão alemã do início do século de que, embora inexistente, na órbita da Administração Pública, o princípio da 'res judicata', a faculdade que tem o Poder Público de anular seus próprios atos tem limite não apenas nos direitos subjetivos regularmente gerados, mas também no interesse em proteger a boa-fé e a confiança (Treue und Glauben) dos administrados. (...) Esclarece OTTO BACHOF que nenhum outro tema despertou maior interesse do que este, nos anos 50 na doutrina e na jurisprudência, para concluir que o princípio da possibilidade de anulamento foi substituído pelo da impossibilidade de anulamento, em homenagem à boa-fé e à segurança jurídica. Informa ainda que a prevalência do princípio da legalidade sobre o da proteção da confiança só se dá quando a vantagem é obtida pelo destinatário por meios ilícitos por ele utilizados, com culpa sua, ou resulta de procedimento que gera sua responsabilidade. Nesses casos não se pode falar em proteção à confiança do favorecido. (Verfassungsrecht, Verwaltungsrecht, Verfahrensrecht in der Rechtssprechung des Bundesverwaltungsgerichts, Tübingen 1966, 3. Auflage, vol. I, p. 257 e segs.; vol. II, 1967, p. 339 e segs.). Embora do confronto entre os princípios da legalidade da Administração Pública e o da segurança jurídica resulte que, fora dos casos de dolo, culpa etc., o anulamento com eficácia 'ex tunc' é sempre inaceitável e o com eficácia 'ex nunc' é admitido quando predominante o interesse público no restabelecimento da ordem jurídica ferida, é absolutamente defeso o anulamento quando se trate de atos administrativos que concedam prestações em dinheiro, que se exaurem de uma só vez ou que apresentem caráter duradouro, como os de índole social, subvenções, pensões ou proventos de aposentadoria.' Depois de incursionar pelo Direito alemão, refere-se o mestre gaúcho ao Direito francês, rememorando o clássico 'affaire Dame Cachet': 'Bem mais simples apresenta-se a solução dos conflitos entre os princípios da legalidade da Administração Pública e o da segurança jurídica no Direito francês. Desde o famoso affaire Dame Cachet, de 1923, fixou o Conselho de Estado o entendimento, logo reafirmado pelos affaires Vallois e Gros de Beler, ambos também de 1923 e pelo affaire Dame Inglis, de 1935, de que, de uma parte, a revogação dos atos administrativos não cabia quando existissem direitos subjetivos deles provenientes e, de outra, de que os atos maculados de nulidade só poderiam ter seu anulamento decretado pela Administração Pública no prazo de dois meses, que era o mesmo prazo concedido aos particulares para postular, em recurso contencioso de anulação, a invalidade dos atos administrativos. HAURIOU, comentando essas decisões, as aplaude entusiasticamente, indagando: 'Mas será que o poder de desfazimento ou de anulação da Administração poderá exercer-se indefinidamente e em qualquer época? Será que jamais as situações criadas por decisões desse gênero não se tornarão estáveis? Quantos perigos para a segurança das relações sociais encerram essas possibilidades indefinidas de revogação e, de outra parte, que incoerência, numa construção jurídica que abre aos terceiros interessados, para os recursos contenciosos de anulação, um breve prazo de dois meses e que deixaria à Administração a possibilidade de decretar a anulação de ofício da mesma decisão, sem lhe impor nenhum prazo'. E conclui: 'Assim, todas as nulidades jurídicas das decisões administrativas se acharão rapidamente cobertas, seja com relação aos recursos contenciosos, seja com relação às anulações administrativas; uma atmosfera de estabilidade estender-se-á sobre as situações criadas administrativamente.' (La Jurisprudence Administrative de 1892 a 1929, Paris, 1929, vol. II, p. 105-106.)". Na mesma linha, observa Couto e Silva em relação ao Direito brasileiro: "MIGUEL REALE é o único dos nossos autores que analisa com profundidade o tema, no seu mencionado 'Revogação e Anulamento do Ato Administrativo' em capítulo que tem por título 'Nulidade e Temporalidade'. Depois de salientar que 'o tempo transcorrido pode gerar situações de fato equiparáveis a situações jurídicas, não obstante a nulidade que originariamente as comprometia', diz ele que 'é mister distinguir duas hipóteses: (a) a de convalidação ou sanatória do ato nulo e anulável; (b) a perda pela Administração do benefício da declaração unilateral de nulidade (le bénéfice du préalable)'. (op. cit., p.82). (SILVA, Almiro do Couto e. Os princípios da legalidade da administração pública e da segurança jurídica no estado de direito contemporâneo. Revista da Procuradoria-Geral do Estado. Publicação do Instituto de Informática Jurídica do Estado do Rio Grande do Sul, V. 18, N° 46, p. 11-29, 1988)." Considera-se, hodiernamente, que o tema tem, entre nós, assento constitucional (princípio do Estado de Direito) e está disciplinado, parcialmente, no plano federal, na Lei n° 9.784, de 29 de janeiro de 1999 (v.g. art. 2°). Em verdade, a segurança jurídica, como subprincípio do Estado de Direito, assume valor ímpar no sistema jurídico, cabendo-lhe papel diferenciado na realização da própria idéia de justiça material. Tendo em vista to-

É verdade que tanto neste julgamento da Suprema Corte de abril de 2003, quanto nos demais precedentes anteriores em que houve estabilização dos atos administrativos examinados, a situação jurídica restou consolidada a partir de provimentos jurisdicionais provisórios, os quais, ao final, restaram mantidos. Todavia, as razões lançadas na fundamentação revelam um avanço incontrastável: enquanto as mais antigas invocam a "autoridade" da decisão liminar, passando pela "situação de fato consolidada", a decisão mais recente introduz como fundamento principal, agora pela voz da Corte Suprema, o princípio da "segurança jurídica", de forma manifesta e esclarecida.

Não é, contudo, somente esta a inovação veiculada na deliberação citada. É que o aludido precedente, além que sedimentar o entendimento de que a segurança jurídica envolve o conceito de confiança na relação Estado cidadão, tal confiança é depositada na atividade estatal como ação continuadamente voltada à proteção das expectativas legítimas do cidadão, mormente as derivadas de direitos fundamentais. Isto é, o princípio da segurança jurídica é apto a embasar o agir positivo do Estado em viabilizar a continuidade do processo educacional em universidade pública, como garantida do livre desenvolvimento de sua personalidade.[191]

Aqui, a Suprema Corte brasileira depositou no subprincípio da confiança o cumprimento das esperanças fundadas em promessas firmes feitas pelo Estado, as quais devem ser respeitadas, mesmo que ainda não constituam direito subjetivo propriamente dito ou direito adquirido. Considerou-se que o *fato jurídico* que originou a estabilização estava ao abrigo do princípio da segurança jurídica, segundo o enfoque da confiança no cumprimento da efetividade dos direitos fundamentais. Simultaneamente ao entendimento da Corte Suprema, o Superior Tribunal de Justiça também passou a reconhecer o princípio da segurança jurídica a partir dessa mesma significação em inúmeros julgados.[192]

---

das essas considerações e a peculiar situação jurídica da ora recorrente, prestes a concluir o curso de direito na UFRGS (conforme consta das razões recursais, em outubro de 2002, a requerente cursava o 8º semestre), defiro a tutela cautelar, ad referendum da 2ª Turma, para dar efeito suspensivo ao recurso extraordinário, até seu final julgamento nesta Corte. Oficie-se.Publique-se. Brasília, 8 de abril de 2003. Ministro GILMAR MENDES".

[191] Nesse sentido, Judith Martins-Costa (A re-significação do princípio da segurança jurídica na relação entre o estado e os cidadãos. *Revista CEJ nº 27*. Brasília: CJF, out/dez. 2004).

[192] Segundo o Ministro-Relator Luiz Fux (STJ, REsp. nº 402.638/DF, j. 03.04.03, publ. DJU 02.06.03, p. 187; RDDP vol. nº 5, p. 237): "Se é assente que a Administração pode cancelar seus atos, também o é que por força do princípio da segurança jurídica obedece aos direitos adquiridos e reembolsa eventuais prejuízos pelos seus atos ilícitos ou originariamente lícitos, como consectário do controle jurisdicional e das responsabilidades dos atos da Administração. (...) Em conseqüência, não é absoluto o poder do administrador, conforma insinua a Súmula 473". Nesse mesmo sentido, a Min. Laurita Vaz: "Não pode o administrado ficar sujeito indefinidamente ao poder de autotutela do Estado, sob pena de desestabilizar um dos pilares mestres do estado democrático de direito, qual seja, o princípio da segurança das relações jurídicas". (STJ, REsp. nº 645856/RS, j. 24.08.04, publ. DJU 13.09.04, p. 291).

Mais recentemente, no julgamento do RE 217141 AgR/SP, rel. Min. Gilmar Mendes, ocorrido em 13.6.2006, a Corte Suprema reafirmou a cogência do princípio da segurança jurídica, enunciando uma nova moldura a colmatar fatos semelhantes futuros. Nesse julgamento, entendeu-se que o ato administrativo que homologara a transposição de servidor público ("Chefe de Seção" que, por força da citada Lei Complementar, fora equiparado ao de "Diretor de Divisão – Nível II"), ocorrida em cumprimento à lei posteriormente reconhecida como inconstitucional deveria ser mantido.[193] Reconheceu-se que a declaração de inconstitucionalidade da lei não implica a nulidade de todo e qualquer ato administrativo praticado com base neste instrumento normativo. Isso porque, a despeito da nulidade apontada, há que se conceder proteção ao ato administrativo singular, em homenagem ao princípio da segurança jurídica, procedendo-se à diferenciação entre o efeito da decisão no plano normativo e no plano das fórmulas de preclusão. A Suprema Corte restringiu, portanto, a eficácia retroativa do julgamento de inconstitucionalidade da lei, ainda que elencando outros fundamentos, reafirmando a cogência do princípio da segurança para fins de conceber uma espécie de convalidação parcial dos atos praticados.[194] Concluiu-se, enfim, que os atos praticados com base em lei inconstitucional, que não mais se afigurem passíveis de revisão, não são atingidos pela declaração de inconstitucionalidade. Neste julgamento, também se reafirmou a necessidade de um transcurso razoável de tempo (no caso, o prazo era superior a 5 anos) entre o ato de concessão da aposentadoria e o início, para a recorrente, do procedimento administrativo tendente à sua revisão.

---

[193] Cf. Informativo nº 431 do Supremo Tribunal Federal.

[194] Uma abordagem sobre a convalidação parcial, requisitos e características é efetuada nesse estudo, no item 3.2.7 da Seção 3.

3. A estabilização dos atos administrativos sanáveis como fator de redução de conflitos intertemporais

No primeiro capítulo, viu-se a relação entre tempo e direito, a insuficiência da dicotomia direito público e privado e a evolução da teoria das invalidades dos atos administrativos segundo os novos eixos centrais do Direito Administrativo contemporâneo. Nesse contexto, analisou-se o ato administrativo como relação jurídica administrativa que se dá por meio de um processo, de forma que a sua regência seja sempre orientada por normas, princípios e valores de ordem pública, pois, se assim não for, não será legítima a atuação estatal que os praticou. A teoria das invalidades não restou imune ao processo evolutivo do Direito Administrativo, de forma que não mais permanecem estanques os critérios de distinção entre as hipóteses de nulidade e de anulabilidade (quer sejam a convalidação, a declaração *ex officio* e a decadência). A efetiva supressão ou não, parcial ou não, do ato administrativo não estão reunidas em um conceito unitário restrito às acepções de nulidade e de anulabilidade.

No segundo capítulo, a partir da enunciação dos limites de uma abordagem argumentativa, adentrou-se brevemente a teoria dos princípios, a fim de enunciar as nuances teleológicas da segurança jurídica como elemento orientador da atividade administrativa. Verificaram-se as nuances objetivas e subjetivas do instituto, bem como, quanto ao último aspecto, nas suas vertentes positiva e negativa. Enunciando-se o princípio da preservação dos atos administrativos, salientou-se a aparente antinomia entre legalidade e segurança, cuja síntese desemboca no exame da evolução doutrinária da concepção da legalidade e na introdução de um limite temporal no exame da anulação dos atos administrativos. Ao final, no exame de suas concreções, segundo decisões dos tribunais pátrios e alienígenas, viu-se que a Suprema Corte brasileira já consolida a cogência do princípio da segurança jurídica, produzindo vetores que orientam sua aplicação.

Finalmente encontramo-nos aptos a adentrar no cerne do estudo ora proposto, no exame da estabilização dos atos administrativos como elemento fundamental para a redução dos conflitos intertemporais. Para desincumbir-se de tal tarefa, propõe-se após uma breve introdução ao que se irá propor como estabilização do ato administrativo, em seguida do exame de algumas importantes situações (que não são as únicas) formadoras de conflitos intertemporais, cuja melhor solução implique a estabilização do ato administrativo originário, ou, ao menos de boa parte dele. São elas: (a) quando ocorrer a convalidação ou anulação parciais, com a emissão de outro ato administrativo, preservando-se alguns efeitos do ato originalmente viciado e promovendo a alteração de outros; e (b) quando ocorrer a sobreposição de diversas regras de decadência envolvendo o direito de a administração anular os atos administrativos defeituosos.

3.1. O CONCEITO DE ESTABILIZAÇÃO DOS ATOS ADMINISTRATIVOS SANÁVEIS

A simples ocorrência de um vício no ato administrativo, sem a verificação do elemento ou pressuposto do ato atingido, de suas conseqüências e suas circunstâncias, das regras específicas e dos princípios aplicáveis à espécie, não é condição bastante e suficiente para gerar a sua invalidade. Conforme restou salientado no capítulo 2, o conflito entre princípio da segurança jurídica e o princípio da legalidade enseja uma proporcional ponderação, cujo resultado nem sempre será a anulação do ato. Com efeito, admitir que todo vício de legalidade produza sempre a extinção de todos os efeitos produzidos pelo ato administrativo é examinar a submissão da Administração ao Direito sob uma forma muito estrita e superficial.

Tanto o núcleo do princípio da segurança jurídica quanto o seu aspecto eminentemente subjetivo, o subprincípio da confiança legítima, atuam na qualidade de operadores deônticos a serem compulsoriamente considerados na recomposição da ordem jurídica, a qual não se restringe à possibilidade de convalidação ou de retirada (anulação) do ato. Com efeito, não são somente essas duas hipóteses que esgotam o universo de situações geradas com a superposição de atos administrativos viciados no tempo. Em alguns casos (por exemplo, em face do decurso do prazo prescricional), podem ocorrer circunstâncias que impedem a emissão de um posterior ato administrativo convalidador que permita a restauração da legalidade pelo agente administrativo. E, nessa mesma situação, a anulação do ato pode também não ser a melhor solução indicada, sob pena de fragilização das expectativas criadas, ou mesmo, na possibilidade de haver no ato parcela destacável incólume que, inclusive, represente uma situação ampliativa de direitos. Em outras situações, somente um aspecto abordado pelo ato administrativo é convalidado, tornando-se estável.

Uma questão deve restar desde já suficientemente esclarecida: o fato de um vício de um determinado ato (por exemplo, o descumprimento de alguma formalidade legalmente prevista e que não é imprescindível para alcançar o fim que ato se destina) não resultar em uma sanção de nulidade, não permite concluir que tal descumprimento não produza nenhum efeito em outros âmbitos além da esfera administrativa enfocada. De fato, o não-pronunciamento de alguma nulidade pode ensejar a responsabilidade da Administração e de quem tenha participado da produção do ato.

Assim, vai-se considerar o termo *estabilização* como corresponde ao caso em que o ato administrativo não pode ser, ao menos em sua totalidade, objeto de um novo ato (convalidador), mas, ainda assim, não reúne os pressupostos para que haja a sua completa retirada do mundo jurídico. Isto é, ainda que o ato administrativo contenha um vício desde o seu nascedouro, o decurso de certo lapso de tempo aliado a outros fundamentos elencados no sistema jurídico outorgam validade à nova situação que se estabelece, gerando a situação que pode ser denominada como *estabilização*.

Aqui importa desde já destacar uma diferença primordial entre a *estabilização* e a edição de um ato convalidor: a convalidação propriamente dita ocorre por meio da edição de novo ato e correção do ato original, com a supressão do vício que o maculou e outorga de efeitos retroativos, de forma a infundir a sua preservação nos moldes originais; enquanto na estabilização, o ato ou parcela dele permanece ao longo do tempo simplesmente como editado, ou seja, ostentando o vício original. O que ocorre, neste último caso, é que surgem fundamentos jurídicos que estabilizam a situação delineada, impondo a sua consideração pelo operador do Direito. Repise-se que neste caso, muito embora não seja possível qualquer ação concreta, seja da Administração, seja de algum particular interessado, no sentido de convalidar o vício que macula o ato, os efeitos por ele produzidos permanecem válidos, como que imunizados a qualquer ensaio de desconstituição.

A fenomenologia da estabilização em exame se dá sobre *os efeitos* do ato administrativo viciado, uma vez que sobre este produto incidem normas jurídicas que o preservam. Assim, não é verdadeiro que seja preservado o ato administrativo (em si) perpetrado em desconformidade com a legalidade, mas são mantidos tão-somente os efeitos fático-jurídicos produzidos pelo ato viciado, que é desconsiderado como veículo introdutor desses efeitos no mundo jurídico, tornando-se relevante apenas na geração de outros efeitos – não mais como ato propriamente dito, mas como fato jurídico.[195]

---

[195] Nesse sentido, também é o pensamento de Jacintho Arruda Câmara, in *"A preservação dos efeitos dos Atos Administrativos viciados"*, Revista Diálogo Jurídico n° 14, junho-agosto/2002.

Os efeitos do ato viciado encontram, por assim dizer, outro suporte que não o ato que os produziu. Isto porque o ato jurídico viciado evocou, por força do acolhimento pelo sistema normativo, um novo "fato jurídico". O ordenamento acolhe os efeitos do ato, independentemente de haverem sido introduzidos no mundo jurídico por veículo inadequado, por incidência de princípios como o da boa-fé e o da segurança jurídica. Um efeito proveniente do "fato jurídico" poderia ser a punição do agente responsável pela prática do ato, ou a indenização de um terceiro prejudicado com a manutenção dos efeitos de um ato viciado.

Note-se, então, que o "fato jurídico" a permitir a estabilização do ato administrativo não é qualquer fato, mas aquele que estiver congruente com os princípios informadores de direito administrativo, em especial a segurança jurídica e a boa-fé. A preservação dos efeitos de tal relação jurídica decorre da necessidade de uma estabilidade sem a qual a ordem social que todo o Direito visa a assegurar não poderia existir. As idéias de ordem e desestabilidade são incompatíveis, de modo que, no atuar administrativo, podem verificar-se situações, a respeito das quais transcorreu determinado prazo de tempo a ensejar, no balanço dos bens jurídicos tutelados pelo ordenamento jurídico, que prevaleça a incidência do princípio da preservação dos atos administrativos, conquanto viciados. Assim, embora possam existir máculas na prolação do ato administrativo, o efeito do tempo não poderá mais ser desconsiderado pelo Direito, e alguns dos seus efeitos podem não mais ser eliminados do mundo do Direito, pois, do contrário, estaria vulnerada a confiança dos cidadãos em uma ordem jurídica que, como tal, sempre se apresenta como previamente determinada e definitiva.

É certo que, ao impedir a invalidação destes casos, o Direito estaria conservando os efeitos de atos defeituosos, o que poderia ser contrário a outro princípio não menos relevante, que é o da legalidade. E, em se tratando de manutenção da ordem jurídica no decorrer do tempo, pode-se afirmar que o cumprimento da lei sempre seria esperado, impondo-se mesmo retroativamente, sem temor de gerar conflitos intertemporais. A antinomia, contudo, é apenas aparente. Isso porque podemos acrescentar predicados não necessariamente sintéticos que resolvem a aparente contradição performativa: o princípio da segurança pode ser visto de modo a garantir ao jurisdicionado que não sobrevenha uma mudança de modo demasiadamente brutal, e o princípio da legalidade deve levar em conta que o direito evoluiu e que a solução de hoje já não era de ontem: em uma leitura mais atualizada, pode-se concluir que o princípio da legalidade reclama a vinculação à lei e ao direito como um todo.[196]

---

[196] No capítulo 2 foi visto que, estando presentes determinadas condições, a preservação da situação viciada criada é o que inspira a própria legalidade, como é o caso, por exemplo, do direito de usucapião.

O conflito dialógico entre os princípios da segurança e da legalidade pode ensejar uma síntese conciliatória, na qual nenhum dos elementos tem um valor absoluto. Nem o operador deôntico que se caracteriza pela restauração da legalidade poderá sempre impedir, desconsiderando circunstâncias especiais, a conservação do ato, nem a possibilidade de sua preservação ensejará, em todos os casos, uma proibição absoluta de anulação. O estudo em tela visa, portanto, a delinear de forma mais precisa possível uma solução que permita harmonizar os interesses em conflito, ponderando-se em que hipóteses a estabilização prevalecerá sobre a anulação e vice-versa, como elemento redutor de conflitos intertemporais.

3.1.1. A estabilização dos atos administrativos vivenciada em outros países

Para alcançar uma formulação congruente das diretrizes da estabilização dos atos administrativos em nosso sistema normativo, a qual se harmonize com os princípios constitucionais, as leis brasileiras e à luz dos precedentes enunciados pelos tribunais pátrios, não se pode prescindir de um exame ligeiro das situações vivenciadas em outros países, sob o risco de dispensar importantes contribuições. É disso que se passa agora a tratar.

Na França, a possibilidade de estabilização de atos administrativos sanáveis foi formulada a partir de construções jurisprudenciais do Conselho de Estado, cujo aresto mais remoto que se tem notícia é o *arrêt Dame Cachet*,[197] decisão precursora da concepção de que os atos criadores de direito apenas poderiam ser invalidados em razão de ilegalidade no prazo do recurso contenciosos de anulação. Reconhecendo o valor de tal precedente, o Conselho passou a invocar tal diretriz em julgamentos posteriores. Mesmo em face de notáveis julgamentos que acolheram uma noção de legalidade mais congruente com o sistema jurídico, ainda não se consolidou, nas terras gaulesas, o princípio da segurança jurídica na qualidade de princípio geral de Direito, ao contrário do que ocorreu na Comunidade Européia e na Alemanha.

Na Espanha, a introdução do fenômeno da estabilização dos atos administrativos na comunidade jurídica se deu pelo caminho legislativo. A recente Lei do Regime Jurídico das Administrações Públicas e do Procedimento Administrativo Comum, Ley 30, de 26 de novembro de 1992 contém, a respeito dos limites da competência revisora dos atos ilegais, dispositivo expresso no art. 106: "As competências de revisão não poderão ser exercitadas quanto por prescrições de ações, pelo tempo transcorrido,

---

[197] O caso *Dame Cachet* foi examinado no item 2.4.2.7.1 desse trabalho, elencado entre os casos paradigmáticos estrangeiros a delimitar a matriz jurisdicional do princípio da segurança jurídica.

ou por outras circunstâncias, seu exercício resulte contrário à equidade, à boa-fé, aos direitos dos particulares ou às leis".

Assim, conforme assegura Raul Bocanegra (1977, p. 168), o Direito espanhol prevê a possibilidade de a Administração revisar seus atos contrários ao direito de maneira excepcional e submetida a um rígido procedimento. É verdade, contudo, que o alcance do princípio da segurança jurídica não pode ser tal que não se permita excepcionar sua aplicação quando com ela se possa ver alterado dito interesse.[198] Assim, embora previsto inicialmente um prazo legal para quando a infração em que incorreu o ato é de tal gravidade que se considere afetada a ordem pública, a revisão poderá levar-se a cabo em qualquer momento, sem estar balizada pelo respectivo limite temporal. Segundo Margarita Beladiez Rojo (1994, p. 269), no Direito espanhol se convalidam por prescrição os atos anuláveis, uma vez que haja transcorrido quatro anos deste que foram ditados, a não ser que exista uma lei especial que estabeleça outro prazo distinto para o exercício da ação de anulação. Ao contrário, em casos de nulidade radical, os atos administrativos podem ser revisados a qualquer momento, sem que exista prazo algum para exercer a ação de nulidade.

Na Itália, por sua vez, não existe a previsão de termo para o exercício da competência administrativa de revisão dos atos administrativos. O que interessa é investigar a presença, em cada caso, do interesse público concreto e atual na eliminação dos efeitos do ato administrativo, exigência que representa uma garantia para o destinatário. O decurso do tempo acentua o interesse na repristinação da legalidade e consolida as situações subjetivas de vantagem baseadas na providência ilegítima.[199] A jurisprudência do Conselho de Estado italiano é particularmente severa ao avaliar a subsistência do interesse público quando a anulação advém com notável distância de tempo da emanação do ato.

Também, na Alemanha, prevalece o posicionamento pela excepcionalidade da retirada do ato administrativo inválido. O § 48 da Lei do Procedimento Administrativo alemão, de 25 de maio de 1976, prevê: "Um ato administrativo que concede ou que é condição de uma prestação pecuniária instantânea ou duradoura (*laufende*) ou de uma prestação em espécie divisível (*teilbare Sachleistung*), não pode ser revogado por invalidade se o beneficiário confiou na estabilidade do ato administrativo, e a sua confiança, ponderando o interesse público na revogação, é digna de proteção". Em seguida, o preceito legal enuncia situações em que a confiança não poderá ser invocada em proveito do cidadão. São elas: a) quando o ato fora obtido mediante engano doloso, ameaça ou suborno; b) quando o ato fora alcançado com base em dados no essencial inexatos ou incompletos; c) quando o

---

[198] Cf. Lavilla Alsina, *in La revision de oficio de los actos administrativos*, RAP, nº 34, p. 57.
[199] Cf. Sabino Cassese em sua clássica obra "*Le basi del Diritto Amministrativo*",1995.

ato tinha a sua nulidade conhecida pelo beneficiário, ou este não a conhecia por culpa grave.

No Direito lusitano, a situação não é diversa dos demais países europeus. Como regra geral, o Código de Procedimento Administrativo (Decreto-Lei nº 442/91), em seu art. 134º, nºs 1 e 2, reza que o ato nulo não produz quaisquer efeitos, podendo a nulidade ser suscitada a todo o tempo por qualquer interessado, ou ser declarada, também a todo o tempo, por qualquer ato administrativo ou por qualquer tribunal. Todavia o nº 3 atenua os efeitos das disposições anteriores, preconizando a possibilidade de outorga de certos efeitos a situações fáticas decorrentes de atos nulos, em virtude do simples decurso do tempo, de forma a estabelecer a harmonia entre os princípios gerais do Direito. Em matéria de invalidade dos atos, o diploma citado cuidou de explicitar com rigor quais os atos nulos, definindo-se em termos mais amplos do que os usuais e estabelecendo que os atos que ofendam o conteúdo essencial de um direito fundamental ou cujo objeto constitua um crime são sempre nulos (artigo 133.º). Manteve-se a anulabilidade como regra geral dos atos administrativos inválidos (artigo 135.º).

No art. 136 do Código do Procedimento Administrativo português, está prevista espécie de preclusão para o ato administrativo anulável, anunciando o dispositivo que o ato administrativo é suscetível de impugnação perante os tribunais.[200] Assim, decorrido o prazo legal para a sua impugnação, o ato anulável é sanado pelo decurso do tempo.

3.1.2. A estabilização dos atos administrativos no Direito brasileiro

Entre nós, a inexistência de disposições legislativas específicas que regulem a estabilização dos atos administrativos não impediu a evolução doutrinária do tema. Um dos primeiros expoentes a argüir a possibilidade de manutenção dos atos administrativos viciados foi Seabra Fagundes. O laureado administrativista potiguar introduziu o seu posicionamento a partir da rejeição da aplicação da teoria das nulidades do Direito Civil para o Direito Público. Por outro lado, reconheceu que a falta de sistematização dos textos legais acaba por embaraçar a teoria das nulidades do Direito Administrativo, tendo em conta, sobretudo, países com tradição federalista, com diversos níveis de competência, como o nosso. Por isso, é necessário recorrer aos textos da legislação civil e aos princípios ali aplicados, mas só supletivamente (2006, p. 60). Adentrando no tema das nulidades como

---
[200] Código do Procedimento Administrativo Português n.º 442/91, de 15-11-1991, Artigo 136º: "*Regime da anulabilidade*. 1- O acto administrativo anulável pode ser revogado nos termos previstos no artigo 141. 2- O acto anulável é susceptível de impugnação perante os tribunais nos termos da legislação reguladora do contencioso administrativo".

elemento diferenciador entre os regimes do Direito Privado para o Direito Público, o autor destaca (2006, p. 52):

> A nulidade, como sanção com que se pune o ato defeituoso por infringente das normas legais, tem no direito privado, principalmente, uma finalidade restauradora do equilíbrio individual perturbado. No direito público já se apresenta com feição muito diversa. O ato administrativo, em regra, envolve múltiplos interesses. Ainda quando especial, é raro que se cinja a interessar um só indivíduo. Há quase sempre terceiros cujos direitos afeta. Ao contrário, o ato jurídico privado se restringe, normalmente, a repercutir entre os seus participantes diretos, e, quando interessa a terceiros, o faz de modo bem mais restrito do que em se tratando do ato jurídico público.

Para Seabra Fagundes, a afronta à lei no ato administrativo aparecerá sempre como prejudicial ao interesse público, mas, quando confrontada com as circunstâncias em torno das quais gravita o caso concreto, poderia tornar-se válida em face de sua harmonia com aquele interesse (2006, p. 63). Citando Planiol e Ripert, o mestre potiguar afirma (2006, p. 66) que "se a invalidez do ato jurídico como sanção à infringência à lei importa conseqüências mais nocivas que as decorrentes de sua validade, é o caso de deixá-lo subsistir".

Outro grande jurista que acolheu a possibilidade de estabilização dos atos sanáveis é Miguel Reale, cujo pensamento distingue duas hipóteses, influenciadas pelas mesmas exigências axiológicas, quais sejam: a) a convalidação ou sanatória do ato nulo e anulável; b) a perda pela Administração do benefício de declaração unilateral de nulidade. Para Reale, pode haver confiança legítima no cidadão sob determinadas e excepcionalíssimas circunstâncias, aliadas ao decurso do tempo. Diz o mestre (1968, p. 69-70):

> O que se não pode é recusar à autoridade administrativa, como expressão que é do organismo estatal, o poder de convalidar dada situação de fato, cuja permanência lhe pareça justa, em virtude não só do tempo transcorrido, mas à vista de circunstâncias que excluam a existência de dolo, ou quando se revelem, sem maiores indagações, valores éticos ou econômicos positivos a favor da permanência do ato irregular.

Com peculiar percuciência, aduziu que a invalidação dos atos administrativos encontra mecanismo de frenagem não somente no transcurso de longo período de tempo, mas também em particularidades que induzam a crença na boa-fé dos destinatários. Para Reale, casos há em que a constituição de situações de fato é revestida de forte aspecto de legalidade, a ponto de provocar a robusta impressão de sua conformidade ao direito. Destaca que "seria deveras absurdo que, a pretexto da eminência do Estado, se concedesse às autoridades um poder-dever indefinido de autotutela" (1968, p. 70-71).

Trilhando semelhante senda, Almiro do Couto e Silva (1987, p. 40) também apresenta preciosa lição ao deixar entrever que os princípios da legalidade e da boa-fé podem aparecer, em várias situações concretas, como colidentes. Sob as luzes que o tema suscita no direito comparado, invoca importante nuance da incidência do princípio da segurança jurídica, mormente sob o aspecto da confiança, com elemento fundamental para o desdobramento das soluções concretas em debate. Destaca o administrativista gaúcho (1987, p. 59):

> [...] importante que se deixe bem claro, entretanto, que o dever (e não o poder) de anular os atos administrativos inválidos, só existe, quando no confronto entre o princípio da legalidade e o da segurança jurídica, o interesse público recomende que aquele seja aplicado e este não. Todavia, se a hipótese aplicável é o da segurança jurídica e não o da legalidade da Administração Pública, então a autoridade competente terá o dever (e não o poder) de não anular, porque se deu a sanatória do inválido, pela conjunção da boa-fé dos interessados com a tolerância da Administração e com o razoável lapso de tempo transcorrido. Deixando o ato de ser inválido, e dele havendo resultado benefícios e vantagens para os destinatários, não poderá ser mais anulado, porque, para isso, falta precisamente o pressuposto da invalidade.

A professora Weida Zancaner (2001, p. 62), por sua vez, também abordou o processo da estabilização dos atos administrativos, fenômeno que a autora preferiu examinar sob o enfoque de "barreiras ao dever de invalidar". Segundo a autora, há momentos em que a Administração não poderá invalidar seus atos viciados, tampouco convalidá-los, merecendo especial atenção os atos ampliativos da esfera jurídica dos particulares, os quais podem gerar situações de fato que, muitas vezes, são dignas de tutela pela ordem jurídica (idem):

> Com efeito, atos inválidos geram conseqüências jurídicas, pois se não gerassem não haveria qualquer razão para nos preocuparmos com eles. Com base em tais atos certas situações terão sido instauradas e na dinâmica da realidade podem se converter em situações merecedoras de proteção, seja porque encontrarão em seu apoio alguma regra específica, seja porque estarão abrigadas por algum princípio de Direito. Estes fatos posteriores à constituição da relação inválida, aliadas ao tempo, podem transformar o contexto em que esta se originou, de modo a que fique vedado à Administração Pública o exercício do dever de invalidar, pois fazê-lo causaria ainda maiores agravos ao Direito, por afrontar à segurança jurídica e à boa-fé.

Edílson Pereira Nobre Jr. (2002, p. 197) lançou novas luzes sobre o tema, preconizando a aplicação do princípio da moralidade como o divisor de águas da desconstituição dos atos administrativos defeituosos. Conforme o pensamento do autor, não foi em vão que o Constituinte de 1988 erigiu à condição de pilastra da Administração Pública a moralidade, em cuja irradiação de efeitos se acha o comportamento de boa-fé. Citando Michel Stassinopoulos, perscruta o comportamento de má-fé, identificando-o com duas elementares: a) a responsabilidade de seu autor, que ocorrerá quando houver intenção de enganar o agente administrativo, seja por meio de prestação de declaração formal inexata, seja na hipótese de o administrado mostrar-se silente sobre a verdade de determinado fato; b) a sua influência sobre o ato administrativo, pois é preciso verificar se o atuar de má-fé guarde relação de causa e efeito com o ato administrativo. Para o autor, toda vez que um ato administrativo portar ilegitimidade de elevada gravidade, capaz de atingir a moral administrativa, valor objeto de elevado prestígio constitucional (art. 37, *caput*), escapará à sanatória pela passagem do tempo.

No que pertine ao ônus da prova, o eminente Doutor destaca que a ausência de boa-fé há de ser corroborada pela administração, salvo quando a ofensa à moralidade é revelada de modo tão manifesto, a prescindir de demonstração pelo Poder Público. Propõe algumas situações exemplares em que a nulidade é evidente e manifesta (2002, p. 200):

> a) o pagamento, em decorrência de previsão legal, de terço de férias a servidores aposentados, posturas que, à evidência palmar, ofendem tanto a razoabilidade como a moralidade;
>
> b) a nomeação de alguém para prover cargo efetivo, sem a prévia submissão a concurso público, ofende de tal maneira a moralidade administrativa que não se pode admitir a aceitação de sua validade pelo decurso do tempo;
>
> c) a inclusão, nos proventos de parlamentares aposentados, da rubrica inerente à verba de gabinete, despesa que tem por fim atender ao custeio da atividade parlamentar e, por isso, destina-se unicamente aos parlamentares no exercício de mandato;
>
> d) a concessão de alvará para funcionamento de casa de lenocínio;
>
> e) contrato de exclusividade, firmado entre pessoa política ou administrativa e determinada construtora, em razão do qual todas as obras, levadas a cabo por aquele, deverão ser por esta executadas.

Por sua vez, Jacintho Arruda Câmara,[201] em precioso e esclarecedor estudo sobre a estabilização dos atos administrativos, acrescenta ao debate nuance oposta, segundo a qual a "boa-fé do administrado" é condição necessária, *mas não suficiente* para que ocorra a preservação do ato administrativo viciado. Isto porque no caso concreto freqüentemente surgem outros destinatários do ato de boa-fé com interesse na desconstituição dos atos administrativos inválidos. Nessa situação, segundo o autor, a boa-fé não pode ser usada como argumento para a preservação dos efeitos, justamente por haver interessados, também de boa-fé, na desconstituição desses efeitos. A melhor solução para o caso apresentado, diante de um conflito entre destinatários com e sem boa-fé, é a que determina a desconstituição dos efeitos do ato viciado. A segurança jurídica, neste caso, não enseja a manutenção dos efeitos de um ato que se mostrou tão desconforme com a lei (a ponto de violar a moralidade), apesar de presumidamente não o ser, mas a sua completa desconstituição, preservando-se a legalidade. Contudo, para o autor, a situação mudaria de figura se entre os interesses colocados em conflito estivesse um de maior prestígio perante o ordenamento, usando o exemplo clássico dos beneficiários de uma concessão viciada.[202]

Na análise da estabilização dos atos administrativos, não se pode deixar de sopesar a boa-fé dos envolvidos. A solução do impasse passa, por-

---

[201] Cf. o artigo "A Preservação dos Efeitos doa Atos Administrativos Viciados", *in Revista Diálogo Jurídico*, Salvador, CAJ – Cento de Atualização Jurídica, nº 14, junho/agosto, 2002. Disponível em: http//www.direitopublico.com.br. Acesso em: 01 de fevereiro de 2005.

[202] Idem.

tanto, por uma correta ponderação entre todos os interesses atingidos pela nulidade em foco. Sempre que a Constituição ou a lei (constitucional) não houver esgotado os juízos possíveis de ponderação entre os interesses públicos e privados envolvidos (na grande maioria dos casos em que ocorrem nulidades não há tal extenuação), caberá à Administração efetuar a correta ponderação de todos os interesses e atores envolvidos na questão buscando a sua máxima realização.[203] O mestre gaúcho Juarez Freitas (2004, p. 32), distinguindo com magistral inteligibilidade as nuances da estabilização dos atos pelo decurso do tempo e o fenômeno do *fato consumado,* avançou no exame do tema e propôs brilhante síntese doutrinária, acolhendo-se a boa-fé como elemento fundamental, mas não suficiente para determinar as situações de preservação dos atos administrativos. A questão é, pois, de ponderação de todos os princípios envolvidos. Sobre esse aspecto urge pôr em relevo algumas noções que permitam, de forma tangível e segura, aferir, diante do caso concreto, a proporcionalidade, quer de atos administrativos, quer de atos legislativos que estejam em aparente antinomia.

Aqui cabe referir um singular e preciso rol de aspectos inafastáveis para o exame da proporcionalidade, veiculado em parecer exarado à luz do que já se evoluiu no estudo do tema,[204] cujo preenchimento deve ocorrer de forma compulsória para permitir o fim almejável. São eles:

> 1. Subprincípio da Adequação entre Meios e Fins (*Geeignetheit*): esta diretriz exige relação de pertinência entre os meios escolhidos pelo legislador ou pelo administrador e os fins colimados pela lei ou pelo ato administrativo. Guardando certa simetria com o princípio da proibição de excesso (*Übermassverbotes*), a idéia é que a medida implementada pelo Poder Público tem de se evidenciar não apenas conforme os fins (*Zielkonformität*) almejados, mas, também, apta a realizá-los (*Zwecktauglichkeit*).
>
> 2. Subprincípio da Necessidade (*Erforderlichkeit*): aqui o objetivo pode ser traduzido por uma sábia máxima popular: "dos males, o menor!". O que esse subprincípio investiga não é tanto a necessidade dos fins, porém e sobretudo, a palpável inafastabilidade dos meios mobilizados pelo Poder Público. Quando há muitas alternativas, o Estado deve optar em favor daquela que afete o menos possível os interesses e as liberdades em jogo. É que "o cidadão tem direito à menor desvantagem possível" (*Gebot des geringstmöglichen Eingriffs*).
>
> 3. Subprincípio da Proporcionalidade em Sentido Estrito: a cláusula da proporcionalidade stricto sensu decorre do reconhecimento de que os meios podem ser idôneos para atingir o fim, contudo, ainda assim, desproporcionais em relação ao custo/benefício. Sem incorrer em um cálculo utilitário, a proporcionalidade em sentido estrito indaga, ao final, pelo preço a

---

[203] Esse também é o pensamento de Odete Medauar (*in Direito Administrativo Moderno.* 9ª ed. São Paulo: RT, 2005, p. 142).

[204] Cf. o artigo de Juarez Freitas titulado "Reforma Previdenciária – Emenda Constitucional nº 41 – Nova redação do parágrafo 1º do art. 149 da CF/88 – Contribuição dos servidores públicos estaduais e municipais para o custeio dos benefícios previdenciários do art. 40 da CF – Pacto Federativo: Autonomia dos entes federados – princípio da proporcionalidade: alíquota de contribuição previdenciária desproporcional e confiscatória", *in Revista Interesse Público nº 23*, Porto Alegre: Notadez, jan/fev, 2004, p. 61-73. Nessa obra o autor promove uma leitura hodierna, com nuances peculiares, da visão da "proporcionalidade" inicialmente proposta por Robert Alexy.

pagar. Vale dizer, faz a conta do lucro e da perda, para apurar se os ônus para alcançar o fim não são, apesar de tudo, desmesurados.

Juarez Freitas também destaca que, para que ocorra a estabilização dos atos administrativos, é necessário que não haja violação a requisitos substanciais quanto à licitude, sob pena de violação aos princípios fundamentais (2004, p. 32). Acolhe-se integralmente a lição, certos de que tal noção ainda permite significativa e necessária abertura interpretativa (enquadramento como substanciais). De fato, como regra geral, não há como se acolher a possibilidade de estabilização dos atos que macularam requisitos de forma substanciais que não permitam lograr a finalidade almejada, a qual não se resume na finalidade do próprio ato, mas a que todo o sistema jurídico impõe. Assim, devolve-se ao pressuposto formativo o seu devido valor, sem permitir que todo e qualquer vício formal seja mantido e sem se embaraçar em considerações de oportunidade, de modo que nulidades processuais substanciais possam saudavelmente ser decretadas.

3.1.3. Efeitos dos atos administrativos nulos

É equivocada a afirmação de que o ato nulo não produz efeitos, tanto considerando o prisma fático quanto o enfoque jurídico. Os atos inválidos geram conseqüências jurídicas tanto que o ato invalidador[205] deve, o mais possível, disciplinar as relações jurídicas afetadas.[206] Sob o aspecto eminentemente jurídico, a ausência de conhecimento ou certeza a propósito do defeito conduz freqüentemente a posições jurídicas similares às derivadas de atos válidos. É que não se pode confundir as duas dimensões consagradas por Kelsen: a do "ser" e a do "dever-ser".[207] A asserção de que os atos nulos

---

[205] Weida Zancaner (*in Da Convalidação e da Invalidação dos Atos Administrativos,* 2001) afirma que o ato invalidador não desconstitui o passado. O que ocorre, para a professora paulista, é que, mediante um expediente jurídico, visa-se reproduzir o *status quo ante,* ou seja, situação o quanto possível símile àquela anterior à edição do ato inválido.

[206] Antônio Carlos Cintra do Amaral (*Extinção do Ato Administrativo,* 1978, p. 61) esclarece que: "Tanto os atos administrativos válidos quanto os inválidos podem produzir efeitos. A distinção entre eles somente se põe quando suscetíveis de apreciação, por um órgão estatal competente, no que respeita a sua legalidade. Se dessa apreciação resulta sua manutenção no mundo jurídico (admitimos aqui a hipótese de decisão judicial com força de coisa julgada), são válidos. Se dela resulta sua eliminação, são inválidos. Antes da anulação, afirmar-se que há ato administrativo inválido é mera questão de opinião. Isso não quer dizer, porém, que à ciência do direito não caiba indagar sobre a validade de um ato administrativo. Se o intérprete constata que: a) foi ele produzido por um órgão competente; b) existiu o pressuposto de fato correspondente à hipótese legal e houve correta subsunção daquele a esta; c) foram cumpridas as formalidades legais; e d) o conteúdo corresponde à solução de aplicação contida na moldura legal, descreve-o como ato válido. Caso contrário, descreve-o como inválido. Emite, assim, uma opinião científica. De um ponto de vista jurídico, porém não há atos inválidos, senão os assim qualificados por decisão judicial passada em julgado. Há dois momentos distintos: o momento do conhecimento e o da produção normativa. O cientista do direito, conhecendo a realidade jurídica, pode descrever o ato como válido ou inválido, conforme ou desconforme com a ordem legal. Essa é exatamente sua função. Mas o ordenamento jurídico confere a um órgão especialmente qualificado a competência para decidir se um ato é válido ou não. Essa decisão tem força normativa".

[207] Antônio Carlos Cintra do Amaral (1978, p. 61) acrescenta: "Por outro lado, ao descrever a realidade jurídica, o cientista do direito pode dizer que o ato é inválido. Isso significa dizer que existe, no orde-

não deveriam produzir efeitos jurídicos é bem diversa daquela que afirma que os atos não os produzem.

É que o desfazimento do ato administrativo defeituoso sempre exige a observância do devido processo legal. Tal exigência não apenas deriva do expresso princípio fundamental inserido no art. 5°, LIV, da Constituição – a qual também impõe a oitiva prévia do interessado, a possibilidade de contraditório e a ampla defesa –, mas também advém do próprio raciocínio lógico. Com efeito, não cabe argumentar que o ato administrativo, porque nulo, pode ser desfeito sem o devido processo legal, já que tal expediente assume, a *contrario sensu,* que o processo administrativo será obrigatório apenas quando o ato não for nulo.[208] Outrossim, pressupondo que se possa diferenciar um ato nulo de um ato inválido sem o processo administrativo, implicaria admitir a qualificação de fatos e extração de uma conclusão sobre o direito aplicável antes de promover o processo que se destina a tal fim, tornando-o inútil.

Vale lembrar que, no plano dos fatos, os atos nulos podem produzir efeitos, os quais demandam muitas vezes a intervenção judicial e a conseqüente execução forçada para se operar o seu desfazimento. A pronúncia do vício e o desfazimento dos efeitos do ato administrativo inválido devem ser acompanhados da adoção de todas as providências necessárias ao restabelecimento da situação anterior e à eliminação das perdas e danos ocorridas.[209]

Por outro lado, pode-se dizer que o ato nulo não produz os mesmos efeitos jurídicos atribuídos pelo Direito para o ato válido. Contudo, é inegável que o ato administrativo nulo induza mudanças no mundo jurídico e dos

---

namento jurídico, uma norma que manda anulá-lo. Porque, como vimos, a anulação é uma sanção, aplicável à hipótese de ato produzido em desconformidade com a ordem legal. Essa norma – que pode, em certos casos, ser expressa – é descrita pela seguinte proposição: 'Se um ato administrativo é produzido em desconformidade com a ordem legal, deve ser anulado'. Não quer dizer que o seja. Mas que deva ser. A invalidade não é, pois, como diz Santamaria Pastor (*in La nulidad de pleno derecho de los actos administrativos*, 2ª ed., Madri, Instituto de Estudios Administrativos, 1975, p. 163) um 'modo de ser' dos atos jurídicos, mas 'un puro pressupuesto catalizador de la reacción sancionadora del ordenamiento contra los efectos potenciales o reales del acto no ajustado a la norma'. Podemos dizer, portanto, utilizando-nos mais uma vez de noções da teoria pura do direito, que a produção de um ato administrativo em conformidade com a ordem legal é uma conduta que evita a atuação da sanção (anulação). Anular um ato administrativo produzido em desconformidade com a ordem legal é a conduta devida de um órgão estatal para isso qualificado pelo ordenamento jurídico. Evita-se, assim, a atuação da sanção não apenas quando se observa o direito, mas também quando se cria ou aplica o direito".

[208] Esse também é o pensamento de Marçal Justen Filho (2005, p. 271).

[209] Nesse sentido, já se pronunciou o STJ: "Na aplicação das Súmulas 346 e 473 do STF, tanto a Suprema Corte, quanto este STJ têm adotado com cautela, a orientação jurisprudencial inserida nos seus enunciados, firmando entendimento no sentido de que o Poder de a Administração Pública anular ou revogar os seus próprios atos não é absoluto, como às vezes se supõe, eis que, em determinadas hipóteses, hão de ser inevitavelmente observados os princípios constitucionais da ampla defesa e do contraditório. Isso para que não se venha a fomentar a prática de ato arbitrário ou a permitir o desfazimento de situações regularmente constituídas, sem a observância do devido processo legal ou do processo administrativo, quando cabível. (ROMS 10.673-RJ, j. em 23-5-2000, rel. Min. Francisco Falcão)".

fatos, em decorrência dos princípios da auto-executoriedade e da presunção de legitimidade do ato administrativo, os quais vinculam o cidadão a cumprir os atos estatais defeituosos. Tais circunstâncias não podem passar despercebidas aos operadores do direito, mormente para o fim de se reconhecer as frustrações das expectativas legítimas geradas por atos formalmente perfeitos praticados por agentes públicos.

3.1.4. Da distinção entre ato jurídico e fato jurídico

É prevalente na doutrina civilista a conceituação de que fato jurídico vem de um acontecimento natural, sem a participação humana, e ato jurídico envolve a vontade e o desejo humano, um acontecimento voluntário desejado pelo interessado.[210] Essa fórmula revela-se como operacional para o Direito Civil, mas não o é para o Direito Administrativo. Para Carlos Ari Sundfeld (1990, p. 14), o que em Direito aparta o ato do fato é o processo de significação que um acontecimento revela. Uma declaração será ato jurídico quando lhe for reconhecida aptidão para regular comportamentos ou qualificar situações, isto é, "quando lhe for outorgado o significado de norma jurídica" (idem). Por outro lado, será fato, se for tomada "como simples pressuposto de incidência de uma norma jurídica, vale dizer, se corresponder concretamente à hipótese abstrata nela prevista, gerando a aplicação de seu mandamento" (idem).

Introduzindo critério diverso, Celso Antônio Bandeira de Mello (2006, p. 346) também não concorda com a adoção, no âmbito do ato administrativo, dos mesmos critérios de separação que comumente se faz na Teoria Geral do Direito para distinguir ato jurídico de fato jurídico, quer seja, atribuindo àquele comportamento humano voluntário e preordenado que resultaria em efeitos jurídicos e os demais, ou seriam eventos materiais da natureza, ou comportamentos humanos sem o propósito de gerar efeitos correspondentes à ação executada. Para ele existem fatos jurídicos objetivos que não são eventos da natureza ou materiais, mas que nem por isso deixam de ser fatos jurídicos, como, por exemplo, a prescrição e a decadência. Há atos jurídicos administrativos que não são necessariamente comportamentos humanos voluntários, que surgem casualmente sem que se tenha a intenção de fazê-lo gerar os correspondentes efeitos. Dá o exemplo de um funcionário que, de costas para o computador, despercebidamente, toca no teclado. Não houve manifestação volitiva, nem por isso deixou de ocorrer o ato jurídico administrativo. Há ainda aqueles atos administrativos comandados por máquinas, como exemplo, centrais controladoras de semáforos dirigidas por computador. Defluindo-se daí que pode haver atos administra-

---
[210] Também Weida Zancaner (2001, p. 44) adere a tal noção.

tivos que não precisam necessariamente ser produzidos pela ação humana (2006, p. 347).

Para Bandeira de Mello, o fato jurídico pode ser um *evento* material ou uma conduta humana, voluntária ou involuntária, preordenada ou não, a interferir na ordem jurídica. Basta que o sistema normativo atribua a ele efeitos de direito para qualificar-se como um fato jurídico. Trata-se, portanto, de qualquer acontecimento a que o Direito imputa e enquanto imputa efeitos jurídicos. O ilustre professor da PUC/SP estabelece a distinção entre atos jurídicos e fatos jurídicos da seguinte forma: atos jurídicos são declarações, enunciados, falas, pronúncia sobre certa coisa ou situação, dizendo como deve ser, ou seja, são formas que prescrevem o direito, podendo ser por meio da fala, da escrita, da mímica, dos sinais, etc. Já o fato jurídico apenas acontece, não fala, não pronuncia, não prescreve. A lei é que fala sobre o fato. Em geral, pode-se dizer que os fatos administrativos advêm dos atos administrativos. (2006, p. 349).

Por fim, Heraldo Garcia Vitta mostra a importância de se fazer a distinção entre atos jurídicos e fatos jurídicos:

> a) os atos administrativos podem ser anulados e revogados; fatos administrativos não são nem anuláveis, nem revogáveis;
> b) atos administrativos gozam de presunção de legitimidade, fatos administrativos, não;
> c) o tema da vontade interessa nos atos administrativos *discricionários*, isto é, naqueles em cuja prática a administração desfruta de certa margem de liberdade; nos fatos administrativos nem se poderia propô-lo;
> d) os atos administrativos são impugnáveis mediante recursos administrativos e judiciais; os fatos em princípio não são suscetíveis de impugnação, porque não traduzem explicitamente a vontade do Estado – há necessidade de interposição de reclamações prévias, pedidos etc. Transcorrido determinado prazo sem que administração se pronuncie, produz-se a denegação tácita pelo silêncio administrativo.[211]

3.1.5. O fato jurídico, efeito do ato administrativo defeituoso, tutelado pela ordem jurídica como elemento redutor de conflitos intertemporais

Quando estamos a tratar de atos defeituosos e sujeitos à invalidação, não se está tratando de atos necessariamente ilícitos. Nesse ponto, vale introduzir uma distinção deveras importante, que não pode passar sem nota, entre invalidade e ilicitude: enquanto a invalidade consiste na desconformidade entre o ato concreto, praticado no mundo real e o modelo contido em uma norma jurídica, o ato ilícito é uma conduta que se identifica com um modelo normativo previsto como pressuposto de incidência de uma sanção. Isso significa que o ato administrativo inválido não é necessariamente ilí-

---
[211] GARCIA VITTA, Heraldo. O silêncio no Direito Administrativo. In: Boletim do Direito Administrativo, Ano XVI, nº 08, 2000, p. 580.

cito. A simples ausência de cumprimento do modelo normativo não é suficiente para gerar um ato ilícito. Para fins de efeitos, o ato inválido conduz à não-incidência dos efeitos previstos no mandamento da norma, enquanto o ato ilícito implicará a incidência da sanção legalmente prevista.

Conforme já restou salientado no item anterior, podem decorrer certos fatos administrativos a partir de atos administrativos.[212] Também restou esclarecido que os atos administrativos defeituosos emanam efeitos tanto de natureza jurídica, quanto fática. Nessa senda já se pode enunciar que o fato jurídico, apto a provocar a estabilização dos atos administrativos defeituosos, é aquele que em função de sua desconformidade com o modelo legal, implicaria a não-incidência dos efeitos prevista no mandamento da norma. Contudo, o sistema jurídico, por meio de princípios de direito que prevaleçam no caso concreto, o acolhe na qualidade de simples fato, a ensejar a sua preservação. O fato jurídico estabilizador, objeto de nosso estudo, na qualidade de elemento redutor de conflitos intertemporais, será constituído:

1) dos efeitos decorrentes de atos administrativos sanáveis ampliativos de direitos que, encontrando abrigo em outros princípios de ordem pública, mormente o da confiança e ensejarem, no balanço jurídico dos bens jurídicos tutelados, a lograr sua preservação ou sua desconstituição *ex nunc*.

2) dos efeitos decorrentes de atos administrativos sanáveis que houverem assim permanecido pelo transcurso de determinado período de tempo (maior ou menor, de acordo com a indissolúvel boa-fé), a ensejar a sua permanência pela decadência do direito de sua desconstituição.

3.2. DOS CONFLITOS INTERTEMPORAIS ENVOLVENDO A CONVALIDAÇÃO DOS ATOS ADMINISTRATIVOS

Quando ocorre a antijuridicidade de um ato administrativo, uma alternativa necessariamente a ser considerada pelo administrador é a possibilidade ou não de convalidação do ato, com o suprimento da invalidade

---

[212] Na Teoria Geral do Direito, na qual a distinção entre fato e ato jurídico é mais saliente, pois não se consideraram as peculiaridades próprias do Direito Administrativo, é possível admitir que fatos decorrem a partir de certos atos administrativos. Segundo Marcos Bernardes de Mello (in Teoria do fato jurídico: plano da existência, p. 37/43), o suporte fático em abstrato que vai representar a conotação de fato jurídico pode ser composto por diversas espécies de elementos, que podem ser positivos ou negativos: (a) fatos da natureza, necessariamente ligados, de algum modo, a alguém; (b) *atos humanos*, em verdade, atos exteriores que podem ser considerados pela norma em razão da vontade do agente ou mesmo de forma independente do querer; (c) dados psíquicos, tal como o conhecimento ou não de um acontecimento, a intenção do agente etc.; (d) estimações valorativas, como malícia, bons costumes, negligência etc.; (e) probabilidades, como os lucros cessantes; (f) fatos jurídicos, ou seja, os efeitos de um fato jurídico podem ser parte integrante da descrição de outro fato, tal como ocorre na mora, que é pressuposto da ressarcibilidade de danos; (g) causalidade física; e (h) *tempo, não ele em si, mas, sim, o seu transcurso* (grifei).

verificada. Em muitos casos, contudo, é possível que a desconformidade com a norma legal compreenda somente uma parte, ou um aspecto do ato administrativo. Nessa situação, é possível convalidar-se o ato, ao menos parcialmente? Que efeitos seriam convalidados? Que aspecto do ato administrativo seria anulado, e a nulidade retroagiria à data da emissão do ato?

A indicação de soluções para o impasse apresentado passa compulsoriamente pelo exame doutrinário deste instituto. Nesse ponto, verifica-se que, ao menos em uma primeira impressão, conquanto muito se tenha abordado sobre o instituto da convalidação, ainda impera uma enorme confusão, tanto conceitual, quanto terminológica. Uma satisfatória identificação entre as esferas do dever-ser e da realidade social, no que tange ao tema enfocado, por mais que seja desejável, revela-se um horizonte a ser atingido, uma finalidade a ser alcançada.

No ideal exercício da atividade administrativa, o administrador deve aplicar corretamente os princípios, fazendo uso prudente da discricionariedade e agindo em conformidade com o Direito. Como nem sempre, desventuradamente, o princípio da legalidade é corretamente observado e aplicado na prática administrativa, impõe-se a sua restauração pela invalidação, ou pela convalidação, ou, algumas vezes, por uma composição destes institutos. A utilização da convalidação ou da anulação implicará uma crise sobre quais efeitos serão aplicáveis no decorrer do tempo, desenhando-se um conflito entre a retroatividade ou não da norma convalidadora/invalidadora.

A preservação da incolumidade da ordem jurídica em exame, de molde que se consiga obter uma justa medida do tempo social, conservando o equilíbrio entre a memória e a promessa, sobrepondo-se às diversas formas de destemporalização é o que se almeja para uma atividade administrativa ideal. Antes de arriscarmos alguns enunciados nessa direção, necessária uma revisitação ao conceito de convalidação, circunstâncias e fatores impeditivos e tipos de vícios passíveis desse instituto.

3.2.1. A noção de convalidação

Em que pese a falta de precisão doutrinária que existe sobre a matéria em exame, pode-se extrair certo consenso de que estamos diante do instituto da "convalidação" quando se pretende a restauração da validez do ato viciado, mediante a correção do vício com a edição de novo ato administrativo.

Alguns autores, mormente os administrativistas europeus, utilizam-se da expressão "convalidação" para traduzir qualquer atividade administrativa de reparar defeitos dos atos administrativos, inclusive o decurso do tempo.[213]

Não é esta, contudo, a orientação que vamos adotar. Isto porque se consolidou entre nós a noção de que a convalidação sempre implica a edição de um novo ato, pelo sujeito competente, diferenciando-se o tratamento de outras formas de restauração da legalidade, além da invalidação. Não convém, portanto, a adoção de outro sistema, mormente quando não represente alteração de significado dos institutos em foco e quando a doutrina nacional já consolida a posição de considerar tal prática a produção de um novo ato.

Entre nós, no âmbito federal, o instituto da convalidação é expressamente admitido pelo art. 55 da Lei 9.7894/99, segundo o qual *"em decisão na qual se evidencie não acarretarem lesão ao interesse público nem prejuízo a terceiros, os atos que apresentarem defeitos sanáveis poderão ser convalidados pela própria Administração"*. Encerrou-se, portanto, a disputa doutrinária a respeito da possibilidade ou não de convalidação dos atos administrativos.[214]

Sob a ótica dos efeitos intertemporais advindos com a correção dos atos administrativos, a convalidação é a modalidade que menos produz conflitos no tempo. Manoel de Oliveira Franco Sobrinho (1980, p. 283) proclama que a convalidação é "o instrumento hábil para remover imperfeições sanando vícios de invalidade, afastando dúvidas nas relações jurídicas criadas".

Celso Antônio Bandeira de Mello (2006, p. 441) define a convalidação como o "suprimento da invalidade com efeitos retroativos". Nesta mesma senda situa-se Carlos Ari Sundfeld (1990, p. 283), para quem a convalidação é um novo ato administrativo que somente ocorre quando o

---

[213] Nesse sentido, por exemplo, FALLA, Garrido. *Tratado de Direito Administrativo.* V. I. 9ª ed. Madri: Centro de Estudios Constitucionales, 1985, p. 696.

[214] Alguns doutrinadores brasileiros não admitiam a convalidação dos atos administrativos em face da impossibilidade de preponderar o interesse privado sobre o público e não ser admissível a manutenção de atos ilegais, ainda que assim o desejem as partes, porque a isto se oporia a exigência da legalidade administrativa (Hely Lopes Meirelles, até a 24ª edição do seu Direito Administrativo Brasileiro). Os Tribunais pátrios, contudo, muito antes do advento da Lei 9.874/99 já vinham admitindo a possibilidade de convalidação, ainda que não de forma muito enfática. Vale ressaltar como exemplo o aresto do STJ no Recurso Especial nº 45.522, publicado no DJU de 17/10/1994, p. 27865, Rel. Min. Humberto Gomes de Barros, cuja ementa é a seguinte: "Administrativo – Ensino – freqüência a aulas – faltas – suprimento – DL 1.044/69 – estudante preso – analogia – ato administrativo – nulidade – Súmula 473 STF – temperamentos em sua aplicação. I – É lícita a extensão, por analogia, dos benefícios assegurados pelo DL 1.044/69, a estudante que deixou de freqüentar aulas, por se encontrar sob prisão preventiva, em razão de processo que resultou em absolvição. II – Na avaliação da nulidade do ato administrativo, é necessário temperar a rigidez do princípio da legalidade, para que se coloque em harmonia com os cânones da estabilidade das relações jurídicas, da boa-fé e outros valores necessários à perpetuação do estado de direito. III – A regra enunciada no verbete 473 da Súmula do STF deve ser entendida com algum temperamento. A administração pode declarar a nulidade de seus atos, mas não deve transformar esta faculdade, no império do arbítrio".

ato possa ser repraticado sem o vício que sobre ele incidia e quando o novo ato possa retroagir. Não é, para o autor, uma mera repetição do ato inválido com a correção do vício; vai além disto. Por tal motivo, sustenta que a possibilidade de praticá-lo depende, teoricamente, de dois fatores: a) da possibilidade de se repetir, sem vícios, o ato ilegal, porque assim poderia ter praticado à época e b) da possibilidade de este novo ato retroagir.

Em brilhante e esclarecedora síntese, Antônio Carlos Cintra do Amaral (1978, p. 71) afirma que só existe convalidação (mediante produção de novo ato) quando os efeitos do ato convalidador retroagem (porque podem retroagir) ao momento da produção do ato convalidado; caso contrário, haveria simplesmente um novo ato com eficácia *ex nunc*. Para o autor, o ato convalidador forma com o ato convalidado uma unidade.

Concorda-se com tais autores quando afirmam que a convalidação consiste no ato administrativo praticado pela autoridade competente com o objetivo de regularizar outro ato a fim de colocá-lo de acordo com a ordem jurídica na qual pretende inserir-se. Efetivamente, por meio da convalidação, a Administração torna um ato, anteriormente viciado, em válido. Contudo, embora seja pertinente afirmar que os efeitos do ato convalidador retroagem à época do ato convalidado, a principal característica da convalidação é a preservação dos atos até então produzidos, sendo possível, embora não muito comum, a geração válida de novos efeitos, a partir da regularização.

3.2.2. Requisitos para a convalidação dos atos administrativos

Podem-se elencar três requisitos necessários para que haja a convalidação dos atos administrativos:

3.2.2.1. O ato a ser convalidado deve ser inválido

Ou seja, que o ato tenha fundamentalmente um vício suficientemente grave para o reconhecimento formal de sua invalidez.[215] Com isso, quer-se afastar qualquer necessidade de convalidação de atos maculados de pequenas irregularidades, tais como erro de grafia irrelevante para a compreensão do sentido do texto, referência inexata ao ano de uma lei e outros casos semelhantes.

A razão para essas insignificantes irregularidades não dependerem nem de invalidação nem de convalidação para que o ato seja válido é a aplicação, ao caso, do princípio da segurança jurídica, pela vertente subjetiva

---

[215] Para os autores que entendem que o decurso do tempo é uma hipótese de convalidação, não há esta exigência, já que o tempo estabiliza todos os atos que não representem violação ao princípio da moralidade.

da confiança legítima, a impor a sua recepção dentro do sistema. Por exemplo, não é incomum, sobretudo em processos administrativos disciplinares, a produção de diligências até mesmo complexas, a pedido de interessados, para fins de convalidação ou invalidação de defeitos de atos administrativos sancionadores, sob a forte inspiração procrastinadora da aplicação da lei. Aqui vale novamente frisar que os atos meramente irregulares que ensejam o afastamento da necessidade de convalidação ou invalidação são aqueles que *decorrem da mera falibilidade humana*, que não deixem *qualquer margem de dúvida quanto ao enunciado normativo* e não resultem de nenhuma forma em *prejuízo à ampla defesa*.[216] Tais atos são mais bem enquadrados como atos válidos, e qualquer tardança no reconhecimento dessa condição poderia até mesmo ensejar a responsabilização criminal[217] ou meramente funcional do servidor responsável, neste último caso, quando houver violação da norma padronizadora da Administração ou, até mesmo, quebra da hierarquia. Para o caso de meros vícios materiais (como de má grafia) impõe-se apenas a imediata correção do ato.

3.2.2.2. O ato a ser convalidado deve conservar o conteúdo

O ato convalidador deve conservar a declaração que o mesmo contém, ou seja, manter a declaração de vontade, de conhecimento de juízo ou desejo em que consiste todo o ato administrativo.[218] O ato que convalida e se torna uno com o ato viciado deve manter o efeito prático que com dito ato se pretendia obter.[219]

Assim, em caso de não haver o mesmo conteúdo, não há como se reconhecer a unidade com o ato viciado, impondo o reconhecimento do ato convalidador como um novo ato administrativo. Por outro lado, se o vício é no próprio conteúdo do ato, não há possibilidade de convalidação, uma vez que por impossibilidade lógica não se pode repetir um ato que apresente vício de conteúdo sem incorrer novamente em violação à ordem jurídica.

3.2.2.3. O ato convalidador deve ter efeitos retroativos

Somente ocorre convalidação quando os efeitos do ato convalidador retroagem, já que, caso contrário, se estaria diante de um novo ato, com efi-

---

[216] Para Celso Antônio Bandeira de Mello (2006, p. 438), a violação de normas padronizadoras da Administração não representa qualquer ameaça aos direitos e garantias dos administrados, pois veiculam irrelevantes falhas de formalização, que em nada afetam a sua validade.

[217] Segundo o Código Penal brasileiro: "Art. 319 – Retardar ou deixar de praticar, indevidamente, ato de ofício, ou praticá-lo contra disposição expressa de lei, para satisfazer interesse ou sentimento pessoal: Pena – detenção, de 3 (três) meses a 1 (um) ano, e multa".

[218] O texto segue as linhas diretivas traçadas com a definição do "conteúdo" de ato administrativo de Garcia de Enterría e T.R. Fernandez (*Curso de Derecho Administrativo*. 10ª Ed. Madri: Civitas, 2000, p. 504).

[219] Acréscimo sugerido pela definição de "conteúdo" de Garrido Falla (*Tratado*, vol. I, 2002, p. 650).

cácia *ex tunc*.[220] Ora, se com a convalidação o que se pretende é dar validez a um ato inválido, não há sentido em limitar a validez aos atos futuros, pois, precisamente, o ato somente se convalida quando a ordem jurídica considera necessário conservá-lo. Esta conservação, naturalmente, não se refere somente ao ato, senão também aos seus efeitos passados, já que, quando se deseja a sua manutenção, é porque restou criada uma situação merecedora de amparo.

O ato convalidador tem todos os pressupostos necessários para que se possa operar a retroatividade. Sempre tem como objeto um ato administrativo precedente e encontra a sua razão de ser em elementos e circunstâncias concernentes a tais atos.

Outrossim, negar o efeito retroativo da convalidação suporia considerar que o ato segue sendo inválido no passado, pelo que se poderia suscitar a anulação para o período anterior à convalidação. Se fosse considerado que a convalidação não tivesse efeitos retroativos, alcançar-se-ia o absurdo lógico de se declarar como inválido um ato válido, ao anular os efeitos passados de um ato que está em conformidade com a ordem jurídica.

3.2.3. Circunstâncias impeditivas da convalidação

No início deste capítulo verificaram-se os requisitos necessários para que um ato administrativo seja classificado como convalidador. Não obstante a necessária compulsoriedade dos requisitos para a caracterização da convalidação, a grande parte dos administrativistas costuma destacar situações que a impedem, baseados no posicionamento de Weida Zancaner, referência primordial no tema, a qual denomina tais circunstâncias como "barreiras" (2001, p. 59). Para a autora paulista, existem duas circunstâncias impeditivas para a eleição da convalidação como modalidade a ser eleita para restauração da legalidade pelo agente administrativo: a impugnação ao ato viciado e o decurso do prazo prescricional (idem). Celso Antônio Bandeira de Mello, por sua vez, às duas barreiras invocadas acrescenta a circunstância de que o ato convalidado possa ser produzido sem vício (2006, p. 442).

No que tange ao primeiro dos requisitos, Celso Antônio Bandeira de Mello justifica-o pela natureza lógica da convalidação, já que a Administração não poderia convalidar um ato viciado se este já estivesse impugnado, administrativa ou judicialmente, pois, acaso pudesse fazê-lo, a argüição do vício seria inútil, e a extinção dos efeitos ilegítimos dependeria da vontade da Administração e não do dever de obediência à ordem jurídica (2006, p. 442). Em seguida, o referido autor elenca uma exceção a esta regra, o caso da "motivação" de ato vinculado expendida tardiamente, após a

---

[220] Este também é o pensamento de Antônio Carlos Cintra do Amaral (1978, p. 71).

impugnação do ato. Nesse caso, o administrativista paulista entende que "a demonstração de que os motivos preexistiam e a lei exigia que, perante eles, o ato fosse praticado com o exato conteúdo com que o foi, é razão bastante para sua convalidação. Deveras, em tal caso, a providência tomada ex vi legis não poderia ser outra" (idem).

Das três objeções impostas, não concordamos com os autores citados, uma vez que em nosso entendimento prevalece apenas a hipótese lógica, isto é, a de que o ato convalidado possa ser produzido sem vício. Tal barreira ao dever de convalidação decorre do próprio conteúdo lingüístico que encerra o significado semântico da convalidação. Sob pena de faltar congruência, não se pode convalidar um ato quando a sua repetição importe, necessariamente, a repetição do vício que o macula. Com efeito, não se poderá convalidar o ato pela completa impossibilidade de corrigir seus vícios. Nesta classe se enquadram os atos maculados com vícios de "*conteúdo*", de "*causa*", de "*motivo*", de "*finalidade*", os quais serão mais bem examinados adiante.

Não se concorda com a ocorrência de impugnação pelo interessado e o decurso do prazo prescricional como fatores que impedem a convalidação do ato administrativo viciado.

Quanto ao primeiro dos aspectos, a Administração não pode ficar impossibilitada de convalidar atos apenas porque já foram impugnados.[221] A convalidação não tornaria inútil a impugnação, pois tal circunstância seria o elemento ativador da correção do vício, restaurando o influxo das normas jurídicas cogentes. Tal iniciativa teria a utilidade fundamental restauradora da ordem jurídica, permitindo-se, inclusive, seja assegurada a recomposição dos danos causados pelo ato viciado. Vale lembrar que a Lei Federal nº 9.784/99 não menciona a impugnação do interessado como fator impeditivo da convalidação.

Não faria sentido impedir-se a convalidação do ato que apresente defeito sanável pelo simples fato de ter sido impugnado. O princípio da segurança jurídica vigente na ordem administrativa nacional ainda é cogente, mesmo em face de requerimento de invalidação do interessado, já que sempre se confia na atuação da administração, segundo as normas de direito.[222] Por outro lado, deve o poder de convalidação *estar disponível*[223] para a Administração, isto é, ainda não deve ter havido o exaurimento da

---

[221] Esta conclusão também é compartilhada por Sérgio Ferraz ("Extinção dos atos administrativos: algumas reflexões", RDA 231/63).

[222] O princípio da segurança jurídica – sob o viés da confiança do administrado – prevalecerá, no balanço dos bens jurídicos tutelados, desde que os vícios não se revelem de tal gravidade que se apresentem absolutamente inadmissíveis. Neste caso, em havendo mácula de tal monta, a proporcionalidade no sopesamento dos princípios imporá a anulação do ato.

[223] Cf. SAMPAIO SILVA, Clarissa. *Limites à invalidação dos atos administrativos*. São Paulo: Max Limonad, 2001, p. 132.

sua competência.[224] De toda a sorte, em nosso sistema jurídico, o qual consagrou o princípio da universalidade da jurisdição ("A lei não excluirá da apreciação do Poder Judiciário qualquer lesão ou ameaça de lesão a direito" – art. 5º, XXXV, da Carta Política), sempre haverá ao cidadão a via impugnativa judicial, caso entenda ter sido o ato viciado indevidamente mantido ou convalidado.

Quanto ao decurso do tempo, não se verifica qualquer óbice à convalidação, já que o expirar do prazo prescricional, ainda que com possibilidades de produzir a estabilidade do ato por outra razão, não impede que se promova a convalidação. O princípio da segurança jurídica não impede que se convalide o ato, já que o efeito seria o mesmo que a estabilização por decurso do tempo, com chances, inclusive, de a própria administração assegurar o ressarcimento dos danos causados pelos atos viciados. Outrossim, a convalidação melhor atende ao princípio da legalidade, na medida em que corrige o vício do ato.

Na verdade, o que impede o ato administrativo de ser convalidado, além da possibilidade de sua edição sem o vício (pressuposto lógico), quando ainda não exaurida a competência da administração é a possibilidade de *lesão ao interesse público* e o *prejuízo a terceiros*.[225]

A indeterminação conceitual da expressão *interesse público* – a qual suscita variadas e amplas interpretações – não deve servir de empecilho para a sua consideração, quando sob perigo de lesão, como limite à convalidação dos atos administrativos. Como já salientou Seabra Fagundes (2006, p. 53), em algumas situações o prejuízo resultante da invalidação pode ser maior do que o da manutenção em vigor do ato ilegal, razão de que sua mantença parece melhor acatar as expectativas sociais. O prejuízo em foco a propiciar lesão ao interesse público ao que tudo indica se refere à violação à moralidade administrativa, em especial ao preceito de boa-fé.[226] Com efeito, se houve fraude ou dolo na produção do defeito do ato administrativo, propiciar a sua convalidação importaria em beneficiar a própria torpeza do agente de má-fé, não havendo outra alternativa à autoridade administrativa senão o exercício da competência de invalidar.

O vício do ato administrativo que prejudicar a terceiros deve ser alvo de anulação sob pena de afronta à confiança depositada na Administração.

---

[224] Um exemplo de exaurimento da competência administrativa de revisão é a situação examinada pelo Superior Tribunal de Justiça, no REsp nº 472399 – AL, 1ª T., Rel. Min. José Delgado, publ. no DJU 19.12.2002 no "A decisão que aprecia as contas dos administradores de valores públicos faz coisa julgada administrativa no sentido de exaurir as instâncias administrativas, não sendo mais suscetível de revisão naquele âmbito".

[225] Mônica Simões (2004, *passim*) introduziu posição inovadora propondo como fatores impeditivos da convalidação a lesão ao interesse público e o prejuízo a terceiros.

[226] Salientando o papel significativo da moralidade no tratamento das invalidades dos atos administrativos é o estudo de Vladimir da Rocha França, in *"Notas sobre a invalidação administrativa e seu pressuposto lógico na Lei nº 9.784/99"*, Jurídica Administração Municipal, nº 12, dezembro/2002.

Não se pode convalidar um ato que, praticado em conformidade com o ordenamento jurídico, causaria prejuízo a terceiros já que se confia que o Estado não cause lesões ao agir em conformidade ao Direito. Entender-se de outra forma seria permitir a repetição do erro.

Em apertada síntese, conclui-se que são quatro as circunstâncias impeditivas da convalidação: (1) a impossibilidade de sua edição sem o vício (pressuposto lógico), (2) o exaurimento da competência, (3) a possibilidade de lesão ao interesse público e (4) o prejuízo a terceiros.[227]

3.2.4. Tipos de vícios convalidáveis

Importa, agora, destacar quais as modalidades de vícios podem ser alvo da convalidação, a fim de que o leitor verifique alguma utilidade na distinção que ora se aponta. Desde já, vale lembrar que a matéria é passível de ser legislada em cada esfera de poder (federal, estadual e municipal), o que evidentemente não impede o exame doutrinário do tema. A Lei 9.784/99, conquanto disponha sobre a possibilidade de convalidação dos atos que apresentem defeitos sanáveis, não elencou quais os seriam. Em sede doutrinária, por sua vez, a melhor posição é a colhida no magistério de Weida Zancaner (2001, p. 68), segundo a qual podem ser convalidados os atos que possuam os vícios de competência, formalidade e procedimento. É o que se passa a analisar, com maior detalhe.

3.2.4.1. Competência

Para que um ato tenha validade, exige-se que ele seja produzido por sujeito competente,[228] ou seja, importa verificar a capacidade da pessoa jurídica que o praticou, a quantidade de atribuições do órgão que o produziu, a competência do agente emanador e a existência ou inexistência de óbices à sua atuação no caso concreto. Para Carlos Ari Sundfeld (1990, p. 61), é importante que sejam titulados a pessoa jurídica, o órgão e o agente envolvido.

O ato administrativo ingressa no mundo jurídico de forma viciada se não for emanado de acordo com as regras que definem a competência. Não releva a distinção entre competência *absoluta* e *relativa*, que conforme Carlos Ari Sundfeld (1990, p. 61) "resulta da imprópria adaptação das categorias incapacidade absoluta e relativa, como consagradas no Código Civil". Já vimos no capítulo primeiro desse estudo a impropriedade de se

---

[227] Em âmbito federal, consagrou-se expressamente a possibilidade de lesão ao interesse público e o prejuízo a terceiros como circunstâncias impeditivas à convalidação, *ex vi* da Lei 9.784/99, art. 55, *verbis:* "Em decisão na qual se evidencie não acarretarem lesão ao interesse público nem prejuízo a terceiros, os atos que apresentem defeitos sanáveis poderão ser convalidados pela própria Administração".
[228] A Lei 9.784/99 dispõe sobre a competência em seu capítulo VI.

proceder à indevida apropriação de institutos do Direito Civil para o Direito Público. Com efeito, enquanto no Direito Civil a incapacidade é tida como a impossibilidade de o sujeito expressar sua vontade – quando o incapaz, apesar de ser titular de direito, não tem aptidão par exercê-lo –, no Direito Público não há sentido em nomear um órgão como relativamente incompetente.

Segundo o entendimento de Zancaner (2001, p. 69), nos casos em que haja vício de competência, a convalidação somente se impõe como compulsória nos atos praticados no exercício da competência *vinculada*. Neste caso, uma vez realizada a hipótese fática prevista no texto normativo, deve a Administração promover o ato ali indicado.[229]

Nos casos de atos discricionários, por sua vez, não se sustenta o dever de convalidar, pois nesses a lei confere certo grau de subjetivismo ao administrador. Nessa hipótese, ainda que não seja compulsória a acolhida do entendimento subjetivo do agente que emitiu o ato, cuja incompetência ensejou a ocorrência do vício, não haveria sentido nem utilidade na invalidação do ato que, na visão da autoridade competente, é o que melhor corresponde e convém ao interesse público. Neste caso, a convalidação revela-se como uma faculdade do agente, ou seja, a autoridade competente pode convalidar esse ato, mas não está obrigada a fazê-lo.[230]

Não há como negar a propriedade da assertiva que propugna que o vício de competência nos atos *vinculados* enseja o *dever* de convalidar. E também impõe-se concordar que a convalidação se apresenta como *faculdade* quanto aos chamados atos *discricionários*.

Contudo, há que se fazer importante ressalva: tanto a hipótese facultativa quanto a compulsória (dever de convalidar) somente serão viáveis quando não se trate de competência *indelegável*. Quando a competência do ato é indelegável, o ato não poderá, em hipótese alguma, ser praticado por autoridade outra que não a legalmente competente, pelo que se revela inviável a convalidação.[231] Nesse sentido, já se pronunciou o Tribunal Regional Federal da 1ª Região,[232] quando examinou um caso de demissão

---

[229] Segundo a autora paulista, "no exercício dos poderes vinculados, a concreção do direito se perfaz através de um processo interpretativo e aplicativo da lei, pois, em ocorrendo as condições de fato, cujos conceitos se encontram previstos hipoteticamente na regra de direito, a norma incide, e o administrador tem que agir do modo que ela previu, independentemente de seu querer, visto estar vinculado à determinação legal. Nestes casos, o administrador apenas constata o suposto de fato contrasta-o com o tipo legal e, havendo subsunção do conceito do fato ocorrido no mundo tangível ao conceito do suposto descrito na regra de direito, age o administrador, nos termos estritamente previstos pela norma, sendo-lhe defeso outra conduta ter, que não aquela prescrita" (Weida Zancaner, 2001, p. 69).

[230] Cf. ZANCANER, op. cit., p. 69.

[231] Nesse sentido, o art. 11, I, da Lei estadual paulista 10.177/1998, o qual autoriza a convalidação, desde que: "na hipótese de vício de competência, a convalidação seja feita pela autoridade titulada para a prática do ato, e *não se trate de competência indelegável*" [grifo nosso].

[232] O acórdão noticiado contém a seguinte ementa: "ADMINISTRATIVO. CONSTITUCIONAL. PROCESSO ADMINISTRATIVO. DEMISSÃO DE SERVIDOR. AUTORIDADE INCOMPETENTE. NULIDADE DA DECISÃO. 1. Havendo competência definida na Lei 8.112/90 para a aplicação da pena de demissão, esta norma deve prevalecer sobre a existente no Regimento Interno do Tribunal Regional do Trabalho da Terceira Região, que confere a competência para o Órgão Especial. 2. Sendo o

de servidor do TRT, embasado em inquérito administrativo regular, cuja pena foi aplicada pelo órgão especial do TRT, em afronta ao disposto no art. 141, I, da Lei 8.112/90. Como a pena não foi aplicada pela autoridade competente (Presidente do TRT), o qual não poderia delegar a competência ao órgão especial, por instrumento normativo interno que confrontasse a disposição legal, o reconhecimento da nulidade do ato de aplicação da pena se impõe, preservando-se o restante do procedimento administrativo efetuado. Uma vez que o ato administrativo examinado foi reconhecido como passível de aplicação de demissão, a aplicação de penalidade revela-se como comportamento vinculado do administrador, não se lhe oferecendo maiores possibilidades de atuar de maneira diversa.

3.2.4.2. Formalidade

É a forma como o ato será exteriorizado, o modo específico como ele deve ser externado. Nos dizeres de Zancaner, "é a forma específica exigida por lei para a validade de um determinado ato" (2001, p. 70). Ao lado do conteúdo, é um elemento do ato. Não se pode confundir formalidade com forma. Enquanto esta significa a exteriorização, a formalidade significa o modo próprio, específico, dessa exteriorização.

Aqui, está-se diante de uma vasta possibilidade de situações. Tanto podem ocorrer as hipóteses em que, como bem enfatiza Celso Antônio (2006, p. 383), representam aspectos da formalização que "podem, eventualmente, ser irrelevantes quanto à validade do ato" – que é o caso dos atos meramente irregulares abordados no item 3.2.2.1 –, quanto podem ocorrer casos, contudo, em que o vício de formalidade compromete direitos dos cidadãos. Um exemplo deste último caso seria quando não houve a necessária publicidade, impossibilitando a interposição de recurso.

A conclusão a ser tomada sobre a convalidação ou invalidação do ato por vício de formalização não prescinde de análise do caso concreto, pois somente no exame minucioso do caso, levando-se em conta a confiança legítima do cidadão, é que se poderá concluir, com segurança, se é caso de mero ato irregular ou se, ao revés, houve efetiva afetação à garantia dos destinatários.

3.2.4.3. Requisitos Procedimentais

Segundo Celso Antônio Bandeira de Mello (2006, p. 376), os requisitos procedimentais são aqueles que devem vir antes de um determinado ato,

---

ato proferido por autoridade incompetente, há de se reconhecer sua nulidade. 3. A decisão de processo administrativo feita por autoridade incompetente há de ser refeita, uma vez que a nulidade do ato não macula o processo todo, mas somente este ato. 4. Remessa oficial parcialmente provida. Apelação prejudicada" (AC n° 2000.01.00054377-7, TRF 1ª Região, Rel. Des. Fed. Eustáquio de Oliveira, DJU de 22/04/2003, p. 66).

por exigência normativa. Ou seja, para que certo ato possa ser praticado, a Administração ou o particular produzirá outros *atos jurídicos*, sem os quais esse ato não pode ser exercitado.[233] Nesse caso, a não-observância de algum requisito, pela Administração ou pelo particular, nem sempre acarreta a sua imediata invalidação. Há situações especiais nas quais haverá o dever de convalidar o ato viciado.

São convalidáveis os requisitos procedimentais em duas hipóteses: a) "quando consistente na falta de ato do particular, desde que este o pratique com a expressa intenção de fazê-lo retroagir; ou b) "quando consistente na falta de ato ou atos da Administração, desde que sua prática posterior não lhe prejudique a finalidade".[234]

a) *Vício de procedimento consistente na falta de ato do particular*

A não-observância de requisito procedimental pode decorrer de uma ausência ou falta de ato do particular, nos casos em que competia praticá-lo. Tal ato será convalidável quando houver aquiescência do interessado e que seja possível a retroação, sem que haja prejuízo de interesses de terceiros (Sundfeld, 1990, p. 66). Neste caso, o interessado tem a faculdade da prática do ato de saneamento do vício, mas não é obrigado a fazê-lo. Se o fizer, *deverá ter a clara intenção de fazê-lo retroagir* (Zancaner, 2001, p. 72).

Um bom exemplo seria o caso do deferimento *ex officio* ao servidor público de uma licença de afastamento por motivo de casamento, sem que tenha sido requerida. O requerimento do interessado é condição necessária para a validade do ato concessivo da licença, mas o ato da concessão da licença poderá ser convalidado com a juntada posterior do pedido, acompanhada de requerimento expresso para que haja a retroação, produzindo-se a convalidação do ato.

b) *Vício de procedimento consistente na falta de ato ou atos da administração*

A convalidação consistente na falta de ato ou atos da Administração se dá nas hipóteses em que a invalidação não faria o menor sentido. Neste caso, entre os atos convalidáveis figuram aqueles portadores de vício de procedimento, desde que sua prática posterior não lhes retire a finalidade.[235]

Outrossim, a convalidação não será possível quando o requisito procedimental exigido por lei, mas omitido pela Administração, ensejar prejuízo no interesse de terceiros. Nesta hipótese, evidencia-se que o ato não atingirá a sua finalidade.

---

[233] Celso Antonio Bandeira de Mello elenca o exemplo de um ato de nomeação de um funcionário para cargo efetivo, que deve preceder de outros atos jurídicos, como o concurso público (op. cit., 2006, p. 377).

[234] Cf. SUNDFELD, 1990, p. 93.

[235] Nesse sentido, o pensamento de Carlos Ari Sundfeld (1990, p. 75).

No tocante ao momento, vale lembrar que a Administração pode detectar a ausência ou falha do requisito procedimental tanto ao longo do procedimento administrativo, quanto após a emissão do ato final. No primeiro caso, se a inobservância do requisito procedimental não desvirtuou a finalidade da atuação, a Administração deve, tão logo constatada a falha, proceder à convalidação, antes mesmo do ato final.[236] Por outro lado, quando a Administração somente detecta a ausência de um determinado requisito procedimental após a emissão do ato final, acreditando ter efetuado o devido procedimento administrativo, o ato derradeiro restará maculado pelo vício ocorrido no *iter* procedimental, acarretando o dever de restauração da legalidade. Neste caso, se o desvio procedimental não implicou prejuízo à finalidade, deverá ser convalidado o ato.

Caso interessante examinado pelo Superior Tribunal de Justiça[237] serve para ilustrar a assertiva proposta: houve aplicação de pena de multa sem intimação prévia para o condutor promover a defesa, sendo-lhes remetida imediatamente a guia para recolhimento. Se há o recolhimento da multa, ainda que se pudesse entender que houve a renúncia ao direito de recorrer, ainda assim o ato administrativo não pode ser convalidado, pois a falta de ato da administração (intimação prévia) não pode ser convalidado por ato do particular (pagamento), ainda mais quando não foi atingida a finalidade do ato (que era permitir a prévia defesa do autuado).

3.2.5. Tipos de vícios inconvalidáveis:

Os atos inconvalidáveis são aqueles portadores dos vícios de: motivo, conteúdo, causa e finalidade.

3.2.5.1. Motivo

Motivo é um pressuposto objetivo de validade do ato jurídico. Na clássica acepção de Celso Antônio (2006, p. 369), é o *pressuposto de fato* que autoriza ou exige a prática do ato. É, pois, a situação do mundo empírico (ou fenomênico) que deve ser tomada em conta para a prática do ato, ex-

---

[236] Esse também é o posicionamento de Mônica Martins Toscano Simões (2004, p. 143).

[237] A ementa do caso examinado é a seguinte: "PROCESSUAL CIVIL. RECURSO ESPECIAL. (...) MULTA POR INFRAÇÃO DE TRÂNSITO. NÃO CONVALIDAÇÃO DO ATO VICIADO. ARTS. 284 E 286 DO CTB. 1. (...) 2. O cumprimento da penalidade imposta ao administrado (multa por infração de trânsito) não convalida, por si só, a eventual nulidade do procedimento administrativo do qual resultou a sua aplicação. Assim, o pagamento da multa não obsta o conhecimento do recurso administrativo, sendo dever da Administração ressarcir a quantia paga no caso de seu provimento. Com mais razão, não inibe o acesso à via jurisdicional para ver declarada a nulidade do procedimento. 3. Recurso especial provido. (STJ – Recurso Especial n° 200500466463, Rel. Ministro Teori Albino Zavascki, DJU de 27/06/2005, p. 292)".

terno, que o antecede. Tais circunstâncias fáticas devem estar previstas em lei e, uma vez configuradas, legitimam a Administração a praticar o ato.

Em princípio, o "motivo" deve guardar pertinência lógica e adequação racional com o "conteúdo" do ato. Todavia, e mais importante é a sua coerência interna, isto é, para a validade do ato, sob o ponto de vista do motivo, é necessário que o *motivo do ato* esteja em harmonia e coerência com o *motivo legal*, isto é, as circunstâncias fáticas previstas em lei devem estar efetivamente caracterizadas.[238] Se o motivo invocado for inexistente, ou falso, ou incorretamente qualificado, vicia irremediavelmente o ato, tornando-o inválido.

O administrador sempre está vinculado ao motivo por ele eleito: acaso expresso em lei, o administrador deve praticar o ato conforme a situação prevista legalmente; não havendo previsão legal, o agente tem liberdade discricionária de escolha do motivo que embasará o ato, mas é uma espécie de liberdade vinculada aos princípios de ordem pública, implicitamente admitida em lei, os quais não permitem a expedição de um ato sem motivo ou qualquer motivo. Uma vez enunciado os motivos, o ato só terá validade jurídica se estes de fato o justificavam e efetivamente ocorreram.

A principal razão para a impossibilidade de convalidação do ato viciado pelo motivo é assinalada por Weida Zancaner (2001, p. 74): "*A ausência do motivo de fato impossibilita a convalidação do ato, posto que não há como fazê-lo retroagir à data de sua emissão, já que o suporte fático continuaria a inexistir*". Realmente, é impossível o refazimento de um ato com essa espécie de vício, pois ou o motivo está perfeitamente configurado no momento da prática do ato, ou o ato restou praticado em vício, não havendo como outorgar efeito retroativo a uma situação posterior.

3.2.5.2. Requisitos Procedimentais que não atinjam a finalidade

Viu-se que alguns requisitos procedimentais, sob determinadas circunstâncias, podem ser convalidados. Viu-se, contudo, que, quando o aspecto procedimental observado for algum ato da administração e o ato supridor não garantir a conservação da finalidade, a nulidade deverá ser decretada.

Nesse ponto, podem ou não se enquadrar os vícios referentes à motivação dos atos administrativos. Não se deve confundir motivo do ato administrativo com motivação feita pelo administrador. Esta última é uma mera formalização, um requisito procedimental do ato. Na motivação, a autoridade expõe os fundamentos de sua decisão. Precede o ato e evita que sejam inventados motivos inexistentes quando de sua edição (Sundfeld, 1990, p. 67). A motivação é dever constitucionalmente imposto ao administrador,

---

[238] Nesse sentido também é o entendimento de Mônica Simões (2004, p. 148).

cujo assento reside no art. 93 da Carta Magna,[239] não se limitando a mera enunciação de dispositivos legais. Todas as decisões administrativas devem ser motivadas e, mais do que isso, fundamentadas.[240]

Se, no exercício da função administrativa, o Poder Judiciário tem de motivar suas decisões, então não há razão justificável para que possa excluir os demais Poderes de tal tarefa, mormente em face de que as normas constitucionais não podem ser vistas como normas isoladas e dispersas, mas como preceitos integrados num sistema interno unitário de normas e princípios.[241] Com efeito, não haveria nenhuma razão para desobrigar os outros poderes a fundamentarem as suas decisões administrativas, principalmente aquele que tem a tarefa precípua de administrar: o Executivo. Cabe também destacar que o Poder Judiciário, para que possa exercer sua missão constitucional de controle, não pode prescindir da motivação das decisões administrativas, sob pena de dificultar e até mesmo impedir tal mecanismo de fiscalização.[242]

Nesse ponto, vale destacar que tanto os atos administrativos discricionários como os vinculados devem ser motivados. Ora, na prática de todo ato administrativo verifica-se a inexistência de liberdade irrestrita, pois, ainda que haja espaço para a oportunidade e à conveniência ante os limites de uma discricionariedade vinculada aos princípios fundamentais, inafastável se revela o exame da finalidade e irrenunciável é o *controle de demérito*. Como bem assegura Juarez Freitas (2004, p. 255):

> O controle judicial haverá de ser o de "administrador negativo", em analogia com o de "legislador negativo", exercido no controle de constitucionalidade das leis e dos atos normativos. Porque, como dito se é certo que o Poder Judiciário não pode dizer, substitutiva e positivamente, como o administrador deveria agir, está obrigado a emitir juízo sobre como não deveria agir, em função dos princípios superiores do sistema administrativo, não mais prosseguindo a posição passiva de outros tempos.

Uma vez que a distinção entre os atos administrativos vinculados propriamente ditos e os atos discricionários vinculados a princípios reside no

---

[239] Na legislação federal, pode-se destacar o art. 50 da Lei 9.784/99.

[240] Na lição de Juarez Freitas: "[...] a fundamentação, para além da velha versão da teoria dos motivos determinantes, há de estar presente em todos os atos, tirantes os de mero expediente, os autodecifráveis por sua singeleza e as hipóteses constitucionais de exceção. Em outras palavras, indispensável motivar, isto é, oferecer fundamentos jurídicos, objetivamente controláveis" (2004, p. 63).

[241] Nesse sentido, expõe Konrad Hesse (1998, p. 65) não se deve nunca olhar somente a norma individual, senão sempre também a conexão total na qual ela deve ser colocada. O Mestre alemão explica que a Constituição não é unidade já concluída – lógico-axiomática ou hierárquica de valores – sistemática. Seus elementos, dependem um do outro e repercutem um sobre o outro e somente o concerto de todos produz o todo da configuração concreta da coletividade pela Constituição. Isso não significa que esse concerto seja livre de tensões e contradições, porém, sim, que a Constituição somente pode ser completamente compreendida e exatamente interpretada se ela for entendida nesse sentido como unidade e que Direito Constitucional está dirigido muito mais para ordenação de conjunto do que para demarcação e exclusão (HESSE, Konrad. *Elementos de Direito constitucional da República Federal da Alemanha*, 1998, p. 20).

[242] Nesse sentido, Lúcia Valle Figueiredo (2000, p. 48).

atinente à intensidade do vínculo à lei, a motivação dos atos discricionários também se revela fundamental, em respeito ao princípio da segurança jurídica, cuja nuance da confiança legítima do destinatário impõe a transparência e impessoalidade nas decisões administrativas. A motivação deve ser explícita, clara, congruente e tempestiva dos atos administrativos.[243]

Neste ponto, vale destacar o exemplo do prazo mínimo de 15 (quinze) dias previsto no § 2º, III, do art. 21 da Lei 8.666/93 para o recebimento das propostas na licitação do tipo tomada de preços. Segundo o Superior Tribunal de Justiça,[244] a finalidade do legislador ao estabelecer os prazos mínimos do art. 21, foi assegurar a publicidade da licitação para garantir a participação nesta de amplo número de interessados, assegurando, assim, a obediência ao princípio da competitividade, motivo pelo qual a inobservância do prazo de 15 (quinze) dias do art. 21, § 2º, III, da Lei de Licitações acarreta a invalidade do procedimento licitatório.

3.2.5.3. Conteúdo

Celso Antônio Bandeira de Mello define o conteúdo como "aquilo que o ato dispõe, isto é, o que o ato decide, enuncia, certifica, opina ou modifica na ordem jurídica" (2006, p. 366). Não basta que o conteúdo não contrarie a lei. É preciso que ele seja *permitido* ou imposto pela lei, pois o princípio da legalidade no Direito Administrativo exige não só uma relação de não-contradição com as regras, mas uma relação de subsunção, de conformidade com as normas em sentido amplo.

Para Weida Zancaner, o conteúdo – da mesma maneira que a forma – é um elemento do ato. Se o conteúdo é ilícito, o ato é inválido, não pode ser reproduzido validamente (2001, p. 75). Para Maria Sylvia Zanella Di Pietro é possível substituir-se o ato vicioso quanto ao seu objeto por outro, de "anatomia" perfeita, observando-se que neste caso ocorre o que se convencionou chamar de *conversão* (2001, p. 233).

Vênia ao entendimento exarado, entende-se que não há razão para que a conversão não possa ser considerada como uma espécie de convalidação, ainda que represente um ato administrativo pelo qual a Administração comute um ato inválido por outro de inversa categoria, com efeitos retroativos à data do original e que mantenha como propósito o aproveitamento da situação criada anteriormente. Em valendo a tese oposta, isto é, que a conversão fosse simplesmente considerada como outro ato diverso, então não haveria possibilidade de aplicação retroativa, em nome do princípio da segurança jurídica. Não se deve perder de vista que é justamente em

---

[243] Cf. Germana de Oliveira de Moraes, *Revista Interesse Público,* n° 8, 1999.

[244] Um exemplo de tal posição jurisprudencial do Superior Tribunal de Justiça é a decisão exarada no processo n° 200302314379/MG, Rel. Ministro Luiz Fux, DJU de 27/06/2005, p. 230.

nome desse mandamento orientador (sob a nuance da confiança) que se opera a convalidação. É o caso, por exemplo, de uma concessão de uso outorgada sem licitação, quando a lei assim o exigia e que, posteriormente, é convertida por ato da administração em permissão precária de uso. Nesse caso, o permissionário confiou ao poder público uma contratação de uso do bem, de forma que granjeia expectativas de aproveitamento desse objeto e deposita diante da autoridade pública um crédito na legalidade dos procedimentos de outorga.

3.2.5.4. Causa

É a relação de adequação, de pertinência entre o motivo (pressuposto) e o conteúdo do ato, tendo em vista a finalidade que a lei lhe assinou como própria. Essa correlação entre o pressuposto e o conteúdo só é reconhecível e só faz sentido em vista da finalidade legal que corresponde ao ato.[245]

O ato administrativo com vício da causa é inconvalidável, pois, da mesma forma que o vício de conteúdo, representa um descompasso que se verificará todas as vezes que o mesmo ato for repraticado.

3.2.5.5. Finalidade

A finalidade é o *bem jurídico objetivado pelo ato* (Mello, 2006, p. 377), o que se visa a alcançar com o ato administrativo. Pode ser considerada sob dois aspectos: em sentido amplo como a finalidade pública, cujo alcance todo ato administrativo deve almejar e em sentido restrito, que é o resultado específico, previsto legalmente como correspondente à sua tipologia.

Se a finalidade de um ato for desvirtuada, ele não estará cumprindo com o objetivo para o qual foi editado e, então, ocorrerá o desvio de finalidade ou, como corresponde à tradução francesa, que se tornou usual entre nós, "desvio de poder".[246] O desvio de poder, portanto, ocorre quando o administrador se serve do ato para satisfazer finalidade estranha à sua natureza.[247]

---

[245] É o pensamento de Celso Antonio Bandeira de Mello (2006, p. 380), seguindo a lição do lusitano André Gonçalves Pereira.

[246] O Conselho de Estado Francês é responsável pela introdução da teoria do *détournent de pouvoir*, a partir do famoso caso *Lesbats*, confirmado em 07.06.1865. Tratava-se de uma autorização requerida e denegada pela Municipalidade, para o fim de estacionamento de veículos em praça fronteira à estação de ferro para atender ao transporte de passageiros. À luz da prova constante dos autos restou evidenciado que a referida negativa a determinado transportador tinha na realidade como fim garantir a exclusividade do serviço à outra empresa.

[247] Conforme Celso Antônio Bandeira de Mello (2006, p. 379), o desvio de poder pode ser verificado nas seguintes situações: a) quando a finalidade buscada pelo ato era alheia ao *interesse público*. Isso ocorre quando o administrador usa seus poderes em seu próprio benefício ou de outrem, ou para prejudicar um inimigo; b) quando a finalidade alcançada pelo ato, ainda que de interesse público, é alheia à categoria do ato utilizado.

Tendo em vista a possibilidade de violação à moralidade, quando não há finalidade pública, ou a violação de expressa diretriz legal, quando a finalidade, embora pública é diversa da estabelecida na norma, não se vislumbra possibilidade de convalidação quando se estiver diante de desvio de poder. O vício será insanável, uma vez que não é possível a reprodução do ato sem o defeito de finalidade.

Pode-se verificar que somente ocorre a convalidação quando se aplica a mesma norma legal sobre o mesmo pressuposto de fato. A finalidade está intrinsecamente ligada ao motivo do ato. Havendo equívoco quanto à correspondência à finalidade legal, poderá ser emitido novo ato jurídico com eficácia *ex nunc,* mas não a convalidação do ato anterior.

3.3. DOS CONFLITOS INTERTEMPORAIS ENVOLVENDO A ESTABILIZAÇÃO DOS ATOS ADMINISTRATIVOS

Um dos eventos em que a infração à legalidade não implica a retirada (parcial ou total) do ato administrativo do mundo jurídico ocorre quando, embora não seja possível a convalidação (em sua acepção tradicional), ao menos alguns efeitos do ato administrativo viciado são preservados por força de princípios gerais do direito, ou de normas mais específicas, que protegem a situação criada com base no ato administrativo originário. A estabilização dos atos administrativos, definida pela aplicação residual do princípio da preservação dos atos administrativos, em hipóteses não abrangidas pelo conceito usual e restritivo de "convalidação" dá-se por dois principais meios: pela mitigação da eficácia *ex tunc* da invalidação ou da convalidação ou pela hipótese da convalidação e invalidação parciais.

Diante de um ato administrativo defeituoso e sob o influxo do princípio da segurança jurídica em proporcional cotejo com o princípio da legalidade, o controlador dos atos administrativos deverá indagar a respeito das possibilidades de convalidação. Não sendo ela possível, passará ao exame da possibilidade de estabilização, verificando primeiro a viabilidade da convalidação/anulação parcial. Não havendo possibilidade de preservação parcial, antes que se promova a necessária invalidação, deve ser analisada a outorga da eficácia *ex nunc* ou *ex tunc* ao ato invalidador. Somente ultrapassadas todas estas indispensáveis etapas é que se promoverá a retirada do ato do mundo jurídico. É só deste modo que haverá uma garantia de que o advento de uma nova situação com efeitos retroativos (invalidação), não represente uma ruptura destemporal da confiança do cidadão na boa administração, mas uma mudança metamórfica necessária para a preservação do sistema jurídico.

3.3.1. Da convalidação ou invalidação parciais do ato administrativo

A convalidação do ato administrativo viciado deve-se dar sempre na totalidade do ato sanável, ou pode ocorrer em apenas em uma parte? Essa questão tem sido objeto de muitas controvérsias no ramo doutrinário, não se podendo afirmar que exista uma posição predominante. Para citar apenas um autor exponencial de cada corrente, Jesús Pérez Gonzáles (1989, p. 440) considera que a convalidação somente será total ou não será uma verdadeira convalidação. De outra parte, Harmut Maurer (2006, p. 306) admite a convalidação parcial tratando do tema em capítulo específico denominado "A antijuridicidade parcial de atos administrativos e suas conseqüências".

A realidade tem demonstrado que a ocorrência de defeitos na produção de atos administrativos nem sempre enseja uma ruptura disjuntiva nas expectativas das partes no decorrer do tempo. Situações podem ocorrer em que ao menos uma parte do ato administrativo possa ser restaurada pela via convalidatória, ainda que outra parte destacável desse ato, pela gravidade, tenha de ser decretada nula. O desdobramento do embate proposto, por via reflexa, exige o exame da possibilidade ou não de invalidação parcial do ato administrativo, já que a convalidação de uma parte ensejará, necessariamente, o decreto de nulidade da outra. Como pólos antípodas do mesmo fenômeno, é compulsória a análise simultânea da convalidação e da anulação parciais.

A invalidação parcial deriva do aforisma romano *utile per inutile non vitiatur*, cuja aplicabilidade no Direito Administrativo é matéria controversa. No direito administrativo espanhol, existe expressa previsão legislativa autorizando a invalidação parcial do ato administrativo, contida no art. 64.2 da Lei de Procedimento, *in verbis*:

> La nulidad o anulabilidad parcial de lacto administrativo no implicará la de las demás partes del mismo que sean independientes de aquélla, salvo que la parte viciada sea de tal importancia que sin ella e lacto administrativo no hubiera sido dictado

No sistema jurídico italiano, por outro lado, não há nenhum preceito legal que regule expressamente a invalidação parcial, sendo que alguns autores negam a aplicação do princípio utile per inutile non vitiatur ao ramo do Direito Administrativo.[248]

Neste estudo, no qual se reconhece a vigência do princípio da preservação dos atos administrativos (*favor acti*), como aspecto positivo do elemento subjetivo do princípio constitucional implícito da segurança jurídica,[249] vamos sustentar a possibilidade de invalidação/convalidação parcial

---
[248] É o caso de LUCIFREDI, Roberto. *L'atto amministrativo nei suoi elementi accidentali*. Milano: Giuffrè, 1963, p. 349.
[249] Ver Capítulo 2.

dos atos administrativos como elemento a propiciar uma melhor solução ao conflito intertemporal resultante da situação em foco. Com efeito, já restou enunciado que o princípio da preservação dos atos administrativos atua como elemento privilegiado na superação de destemporalidades.[250] E não é evitando situações complexas como aquela gerada pela invalidação parcial dos atos administrativos que se atenuarão as rupturas no tecido normativo originadas pela superveniência de nulidades.

Sob outro enfoque, o princípio *utile per inutile non vitiatur* encerra um atributo da força de existência do ato administrativo.[251] Assim, como já restou salientado nesse estudo, em se tratando de atos anuláveis, a consolidação do princípio da segurança jurídica se faz pela convalidação dos atos administrativos, nas hipóteses em que isso é possível. Essa possibilidade não se inviabiliza quando a convalidação/invalidação é parcial.

Outrossim, o tema é de crucial importância para a análise prática da restauração da legalidade dos atos administrativos, já que se vive inserido em uma realidade eminentemente complexa[252] na qual nem sempre se pode delinear com nitidez até que ponto certo ato administrativo pode ser classificado como unitário ou composto por vários outros atos considerados subsistemas do principal.

A resposta ao impasse passa pelo reconhecimento de uma força de existência dos atos administrativos, ou uma eficácia de preservação dos atos, derivada do princípio da segurança a justificar, quando possível, ao menos seja conservada parte do ordenamento normativo.[253] Assim, passa-se, pois, ao exame dos pressupostos da convalidação parcial dos atos administrativos viciados, os quais também são antecedentes necessários para a invalidação parcial: a) a independência entre a parte nula e a parte conservável do ato; e b) a autorização recebida pelo ordenamento jurídico para a autoridade emitir o ato administrativo residual sem a parte anulada.

3.3.1.1. A independência entre a parte nula e a parte conservável do ato

Para que se possa proceder à convalidação ou invalidação parciais, como decorre do núcleo semântico da própria expressão "parcial", o todo

---

[250] Cf. item 2.4.2.3.1.2, alínea "a" deste estudo.

[251] Cf. PÉREZ, Jesús Gonzalez, 2004, p. 163.

[252] Há uma inadequação cada vez mais ampla, profunda e grave entre os saberes separados, fragmentados, compartimentados entre disciplinas e, por outro lado, realidades e problemas cada vez mais polidisciplinares, transversais, multidimensionais, transnacionais, globais, planetários. A hiperespecialização impede de ver o global (que ela dilui). O retalhamento das disciplinas (no ensino) torna impossível apreender o que é tecido junto, isto é, o complexo, segundo o sentido original do termo (MORIN, 1999, *passim*).

[253] Sobre o princípio da preservação dos atos e força de existência ver item 2.3.2.1.1 desse estudo.

deve ser divisível por partes, isto é, o ato administrativo deve ser suscetível de ser dividido em segmentos independentes. A independência, aqui, deve ser tomada de forma que, após a separação da parte antijurídica, a parte jurídica ainda conserve um sentido independente.[254]

Essa independência se refere não apenas à presença de um conteúdo que possa ser divido em partes, mas que a parte não afetada pela invalidez não dependa de elementos que estejam situados somente na parte viciada. A parte do ato a ser conservada deve reunir todos os requisitos objetivos, subjetivos e causais necessários para a sua validez. O requisito objetivo, por exemplo, implica que a parte remanescente do ato não seja ilícita, nem imoral. Por sua vez, os requisitos subjetivos exigem que não haja máculas à competência para exarar o ato que permaneceria em vigor. É necessário, outrossim, que a causa do ato permaneça com a retirada da parte inválida. Assim, se em um processo judicial de desapropriação se constata um equívoco no preço, a sua correção para um valor bem maior pode implicar a perda da utilidade pública da desapropriação. Nesse caso, admite-se a desistência do processo de expropriação desde que se compensem os danos e prejuízos que já tenham sido causados ao expropriado.[255] Este exemplo também serve para descartar a hipótese de se preservarem atos cujos interesses não possam mais ser tidos como protegidos.

Imagine-se um ato delimitando-se a divisão territorial de uma repartição pública, que ocupava o espaço de três andares de um edifício, prolatado por uma autoridade hierarquicamente inferior àquela prevista na legislação aplicável à espécie. Supondo que a planta de um dos andares não está correta, então temos dois vícios, um de incompetência (convalidável) e outro de conteúdo (nulo). A autoridade competente poderá, então, convalidar a divisão dos dois andares correspondentes, devendo anular a divisão promovida no andar cuja planta não era idônea. Aqui, observa-se que a delimitação territorial dos outros andares conserva um sentido independente. Caso bem diverso seria o de aplicação de uma dupla sanção por uma autoridade competente apenas para penalidades mais leves. Não caberia a convalidação, pela autoridade hierarquicamente superior, da medida mais leve e anulação da mais branda, uma vez que a aplicação de duas medidas coercitivas não

---

[254] Nesse sentido, Harmut Maurer (*in Direito Administrativo Geral*, 2006, p. 306).

[255] Também assim já entendeu o Supremo Tribunal Federal brasileiro, no RE 99528/MG, Min. Néri da Silveira, publ. DJ 20-03-1992, p. 3324: "Desapropriação. Desistência, após imissão do desapropriante na posse do imóvel. Tem a jurisprudência do STF admitido a possibilidade de desistência da desapropriação, independentemente do consentimento do expropriado. Precedentes do STF. Fica ressalvado ao expropriado, nas vias ordinárias, ingressar com ação para a reparação dos danos sofridos, pelos atos de desapropriação que aconteceram, desde a imissão da autora na posse do imóvel, até a reintegração do expropriado na posse do bem. Desistência da ação homologada, julgando-se extinto o processo, condenado o expropriante a pagar honorários advocatícios e ressalvado ao expropriado pleitear, em ação própria, ressarcimento de eventuais prejuízos sofridos. Julgam-se, em conseqüência, prejudicados os recursos extraordinários".

conserva um sentido independente (a aplicação da penalidade se dá considerando-se todas as nuances do fato, e a pena aplicada deve ser aquela necessária e suficiente para prevenção e repressão da conduta indevida).

3.3.1.2. A autoridade deve estar autorizada pelo ordenamento jurídico a emitir o ato administrativo residual sem a parte anulada

Este é o ponto central da controvérsia a respeito da convalidação/invalidação parciais: a autoridade competente teria prolatado o ato administrativo sem a parte antijurídica? Ou seja, se o princípio utile per inutile non vitiatur no Direito Civil está baseado na tutela da vontade das partes, como aplicá-lo ao Direito Administrativo?[256]

A questão pode ser respondida invocando-se a dicotomia entre os atos administrativos vinculados e os discricionários,[257] certos, contudo, que o limite desta diferenciação é cada vez mais tênue e relacionado à maior ou menor vinculação do ato concreto ao ordenamento normativo correspondente. Nos atos administrativos vinculados, uma vez que a autoridade estava obrigada à prolação do ato administrativo correspondente, a preservação parcial da parte convalidável será medida a se impor. Contudo, se for caso de ato discricionário, a possibilidade de sua manutenção exige que se examine se a parte remanescente constitui a razão principal para a emanação do ato. Se a resposta for positiva, o ato pode ser convalidado.

Margarida Beladiez Rojo (1994, p. 301), por sua vez, quando analisa a possibilidade de invalidação parcial dos atos administrativos discricionários, não aceita o posicionamento de boa parte da doutrina que põe em relevo somente a vontade (desígnio) do agente quando da emissão do ato administrativo. Segundo a doutrinadora espanhola, o que a administração quer somente importa no momento de se adotar a decisão administrativa. Contudo, após a outorga do consentimento, a Administração não pode pretender outra coisa senão cumprir a finalidade pública para cuja satisfação o ordenamento jurídico lhe investiu a autoridade. Até mesmo em se tratando de relações privadas, a vontade do agente importa até o consentimento do ato, via de regra. Em se tratando de direito público, contudo, a vontade do agente deve ser objetivada de acordo com o fim público para cuja satisfação o ordenamento jurídico lhe atribuiu o exercício do poder.

Após citar o exemplo da outorga de uma autorização para funcionamento, no domínio público, de um bar ao ar livre (Rojo, 1994, p. 302) no

---

[256] A vontade que aqui se contempla não é uma vontade real, que efetivamente existiu em um tempo pretérito, senão uma vontade simplesmente conjectural ou hipotética que vai ser deduzida pelo operador do direito.

[257] Nesse sentido, Garrido Falla (in Tratado de Derecho Administrativo, I, 2002, p. 655) e Hartmut Maurer, (in Direito Administrativo Geral, 2006, p. 307), dentre outros.

período diurno e noturno, o que posteriormente se constata que contraria a legislação municipal, a autora sugere que, no caso de se pretender a revisão deste ato com o decreto parcial de nulidade (apenas no período noturno), o titular da autorização poderia exigir que, em vez de se declarar somente a invalidez dessa parte do ato, fosse declarada a invalidez em sua totalidade e, com ela, a correspondente indenização dos danos e prejuízos que a anulação lhe tenha causado. Tal exigência se fundamentaria no fato de que, com o novo horário (apenas diuturnamente), o negócio não mais lhe pareça rentável, porque os efeitos que se derivam de sua autorização já não lhe resultam úteis. Com tal exemplo, busca-se ressaltar que, ao se tratar de um ato em que a vontade do particular é um pressuposto necessário para a sua emanação, se o conteúdo é modificado sem que o interessado consinta, estar-se-ia privando o ato de um pressuposto necessário para sua validez e, portanto, a justiça imporia sempre um decreto total de nulidade.

É por isso que se concorda com a crítica tecida pela autora de que a nulidade parcial de atos discricionários realmente depende do exame da "vontade", não somente a da administração (Rojo, 1994, p. 302), mas levando-se em conta as seguintes circunstâncias: a) no caso de atos administrativos que digam respeito a direitos disponíveis dos cidadãos, deverá ser levada em conta a intenção do interessado, sendo imprescindível, portanto, a sua expressa aquiescência, comprovada nos autos do processo administrativo convalidador; b) a finalidade específica do ato não se mantém estaticamente como aquela expressamente manifestada no momento da edição do ato, mas a que deve ser extraída da parte remanescente válida, considerando sempre os princípios de direito (mormente a moralidade, economicidade e publicidade) e a finalidade pública.

Nada melhor que um bom exemplo, para melhor ilustrar a questão enfocada e, para tanto, invoca-se o utilizado por Margarida B. Rojo (1994, p. 304), com sensíveis adaptações. Imagine-se um programa editado pelo Ministério de Educação, o qual prevê a destinação de uma verba a institutos de docência, sob a condição de se escolarizar, em caráter exclusivo, alguns alunos de determinada zona. Questionada judicialmente por alguma associação de pais de estudantes de outra localidade, a referida cláusula é considerada inconstitucional por violar o acesso ao direito fundamental de educação. Nesse caso, é lícito ao juiz declarar a nulidade do programa em sua totalidade, tendo em vista a cláusula inconstitucional? O Ministério da Educação não poderia alegar que implantou o programa com a finalidade específica de promover a zonificação dos colégios? Se a invalidez deve levar sempre em conta a finalidade específica no momento da edição do ato, então não há outra solução que não a declaração da nulidade total do programa. Contudo não se crê que devesse ser assim. Na situação em foco, foi outorgado um direito a seus beneficiários (instituições de ensino), os quais contavam com os recursos previstos no programa, projetando-se orçamentos, construções, expectativas. Estas expectativas decorrentes da presunção de legitimidade da ação estatal, da força de existência do ato administrativo garante um direito aos seus beneficiários, o qual não é lícito desconsiderar, se não existe um motivo de legalidade. No caso, a inconstitucionalidade é somente referente ao ônus de exclusividade imposto às instituições de ensino. Nos demais termos, o programa é perfeitamente conforme ao direito, legal e constitucional. O ato mantido sem a cláusula de exclusividade ainda atinge a finalidade pública de escolarização dos alunos com esses mesmos recursos. Assim, a melhor solução que se impõe, segundo nosso entendimento, é a declaração da nulidade da cláusula inconstitucional, mantendo-se a parte válida do programa. Para eventuais outras escolas que não tenham sido parte desta ação, mantidas com o mesmo programa, o Ministério da Educação poderia, com base no precedente jurisdicional invocado, efetuar uma convalidação parcial do ato administrativo em foco, extirpando somente a cláusula inconstitucional, mantendo-se a parte válida do programa.

Em caso do decreto de nulidade total do programa, tendo em vista a inconstitucionalidade reconhecida, as escolas teriam de devolver os recursos recebidos, as expectativas seriam frustradas, edificações planejadas com esses recursos seriam canceladas, contratos inutilizados ensejando inadimplência e aumento de taxas de juros. Há casos como o exemplo, portanto, em que a estabilização ao menos de parte dos atos administrativos pode promover a redução de conflitos intertemporais, sem que para isso se deixe de cuidar da conformidade dos atos com o direito.

3.3.2. Da estabilização pela outorga de eficácia *ex nunc* ao ato invalidador/convalidador

Dentre os requisitos para o ato convalidador, foi introduzida a noção de que o ato deveria ser retroativo,[258] tendo em vista a própria questão de lógica intertemporal, uma vez que a negação do efeito retroativo da convalidação suporia considerar que o ato segue sendo inválido no passado, pelo que se poderia suscitar a anulação para o período anterior à convalidação. Explica-se: se o ato convalidador não operasse efeitos retroativos, então o ato poderia ser considerado válido a partir do ato da convalidação e seria nulo em período anterior à convalidação.

Tal assertiva está lastreada em um pressuposto lógico (retroatividade), em princípio também extensível ao caso da invalidação. Impõe-se considerar, contudo, pode haver casos em que a regra da retroatividade do ato convalidador/invalidador, ao menos para todo e qualquer efeito, ensejará

---

[258] Cf. item 3.2.2.3 desse estudo.

forte conflito temporal, em vez de solucioná-lo. Nessas situações, segundo entendemos, melhor seria limitar a sua retroatividade para alguns efeitos, adotando-se a regra geral de temporalidade dos atos jurídicos, ou seja, a sua prospectividade (eficácia *ex nunc*).

Propõe-se, então, que a eficácia *ex tunc* tanto da invalidação quanto da convalidação não seja absoluta, isto é, não se aplique para todos os efeitos do ato viciado.

No caso da convalidação, somente adquiririam validez os efeitos que derivassem diretamente da parte válida do ato, sem implicar a outorga de estabilidade para outros efeitos que indevidamente a Administração pretendeu deduzir do ato antes da sua convalidação. Embora o "senso comum" pudesse indicar que não poderiam adquirir validez os atos que foram ditados para executar o ato quando este era inválido, o impasse efetivamente se resolve no exame da presunção, já que a administração somente pode exigir o cumprimento dos atos que, no mínimo, pudessem ser presumidos válidos.

Um bom exemplo é uma aplicação de sanção pela pessoa jurídica adequada, mas por meio de um órgão hierarquicamente inferior e, portanto, incompetente. O sancionado recorre intempestivamente, alegando a incompetência do ato, e requer a suspensão da multa, o que lhe é deferido. Alguns meses depois, o órgão responsável pelo julgamento do recurso, que é o mesmo que deveria ter aplicado a sanção correspondente, convalida o ato sancionador. A sanção adquire plena validez, o que implica que o sancionado deverá cumprir com o conteúdo do ato. Se a aplicação da convalidação for retroativa, o sancionado estaria obrigado a pagar a multa desde que foi emanado, acrescida de juros de mora e demais ônus de atraso.

Examinando o caso pondo em relevo apenas o ato da autoridade administrativa que impôs a completa suspensão da multa, pode-se constatar que tal determinação, embora emanada por quem não teria competência recursal (já que o órgão deveria ser a instância originária da sanção), pode ser preservada perante o reconhecimento da confiança do destinatário do recurso promovido. Tal decisão provisória merece ser estabilizada em função da confiança depositada pelo destinatário na decisão que a suspendeu.

Sugere-se que se aplique o efeito retroativo no limite sugerido, isto é, que a eficácia *ex tunc* da convalidação somente imprima validez aos efeitos diretamente decorrentes desse ato, sem afetar os outros efeitos que indevidamente a Administração pretendeu deduzir do ato antes da sua convalidação. Assim, pode-se acolher a imposição da sanção (com seu valor monetário corrigido), sem o acréscimo de qualquer ônus, inclusive os juros de mora.

Alguém poderia sugerir que, no exemplo aventado, o procedimento da autoridade competente em sanar a invalidade do ato originário resultou na edição de um novo ato *ex nunc* e não na convalidação do ato viciado pela incompetência, o qual seria sempre retroativo. Não é o caso, já que um novo ato importaria na incidência integral dos encargos moratórios, sem preservar a confiança do cidadão na atuação promovida pela Administração, não representando, portanto, a mesma situação jurídica. Ademais, para que não se pense que a Autoridade não logrou qualquer vantagem em não promover a anulação integral da sanção defeituosa, é bom lembrar que a não-retroatividade dos efeitos diretos poderia implicar a caducidade da própria sanção.

Para a solução do impasse de temporalidade proposto, pode-se simplesmente estabelecer a regra de que os efeitos da convalidação somente sejam retroativos quando favoráveis aos seus destinatários. Contudo o pensamento de que os atos convalidatórios de atos desfavoráveis tenham, por si só, efeitos *ex nunc*, carece de uma justificação lógica. Não se pode concluir que o ato deverá ser invalidado *ex nunc* só pelo fato de ter produzido situação ampliativa na esfera jurídica do destinatário, pois tal condição nem sempre prevalecerá a priori no cotejo da proporcionalidade.

Embora no âmbito da convalidação a matéria em foco ainda represente alguma novidade, não é rara a outorga de efeitos *ex nunc* ao ato da invalidação no exercício da função administrativa no Brasil. Uma hipótese exemplar é o caso da anulação, pela ilegalidade, de aposentadorias e pensões, a qual chegou a ser sumulada pelo Tribunal de Contas da União. O Tribunal entendeu que o ato invalidador não implica por si só a obrigatoriedade da reposição das importâncias já recebidas de boa-fé, até a data do conhecimento da decisão pelo órgão competente. Assim, reconheceu-se que o ato de aposentação praticado pelo órgão competente para apreciar originariamente o pedido do seu servidor é válido até que sua ilegalidade seja declarada quando de sua apreciação pela Corte de Contas e, conseqüentemente, devidos os pagamentos efetuados neste ínterim.

No caso em foco, é de se ressaltar a diferença conceitual entre os pagamentos feitos com base em errônea interpretação da lei e os feitos com base em erro de fato. No primeiro caso, quando ocorre um ato de aposentação lastreado em uma equivocada interpretação da legislação de regência, resultando na concessão do benefício até que seja invalidado o ato, têm prevalência os pagamentos já efetuados até o advento da anulação, nos termos traçados pela Súmula n.º 106 do Tribunal de Contas da União.[259] O servidor público que, de presumida boa-fé, venha a receber alguma vantagem financeira, em decorrência da errada interpretação ou aplicação da norma legal,

---

[259] Súmula 106 do TCU: "O julgamento, pela ilegalidade, das concessões de reforma, aposentadoria e pensão, não implica por si só a obrigatoriedade da reposição das importâncias já recebidas de boa-fé, até a data do conhecimento da decisão pelo órgão competente".

por parte da Administração, sem ter influenciado ou interferido na sua concessão, independente de havê-lo pleiteado ou não, não poderá vir a ser compelido, depois, a devolver aquelas importâncias, tidas como indevidamente pagas, porquanto depositou a confiança no órgão pagador estatal.

Diverso é o conceito de "erro de fato", que ocorre quando há o simples cômputo equivocado de férias do servidor, ou de pagamento de diárias por período maior que o do afastamento, ou o pagamento a maior de dias de substituição em cargo comissionado, caracterizando uma indevida captura da realidade. Se a realidade fosse corretamente percebida pelo agente administrativo, importaria em conduta diversa. Nesses casos, em que o erro é cometido em um nível operacional, de mera execução de rotinas, não há possibilidade de outorga de eficácia *ex nunc* ao ato invalidador, já que não havia um suporte mínimo de juridicidade a propiciar fosse criada alguma expectativa ou confiança ao destinatário do ato.[260]

3.4. A DECADÊNCIA E A REDUÇÃO DE CONFLITOS INTERTEMPORAIS

O escritor argentino Borges aborda o tema do tempo e da memória de maneira singular em seu livro Ficções (2001, p. 128), no qual introduz um personagem denominado "Funes Memorioso", o qual é dotado de uma memória universal, capaz de reconstituir, uma a uma, todas as lembranças e todas as sensações de cada dia (atividade que lhe toma boa parte do tempo). A par dessa prodigiosa aptidão, tal personagem é incapaz de formular uma idéia geral, pensa muito pouco. Isso porque, na visão iluminada de Borges, "pensar é esquecer diferenças, é generalizar, abstrair. No mundo sobrecarregado de Funes não havia senão detalhes, quase imediatos".[261] Com efeito, também a sociedade de homens exige o esquecimento, reconhecendo-se a força destrutiva da ação do tempo, que faz perecerem os títulos jurídicos, dispersa e confunde as provas, promovendo um apaziguamento em qualquer hipótese, em movimento contínuo, até mesmo inconsciente. Faz sentido, então, a fixação de prazos jurídicos os quais se oponham a qualquer possibilidade de um questionamento indefinido de atos e situações jurídi-

---

[260] Nesta hipótese, tem incidência a Súmula 235 do TCU: "Os servidores ativos e inativos, e os pensionistas, estão obrigados, por força de lei, a restituir ao Erário, em valores atualizados, as importâncias que lhes forem pagas indevidamente, mesmo que reconhecida".

[261] Sobre o tema, Friedrich Nietzsche, ainda em 1887, já prenunciava que o esquecimento é preposto para a manutenção da ordem psíquica, uma vez que, sem ele, *nenhuma felicidade, nenhuma serenidade, nenhuma esperança, nenhum orgulho ou nenhum desfrute do instante presente poderia existir* (Cf. *Genealogia da moral*, 8ª reimpressão, São Paulo: Companhia das Letras, 2005, p. 48).

cas, contribuindo, de modo decisivo, para a garantia da segurança jurídica. Nesse sentido é que surgem as normas decadenciais.[262]

3.4.1. Da decadência do direito da administração pública brasileira de invalidar seus próprios atos, quando resultem contrários à ordem jurídica

Em nosso campo doutrinário, a questão do tempo como fator de estabilização da atuação administrativa sempre foi motivo de severas divergências. Lastreados na idéia de que a atividade administrativa estaria subsumida aos estritos limites legais – impostos pela interpretação das regras, como espécies normativas[263] – alguns doutrinadores propuseram que haveria o dever imprescritível de revisão contínua de seus atos, em face do princípio da legalidade e da indisponibilidade do interesse público.[264] Expoente deste posicionamento, Hely Lopes Meirelles (1996, p. 201-202) entendia não haver prazo determinado para a invalidação de ato ilegal, salvo quando norma legal o fixasse expressamente. Tal percepção produziu reflexos na orientação jurisprudencial que predominou até o advento da Lei 9.784/99.[265]

Conduta fundamental para compreendermos a origem de tais posturas e os avanços na doutrina da invalidação dos atos administrativos pelo decurso do tempo é partir da verificação do tratamento legislativo já existente acerca dos prazos. Nesta senda, até o advento da Lei 9.784/99, não havia um dispositivo genérico prevendo expressamente um prazo decadencial para a nulidade dos atos da Administração Pública federal. Em sentido contrário, havia dispositivos reforçando a tese da imprescritibilidade, como é

---

[262] No cap. VII de *O Processo*, Kafka enuncia uma forte sentença: "O tribunal nunca esquece nada". Que sinal mais revelador de uma sociedade virtualmente totalitária que um tribunal que nunca esquece nada?

[263] Para Humberto Ávila (2004, p. 70), regras "são normas imediatamente retrospectivas e com pretensão de decidibilidade e abrangência, para cuja aplicação se exige a avaliação da correspondência, sempre centrada na finalidade que lhes dá suporte e nos princípios que lhe são axiologicamente sobrejacentes, entre a construção conceitual da descrição normativa e a construção conceitual dos fatos", enquanto os princípios seriam "normas imediatamente finalísticas, primariamente prospectivas e com pretensão de complementaridade e de parcialidade, para cuja aplicação demandam uma avaliação da correlação entre o estado de coisas a ser promovido e os defeitos decorrentes da conduta havida como necessária à sua promoção".

[264] Também incursionou nesta senda, dentre outros, Régis Fernandes de Oliveira (*Ato Administrativo*. São Paulo: RT, 1992, p. 141), o qual assim se manifesta: "se se cuida do administrado, temos o prazo de cinco (5) anos, pouco importando tratar-se de ato nulo ou anulável, isto porque está expresso no art. 1º do Decreto 20.910. de 06.01.1932 que todo e qualquer direito contra a Fazenda Pública, seja qual for a sua natureza, prescreve em cinco anos. [...] Mas não haverá nunca a prescrição. Para o particular, sim, pois assim o estabelece o sistema normativo. Para a Administração não. Caber-lhe-á, analisadas as circunstâncias fáticas, escolher se prefere a continuidade dos efeitos materiais do ato ou eliminá-lo. É juízo valorativo da autoridade administrativa ocorrente por ocasião da decisão".

[265] São exemplos de tal corrente os arestos proferidos pelo STJ nos processos ROMS 176/PB, MS 5611/DF e REsp 78703/RS.

o caso do art. 114 da Lei 8.112/90 ("Regime jurídico dos servidores públicos civis da União, das autarquias e das fundações públicas federais"): "A Administração deverá rever os seus atos, a qualquer tempo, quando eivados de ilegalidade".

Tal posição, contudo, mesmo em se tratando de legislação envolvendo a Administração Pública federal, não era absoluta. Em sentido diametralmente oposto ao estabelecido na legislação estatutária, havia a regra inovadora e, por que não, vanguardista insculpida no artigo art. 7º da Lei nº 6.309/75, consolidada no art. 214 da Consolidação das Leis da Previdência Social (CLPS) de 1976, e, posteriormente, no art. 207 da CLPS/84:

> Art. 207. O processo de interesse de beneficiário ou empresa não pode ser revisto após 5 (cinco) anos contados de sua decisão final, ficando dispensada a conservação da documentação respectiva além desse prazo.

A desatenção dos doutrinadores de Direito Administrativo ao significativo regramento previdenciário é explicada pelo até então recente tratamento legislativo do tema, já que o INPS foi criado apenas com a Unificação Institucional desenvolvida pelo Decreto-Lei nº 72, de 21.11.66, o qual extinguiu os institutos de aposentadorias e pensões, por categoria, os quais tinham disciplina legal própria e eram em número de seis: marítimos, industriários, aeroviários, comerciários, empregados em transportes e cargas, ferroviários e empregados em serviços públicos.

Em que pese a diversidade de tratamento outorgada para a caducidade da autotutela da Administração federal, em se tratando de direito do cidadão em postular a nulidade dos atos administrativos, a previsão de um prazo extintivo para a prática de sua prerrogativa sempre foi a tradição de nosso arcabouço legislativo. Com efeito, conforme o disposto na Lei de Ação Popular (Lei 4.717/75), segundo o seu art. 21, esgota-se em cinco anos o prazo para o cidadão ajuizar ação anulatória contra ato lesivo da Administração Pública, na qualidade de substituto processual. Por sua vez, o Decreto 20.910/32[266] disciplinou a prescrição de todas as ações do cidadão contra a Fazenda Pública, atingindo União, Estados e Municípios.[267] Vale referir que, para o interessado impugnar judicialmente um ato que não cause dano ao patrimônio público, existe a previsão contida no regramento

---

[266] "Art. 1º – As *dívidas passivas da União, dos Estados e dos Municípios, bem assim todo e qualquer direito ou ação contra a Fazenda federal, estadual ou municipal, seja qual for a sua natureza, prescrevem em cinco anos contados da data do ato ou fato do qual se originarem*".

[267] Para Clarissa Sampaio Silva (2001, p. 98), o Decreto 20.910/32 elencou tratamento diverso do que dispunha a Lei nº 243, de 30 de novembro de 1841, a qual instituiu a prescrição de cinco anos das dívidas passivas da Nação e que veio a ser regulamentada pelo Decreto nº 857, de 12 de novembro de 1851, sendo questionável a legitimidade do Decreto para disciplinar a prescrição de todo e qualquer direito de ação contra Estados e Municípios, em virtude da autonomia de tais entes e da conseqüente necessidade de preservação de sua competência legislativa.

do mandado de segurança (Lei 1.533/51, art. 18), a qual prevê a impetração no prazo de 120 dias.

Aos poucos, foi ganhando espaço a tese de que a Administração se sujeita a prazo para exercer sua pretensão invalidatória, afastando-se a idéia de imprescritibilidade da pretensão anulatória. Contribuiu, nesse aspecto, o fato de as Súmulas 346 e 473 do STF nada esclarecerem sobre a prescrição da pretensão anulatória de que está investido o Poder Público.[268] Assim, diante da ausência de norma legal geral disciplinando a prescrição e a decadência administrativa, doutrina e jurisprudência, por analogia, vinham tomando emprestado do Código Civil, ou mesmo do Decreto 20.910, os prazos nos quais a invalidação pode ser feita.[269]

Com o passar do tempo, a maioria dos doutrinadores passou a se posicionar em prol da existência de um prazo para a Administração impugnar seus atos, mesmo ante a ausência de expressa disposição legislativa.[270] Edificante, nesse sentido, é a lição de Clarissa Sampaio Silva quando afirma que "atuando a Administração Pública sob a égide de um ordenamento jurídico que não tolera a eternização dos conflitos, absurdo seria supor que ela não esteja sujeita a prazos, quer para tutelar judicialmente seus direitos, quer para desfazer seus próprios atos" (2001, p. 92).

Ainda que hodiernamente todos estejam certos de que há prazos para a Administração invalidar ou convalidar seus atos viciados, bem como para o destinatário impugná-los, os autores divergem sobre o prazo limitador para o exercício da autotutela, mormente em face dos atos ilícitos, ou de má-fé, em face da incompletude da menção legal expressa. Por outro lado, ainda não há consenso sobre a natureza jurídica desse interregno temporal que limita a atividade da administração, o qual já foi associado à prescrição,[271] mas cujo conceito acomoda-se, na interpretação de boa parte dos administrativistas, como caduciforme. Importa ao presente estudo esmiuçar

---

[268] Nesse sentido COUTO E SILVA, in *"Prescrição qüinqüenária da pretensão anulatória da Administração Pública com relação a seus atos administrativos"*, RDA 204/22, 1996.

[269] Para Oswaldo Aranha Bandeira de Mello (*Princípios Gerais de Direito Administrativo*. V. 1. Rio de Janeiro: Ed. Forense, 1979, p. 660), os prazos prescricionais seriam aqueles adotados pela legislação civil para atos nulos e anuláveis. Para o eminente autor "como o prazo prescricional mais longo do Código Civil (1916) é de 20 (vinte) anos, este será o tempo para prescrição do direito de impugnar atos nulos. Quanto aos anuláveis, os prazos têm que ser decididos por analogia. Serve de referência, no caso dos vícios de vontade, o prazo de 4 anos previsto no Código Civil".

[270] Entre os autores, pode-se citar Celso Antônio Bandeira de Mello, Hely Lopes Meirelles, Juarez Freitas, Almiro do Couto e Silva, Diogo Moreira Neto e outros. Vale destacar as palavras de Diógenes Gasparini: "Nada justifica a possibilidade de um ato administrativo vir a ser declarado inválido depois de um longo temo de sua edição. A entender-se isso factível, estar-se-ia pondo em risco a necessária estabilidade das relações jurídicas após certo tempo de vigência. Destarte, decorrido um determinado prazo, o ato, mesmo que inválido, firma-se, estabilizando-se, não podendo mais ser invalidado pela Administração Pública ou anulado pelo Poder Judiciário" (*Direito Administrativo*, 5ª ed., 2000, p. 105).

[271] FERRAZ, Gilberto Guimarães Júnior. O limite temporal para a invalidação *sponte própria* do ato administrativo na Lei nº 9.784/99. Disponível em: http://www.buscalegis.ufsc.br/arquivos. Acesso em: 21/08/06.

tais contornos, partindo da ponderação cuidadosa entre os princípios envolvidos, mormente o da segurança jurídica e o da boa-fé (moralidade).

3.4.1.2. Do prazo decadencial previsto no art. 54 da Lei 9.874, de 1999

Em 29.01.1999, sobreveio a Lei Federal n° 9.784, dispondo sobre o procedimento administrativo no plano da Administração Federal Direta e Indireta. No seu art. 54, *caput,* dispôs:

> O direito da Administração de anular os atos administrativos de que decorram efeitos favoráveis para os destinatários decai em cinco anos, contados da data em que foram praticados, salvo comprovada má-fé.

De início, cabe observar que tal intervalo não somente é oponível às invalidações a serem procedidas no âmbito da função administrativa, como também há a possibilidade de reconhecimento por meio de processo movido por interessado ou pelo Ministério Público pela via da função judicial.[272] Bem observa Edílson Pereira Nobre (2002, p. 195) que o dispositivo que estabelece que a Administração decai da competência de invalidar seria inócuo se aquela ainda pudesse, no prazo de vinte anos, ir à liça judicial perseguir o desfazimento do ato inquinado de ilegal. A propósito, nenhum reparo merecem as considerações lançadas por Juarez Freitas quando afirma que o prazo qüinqüenal previsto no art. 54 da Lei de Procedimentos Federais não vale apenas para a anulação na esfera administrativa, uma vez que a expressão *decai* utilizada pelo legislador estabeleceu a perda do próprio direito de tal forma que o prazo qüinqüenal é também aplicável à anulação judicial, sob pena de se adotar uma solução desintegradora do sistema.[273]

Outrossim, ainda que a ementa da Lei 9.784/99 especifique que tal lei regula o processo administrativo no âmbito da Administração Pública Federal, a regra do art. 54 se estende a toda a atividade administrativa de cunho decisório da Administração, não se restringindo aos atos administrativos vinculados a um processo administrativo específico.[274]

---

[272] Em sentido contrário, Elival da Silva Ramos, *in A valorização do processo administrativo. O poder regulamentar e a invalidação dos atos administrativos. In.* SUNDELD, Carlos Ari; MUÑOZ, Guillermo Andrés (Org.). *As leis de processo administrativo.* São Paulo: Malheiros, 2000, p. 90.

[273] Juarez Freitas também destaca a falácia de uma interpretação desintegradora do ordenamento jurídico, em artigo publicado na *Revista Interesse Público n° 16.* Porto Alegre: Notadez, out/dez, 2002, p. 39-48, nomeado "Deveres de Motivação, de Convalidação e de Anulação: deveres correlacionados e proposta harmonizadora".

[274] Nesse sentido, Carlos Ari Sundfeld: "Uma lei geral de processo administrativo não regula apenas os chamados processos administrativos em sentido estrito, mas toda a atividade decisória da Administração, sem exceções, independentemente do modo como ela se expressa", *in* "Processo e procedimento administrativo no Brasil" (*As leis de processo administrativo.* São Paulo: Malheiros, 2000, p. 90).

Conquanto o interregno temporal limitador da atividade estatal no confronto entre a estabilidade das relações jurídicas em face do decurso do tempo e da necessidade da atuação vinculada dos órgãos administrativos sempre tenha sido matéria de controvérsias e, por vezes, incorretamente associado à prescrição, a regra jurídica do art. 54 da Lei 9.784/99 refere-se a um prazo decadencial. A essa conclusão se pode chegar a partir do significado semântico do próprio texto legal em foco.[275] Não basta, contudo, à evidência, tal constatação. Resta, pois, verificar por meio de um raciocínio fundamentado e controlável se o legislador efetivamente subsumiu-se a um entendimento doutrinário congruente.

Nesse ponto, importa antecipar sem delongas nosso posicionamento pela correção da preferência do legislador pela *decadência*. E a razão disso se pode extrair já pelo exame do uso corrente das expressões *prescrição* e *decadência*: diz-se que a prescrição implica a perda da ação que protege o direito,[276] enquanto a decadência implica a perda do próprio direito.[277] Weida Zancaner alerta, com acerto, que, ao transpor os conceitos de decadência e prescrição para o Direito Público, deve o operador do direito atentar que a Administração Pública não precisa valer-se da ação para exercitar o seu poder de invalidar, o que implica que o instituto da *prescrição* não seria suficiente para pacificar a situação em conflito e resguardar a incidência do princípio da segurança jurídica (2001, p. 77).

Melhor resultado na abordagem é revelado, contudo, verificando-se a natureza jurídica do direito subjetivo a ser extinto. Nessa senda, trilhada com maestria por Agnelo Amorim Filho,[278] pode-se verificar que o direito de pleitear a decretação de invalidade dos atos jurídicos por meio da autotutela é definido como um direito potestativo ou formativo[279] e, portanto, o prazo para as ações de nulidade não é de prescrição, mas decadencial. O eminente autor parte da doutrina de Giuseppe Chiovenda para, utilizando a classificação das ações de Pontes de Miranda, propor, em brilhante estudo, um critério científico para a diferenciação entre prescrição e decadência.[280]

---

[275] O legislador utilizou o verbo "decair".

[276] Para Antônio Luiz Câmara Leal, prescrição é "a extinção de uma ação ajuizável em virtude da inércia de seu titular, durante um certo lapso de tempo, na ausência de causas preclusivas de seu curso" (*in Da Prescrição e da Decadência*. 2ª ed. Rio: Forense, 1959, p. 26)

[277] Segundo Câmara Leal, "decadência é a extinção do direito pela inércia de seu titular, quando sua eficácia foi, de origem, subordinada à condição de seu exercício dentro de um prazo prefixado, e este se esgotou sem que esse exercício se tivesse verificado" (Idem, ibidem, p. 115).

[278] Cf. AMORIM FILHO, Agnelo. *in* "Critério científico para distinguir a prescrição da decadência e para identificar as ações imprescritíveis", RT 86/744.

[279] Cf. MIRANDA, Pontes de. *Tratado de Direito Privado*. V. 5. 2.ª ed. Rio de Janeiro: Borsoi, 1955, p. 243.

[280] Agnelo Amorim Filho (*in* op. cit) relaciona a distinção com a existência de direitos potestativos (fortes) e direitos colaborativos (fracos). Direitos potestativos são os poderes que a lei confere a determinadas pessoas de influir, com uma declaração de vontade, sobre situações jurídicas de outras sem o concurso de vontades destas. Os direitos colaborativos, por sua vez, são direitos suscetíveis de violação

Essa também é a opinião de Almiro do Couto e Silva,[281] que situa entre os direitos potestativos, ou formativos da espécie dos formativos extintivos, o direito de pleitear a decretação da invalidade no exercício da autotutela administrativa. Destaca o autor gaúcho que a Administração Pública não tem qualquer pretensão quanto ao destinatário do ato a ser invalidado, o qual fica meramente sujeito ou exposto à resolução da Administração. Como é característico dos prazos decadenciais, devem ser conhecidos pelo juiz de ofício, consoante o disposto no art. 210 do novo Código Civil.

Elencando com pequenas variações as mesmas diretrizes que configuram o retardo desleal para lastrear a tutela da confiança legítima, o legislador brasileiro dispôs que o prazo de cinco anos se destina aos atos que concederem efeitos favoráveis aos seus destinatários e estiverem os mesmos de boa-fé.

3.4.1.2.1. Dos efeitos favoráveis aos seus destinatários

Almiro do Couto e Silva foi buscar na Lei de Processo Administrativo alemã, no seu § 48, 1.2, uma definição de ato administrativo favorável, benéfico ou ampliativo, que merece ser acolhida sem ressalvas, quer seja, quando o ato administrativo gera ou reconhece direitos, poderes, faculdades ou vantagem juridicamente relevante ou ainda quando elimina deveres, obrigações, encargos ou limitações a direitos dos destinatários, dilatando seu patrimônio ou sua esfera jurídica.[282]

Limitar o prazo decadencial aos atos que concedem efeitos favoráveis aos destinatários pode parecer, à primeira vista, simplesmente notório, já que, se não houvesse beneficiários dentre estes, não haveria razão para limitar o exercício da autotutela. Com efeito, somente resistiria no tempo a possibilidade de invalidação dos atos eminentemente restritivos, de imposição de gravames aos seus destinatários. Todavia, examinando a questão com maior cuidado, vê-se que o critério a respeito da natureza dos efeitos,

---

(direito a uma prestação negativa ou positiva de outrém). Assim, associa a natureza dos prazos às espécies de tutelas judiciais possíveis: a) constitutiva positiva (ação renovatória de locação) ou negativa (tal como a anulatória do negócio jurídico por erro) com prazo previsto em lei, referente a um direito potestativo, isto é, aquele que tem no pólo passivo da relação jurídica um dever de sujeição, o prazo será decadencial. Aqui se exige a modificação ou extinção de um estado jurídico; b) condenatória (ação de cobrança de honorários profissionais) o prazo será prescricional. Exige-se uma prestação do réu (dar, fazer ou não-fazer). c) declaratória (de nulidade do negócio jurídico por simulação) ou constitutiva sem prazo legal (investigatória de paternidade e divisão da coisa comum) não estão sujeitas nem à prescrição, nem à decadência.

[281] In *"O princípio da Segurança Jurídica (Proteção da confiança) no direito público brasileiro e o direito da administração pública de anular seus próprios atos administrativos: o prazo decadencial do art. 54 da lei do processo administrativo da União (Lei nº 9.784/99)"*, RDA 237, Jul/Set 2004, Rio: Renovar, p. 271-315.

[282] Cf. COUTO E SILVA, in *"Prescrição qüinqüenária da pretensão anulatória da Administração Pública com relação a seus atos administrativos"*, RDA 204/36, 1996.

ampliativos ou restritivos do ato inválido, não se revela imune a problemas e conflitos intertemporais. Duas situações caracterizam a perplexidade sobre o tema: a primeira, quando ao mesmo destinatário do ato administrativo inválido socorrem efeitos favoráveis e desfavoráveis; a segunda, quando o ato administrativo inválido amplia a sua esfera de direitos de alguns destinatários e restringe a de outros.

Quanto à primeira hipótese, quando o ato administrativo produzir a um só tempo efeitos benéficos e efeitos prejudiciais aos mesmos destinatários, a solução estará na impossibilidade de a Administração proceder à invalidação, ultrapassados os cinco anos, salvo na hipótese de todos os destinatários postularem a tutela administrativa, mediante a impugnação cabível. Tais considerações decorrem da interpretação sistemática dos dispositivos em comento. Ocorre que o poder-dever (art. 53 da Lei 9.874/99) de autotutela da Administração, na hipótese em comento, uma vez ultrapassados cinco anos, estará refreado pela presença de efeitos favoráveis aos destinatários. Somente a impugnação de todos os interessados, destinatários de atos simultaneamente ampliativos e restritivos, é que poderá implicar a renúncia ao seu direito de ver obstada a atividade invalidatória da administração pela presença de efeitos ampliativos dos cidadãos.

Vale lembrar que, dentro do prazo de cinco anos, ressalvada a hipótese de fato jurídico estabilizador, mesmo diante de atos ampliativos de direitos dos cidadãos, a Administração tem o dever de anular os atos administrativos viciados. É somente após o transcurso desse período que, no conflito permanente dos princípios envolvidos, passa a incidir com prevalência a segurança jurídica, pelos vetores da confiança do cidadão e da preservação dos atos administrativos.

É verdade que o dever de anulação do ato administrativo inválido é regra geral para a atividade administrativa. Todavia, a autotutela não pode ser uma regra geral absoluta incidente a todo o tempo e em todas as circunstâncias. Vale dizer, *a autotutela é regra geral no prazo de cinco anos*. Ultrapassado esse prazo, a invalidação dos atos pela Administração será norma de exceção e, como tal, deverá ser interpretada restritivamente. Assim, ultrapassados cinco anos e originados simultaneamente efeitos benéficos e restritivos a partir do mesmo ato administrativo defeituoso, a Administração não poderá, mediante a autotutela, invalidá-lo.

Não se concorda, portanto, com a leitura de que a decadência somente ocorrerá nas hipóteses em que do ato administrativo inválido decorram exclusivamente efeitos benéficos ao destinatário. Em reforço a esta argumentação, também vale considerar que tal interpretação pode implicar, na prática, um exercício permanente da autotutela da administração, uma vez que se poderá quase sempre invocar a coexistência de um efeito restritivo, mesmo presente em caráter mínimo, a fim de propiciar a anulação de ofício após os cinco anos, esvaziando a eficácia da norma decadencial em comento. Imagine-se uma remoção de ofício de um servidor, que passa a ocupar cargo de maior remuneração em outra localidade. Constatado vício procedimental e ultrapassado o prazo decadencial de anulação contado a partir da remoção, não poderá a Administração invalidar o ato de ofício invocando que o ato era tanto restritivo quanto ampliativo de direitos.

Diverso tratamento merece o caso em que os efeitos ampliativos e restritivos não se concentram nos mesmos destinatários. Nessa situação, importa considerar que o mencionado dispositivo legal não limita a decadência do direito de invalidar aos atos de que decorram apenas e exclusivamente efeitos favoráveis, isto é, se para algum destinatário o efeito for benéfico, o ato passa a ser caracterizado como concessivo de direitos, ampliativo de sua esfera jurídica e, como tal, protegido da invalidação, uma vez ultrapassados cinco anos do seu nascimento. Pouco importa, neste caso, que os destinatários dos efeitos restritivos impugnem administrativamente o ato, requerendo a declaração de sua invalidade. Vale lembrar que se esgota em cinco anos o prazo do destinatário para impugnar tais invalidades, conforme Lei 4.717/75 e Decreto 20.910/32. Assim, implementadas as demais condições para a ocorrência da decadência, uma vez ultrapassados cinco anos e gerados efeitos benéficos para alguns destinatários, não haverá nem a possibilidade de invalidação mediante requerimento dos preteridos, nem a possibilidade de autotutela pela Administração. Por outro lado, dentro do prazo de cinco anos, se qualquer interessado provocar a esfera administrativa em prol da invalidação do ato, ou mediante o exercício de autocontrole da Administração for detectada a invalidade e *não for caso de um fato jurídico estabilizador,* dever-se-á decretá-la, mesmo que o procedimento administrativo invalidador ultrapasse o interregno referido.

Nesse caso, o transcurso do tempo que interessa para o efeito da caducidade do direito de anulação dos atos administrativos, repise-se, reúne os mesmos requisitos que a doutrina espanhola classifica como o caso de *retardo desleal.* Esse retardamento consiste na proibição do exercício de um direito subjetivo ou prerrogativa que permaneceu longo tempo abandonado por seu titular, quando essa omissão deu causa a que outros sujeitos jurídicos tivessem *confiança justificada* em que o direito não mais se exercitaria.[283]

3.4.1.2.2. Da boa-fé

Na estabilização dos atos administrativos pelo decurso de tempo, nos moldes preconizados pela Lei 9.784/99, art. 54, não é suficiente o mero

---

[283] Tal concepção é elencada por Paulo Modesto (*in* Controle jurídico do comportamento ético da administração pública no Brasil, In: Revista Diálogo Jurídico, Salvador, CAJ – Centro de Atualização Jurídica, nº 13, abril/maio, 2002. P. 17. Disponível em: http://www.direitopublico.com.br/revista.asp. Acesso em: 21 de agosto de 2006.), inspirada no direito administrativo espanhol, cujo expoente DIEZ-PICAZO deriva um dos aspectos do princípio da confiança legítima, denominado *"retraso desleal"*, no qual figuram três elementos: *"la omisión del ejercicio del derecho, el transcurso de un período de tiempo y la objetiva deslealtad e intolerabilidad de: posterior ejercicio retrasado".*

transcurso do período indicado para que ocorra a decadência do direito de a Administração invalidar o ato administrativo. É preciso também que o interessado não tenha atuado de má-fé na obtenção dos efeitos benéficos provenientes do ato.

Entre nós, a necessidade de proteção da boa-fé dos destinatários decorre do próprio princípio da moralidade administrativa, o qual foi erigido como um dos princípios fundamentais da Administração Pública pelo Constituinte de 1988. Contudo, mesmo que assim não fosse, a elaboração doutrinal e jurisprudencial tem consagrado, aqui e alhures, proteção àquela conduta leal e honesta do interessado, o qual depositou confiança no atuar da Administração, para que invoque exceção ao poder-dever desconstituição de situações pretéritas irregulares.[284]

A proteção da confiança consagrada constitucionalmente no princípio da boa-fé envolve várias nuances. Para ilustrar uma possibilidade de aplicação, vale citar o caso em que a Administração instala um processo administrativo declarando preliminarmente o resultado final: instala-se, por exemplo, um processo disciplinar com o intuito específico de demitir o servidor público. Aqui o processo se torna apenas um meio odioso para legitimar um fim pré-definido, abusando-se da confiança depositada na Administração, de quem se espera haja alguma utilidade para o procedimento, que por sua vez sempre deverá ser imparcial. A Administração não se pode apegar unicamente às suas próprias razões, desprezando a qualificação do interesse descrito pelas demais pessoas envolvidas na relação jurídica administrativa, já que o interesse público há de ser realizado sem sacrifício da verdade, da justiça ou da esfera pessoal dos cidadãos.[285]

Podem-se extrair ao menos duas concepções jurídicas clássicas da boa-fé, criadas a partir de uma base privatística do direito: uma subjetiva, referente a dados internos, fundamentalmente psicológicos, atinentes ao sujeito; e uma objetiva, relacionada a elementos externos, normas de conduta que determinam como este mesmo sujeito deve agir. Por exemplo, está de boa-fé quem ignora a real situação jurídica ocorrida, enquanto também estará de boa-fé aquele que tem motivos para confiar na contraparte.[286] Em

---

[284] Para Jesús González Pérez (*El principio general de la buena fe en el derecho administrativo*. Madri: Editorial Civitas, 2004, p. 96): "La buena fe incorpora el valor ético de la confianza. Representa una de las vías más fecundas de irrupción del contenido ético-social en el orden jurídico, y, concretamente, el valor de confianza. Sirve de cauce para la integración del Ordenamiento conforme a unas reglas ético-materiales, la Idea de fidelidad y de crédito, o de creencia y confianza. (*Treu und Glauben*). La buena fe supone una regla de conducta o comportamiento *civilitier*, una conducta normal, recta y honesta, la conducta de un hombre corriente, de un hombre medio"

[285] Cf. MANGANARO, Francesco. *Principio di Buona Fede e Attività delle Amministrazioni Pubbliche*. Nápoles: Edizioni Scientifiche Italiane, 1995, p. 42.

[286] Para Judith Martins-Costa a expressão boa-fé subjetiva denota "estado de consciência", ou convencimento individual de obrar [a parte] em conformidade ao direito [sendo] aplicável, em regra, ao campo dos direitos reais, especialmente em matéria possessória. Diz-se "subjetiva", justamente porque, para a sua aplicação, deve o intérprete considerar a intenção do sujeito da relação jurídica, o seu estado psi-

ambas as situações, embora nítida a diferença do enfoque, há um elemento comum: a tutela da confiança, já destacada por Jesus Gonzalez Perez.

Em ligeira síntese, pode-se afirmar que a boa-fé subjetiva ocorre quando está presente um estado de ignorância sobre características da situação jurídica apresentada, a qual é capaz de produzir lesões a direitos de outrem. Sobrevém quando uma pessoa acredita ser titular de um direito que na realidade não dispõe, pois só existe senão na aparência que, contudo, é hábil em gerar um estado de confiança subjetiva, permitindo ao titular alimentar expectativas que crê legítimas.[287] Por outro lado, se a boa-fé subjetiva é um estado psicológico que produz efeitos jurídicos, a objetiva ou boa-fé como regra de conduta[288] é um dever – dever de agir de acordo com determinados padrões, socialmente recomendados, de correção, lisura, honestidade para não frustrar a confiança legítima da outra parte. Tal acepção visa à tutela das legítimas expectativas da contraparte, para garantia da estabilidade e segurança das relações jurídicas. Embora a concepção de tutela da confiança se faça presente tanto na boa-fé subjetiva, como na objetiva, na primeira se resguarda a confiança de quem acredita em uma situação aparente, enquanto na segunda a de quem acreditou que a outra parte procederia de acordo com os padrões de conduta exigíveis. Se é verdade que em ambas há um elemento subjetivo, só na boa-fé objetiva existe um segundo elemento, que é o dever de conduta de outrem.

Discutível é a transposição de tais conceitos, nitidamente aplicáveis ao Direito Privado, para fins de utilização no domínio do Direito Público. Em que pese exista uma tendência de objetivação da boa-fé subjetiva e seja de difícil aceitação uma separação estanque entre as modalidades em foco, o fato é que, conforme bem acentua José Guilherme Giacomuzzi (2002, p.

---

cológico ou íntima convicção. Antitética à boa-fé subjetiva está a má-fé, também vista subjetivamente como a intenção de lesar a outrem. Já por boa-fé objetiva se quer significar – segundo a conotação que adveio da interpretação conferida ao § 242 do Código Civil alemão, de larga força expansionista em outros ordenamentos, e bem assim, daquela que lhe é atribuída nos países da *common law* – modelo de conduta social, arquétipo ou *Standard* jurídico, segundo o qual "cada pessoa deve ajustar a própria conduta a esse arquétipo, obrando como obraria um homem reto: com honestidade, lealdade, probidade". Por esse modelo objetivo de conduta levam-se em consideração os fatores concretos do caso, tais como o *status* pessoal e cultural dos envolvidos não se admitindo uma aplicação mecânica do *standard*, de tipo meramente subsuntivo" (*in "A boa-fé no direito privado"*. São Paulo: RT, 1ª Ed, 2ª Tiragem, 2000, p. 411).

[287] Neste sentido, vários preceitos do Código Civil de 2002: arts. 294 (cessionário de boa-fé), 309 (pagamento a credor putativo), 686 e 689 (desconhecimento da revogação ou da extinção do mandato), 879 (alienação de imóvel indevidamente recebido), 906 (portador de boa-fé de título ao portador), 1.201 e 1.202 (posse de boa-fé), 1.214 (efeitos da posse), 1.238, 1.242 e 1.260 (aquisição pelo usucapião), 1.268 (tradição feita a adquirente de boa-fé), e 1.561 (efeitos do casamento putativo).

[288] É no sentido objetivo que se fala em boa-fé ou em má-fé, no Código Civil de 2002: arts. 161 (estão de má-fé terceiros que, com o propósito de prejudicar credores, adquiram imóvel de devedor insolvente), 164 (presumem-se de boa-fé os negócios ordinários indispensáveis à manutenção de estabelecimento mercantil, agrícola ou industrial por devedor), 295 (cessão a título gratuito de má-fé), 363 (novação por substituição do devedor, se feita de má-fé, não impede ação contra o primitivo devedor), e 765 (deveres, no contrato de seguro, de agir de acordo com a "mais estrita boa-fé e veracidade").

241), a distinção entre boa-fé objetiva e subjetiva pode-se apresentar útil na busca do conteúdo da norma. Com efeito, na definição do ato administrativo que fere a boa-fé objetiva, importa salientar que, antes de tudo, o ato é da Administração, não se revelando essencial verificar de quem partiu e quais as suas intenções. O comportamento administrativo, despessoalizado, deve ser conforme *a boa-fé objetiva*.[289]

A regra de decadência do dever de invalidar os atos administrativos da esfera federal ressalvou os casos de má-fé. Aqui já vale ressalvar que, em uma primeira vista, o referido dispositivo não tratou de excepcionar os casos de inexistência de boa-fé objetiva, senão os de expressa má-fé, tornando o desvio da regra geral, ao menos em exame perfunctório, muito mais restrito. Sabe-se que, enquanto na acepção subjetiva, a boa-fé se contrapõe à má-fé, na concepção objetiva, a boa-fé se contrapõe à ausência de boa-fé, e não à má-fé.[290]

Contudo, limitar a exceção aos casos de comprovada má-fé subjetiva não se revela a melhor exegese do dispositivo. Isso porque a intenção do destinatário ou da Administração não se apresenta como relevante para o elastecimento do prazo, sob pena de se criar um injusto "discrímen" entre os afetados pelas conseqüências. Sob o ponto de vista do destinatário, não é raro o caso de um ato administrativo contemplar um grande número de beneficiados. Delimitar quem tinha o conhecimento da ilegalidade e estava, portanto, com a intenção subjetiva de fraudar a norma se apresentará como tarefa hercúlea. Releva o fato de que, para muitos, a falta de prova da intenção de boa-fé pode provocar tratamentos ilegitimamente desiguais. A injustiça de tratamento para casos no mais das vezes estrondosamente semelhantes pode resultar em uma insegurança muito mais nefasta que a ilegalidade.

A inexistência de boa-fé subjetiva (má-fé subjetiva) caracteriza-se sempre por uma atuação dolosa ou pelo menos culposa, portanto uma atuação não conforme aos deveres de conduta impostos pela boa-fé objetiva. Contudo, quem não está em estado de ignorância (aspecto subjetivo) e, apesar disso, age, sabendo ou devendo saber que vai prejudicar direitos alheios, procede necessariamente de má-fé (aspecto objetivo). É esta abordagem objetiva do fenômeno do agir de má-fé que deve ser considerada ao caso do art. 54 da Lei 9.784/99, já que não se pode alegar que não há a obrigação de conhecer a legalidade do ato administrativo, proveniente de uma relação jurídica administrativa imantada por normas de ordem pública, sendo inescusável o desconhecimento da lei. Com efeito, se, mesmo assim,

---

[289] José Guilherme Giacomuzzi, no auspicioso livro titulado *A moralidade administrativa e a boa-fé da Administração Pública*, realiza abordagem precisa de como o princípio da moralidade vem sendo tratado na Doutrina e Jurisprudência brasileira.

[290] Cf. NORONHA, Fernando. *O Direito dos Contratos e seus Princípios Fundamentais*. São Paulo: Saraiva, 1994, p. 139.

o destinatário não conhece a lei administrativa, o seu estado de ignorância será irrelevante, já que tinha a obrigação de conhecer. Ao proceder assim, infringirá o dever (objetivo) de respeitar a boa-fé.

Assim, importa concordar com Almiro do Couto e Silva que, para o exame da existência ou não da má-fé, importa verificar se o destinatário contribuiu, ou não, com a sua conduta, para a prática do ato administrativo viciado. Para o professor gaúcho, seria incoerente proteger a confiança de alguém que, intencionalmente, mediante dolo, coação ou suborno, ou mesmo por haver fornecido dados importantes falsos inexatos ou incompletos, determinou ou influiu na edição de ato administrativo em seu próprio benefício.[291]

Para Jesús González Perez, o princípio da boa-fé impõe a perda da validade de toda atuação contrária à conduta que caberia esperar, em uma concreta situação jurídica, de uma pessoa normal, reta e honesta. Para o autor, citando Hernandez Gil, pretender definir com precisão a boa-fé é tão insólito quanto pretender alcançar a definição da boa conduta, a moral ou a ordem pública. Não é possível reduzir a sua aplicação a supostos tipificados, o que não impede a caracterização de critérios objetivos para algumas atuações do princípio, tais como, por exemplo, a proibição de *venire contra factum proprium*, o retardo desleal, o abuso de nulidade por motivos formais e a doutrina do *stoppel*.[292]

Egon Bockmann Moreira destaca que a boa-fé impõe a supressão de surpresas, ardis ou armadilhas, já que a conduta administrativa deve guiar-se pela estabilidade, transparência e previsibilidade. Ambas as partes e interessados no processo administrativo devem orientar seu comportamento, endo e extraprocessual, em atenção à boa-fé.

Nesse ponto, vale concordar amplamente com Juarez Freitas, que não se pode restringir a má-fé referida no final do *caput* do art. 54 da Lei 9.789/99 à conduta do destinatário do ato. Com efeito, o dispositivo alude à má-fé em geral, seja a do cidadão, seja a do administrador, isoladamente consideradas ou em conjunto, sob pena de se opor a segurança das relações jurídicas às exigências mínimas da moralidade.[293] Esse também é o pensamento de Edílson Pereira Nobre Jr., para quem, caso a violação ao dever de boa-fé tenha origem em conduta de agente da Administração – o que, em tese, poderá tipificar improbidade administrativa, sancionada

---

[291] Cf. COUTO E SILVA, in *"Prescrição qüinqüenária da pretensão anulatória da Administração Pública com relação a seus atos administrativos"*, RDA 204/38, 1996.

[292] Egon Bockmann Moreira estabelece outras 15 conseqüências do princípio da boa-fé (*in Processo Administrativo – Princípios Constitucionais e a Lei 9.784/99*, 2000, p. 91-92).

[293] Juarez Freitas, "Processo administrativo federal: reflexões sobre o prazo anulatório e a amplitude do dever de motivação dos atos administrativos". *In*. SUNDELD, Carlos Ari; MUÑOZ, Guillermo Andrés (Org.). *As leis de processo administrativo*. São Paulo: Malheiros, 2000, p. 100.

pela Lei 8.429/99 –, não se poderá falar em estabilização do ato administrativo pela fluência do período de cinco anos.[294]

Não se pode acolher a proposta teórica de que, após o transcurso de cinco anos, não se pode desconstituir o ato ampliativo de direitos aos destinatários sob o argumento da ausência de má-fé, quando exclusiva da administração. O dispositivo não exclui expressamente a má-fé *da administração*. Nem o poderia, sob afronta à moralidade, pois não se pode aceitar que um ato administrativo maculado com expressa má-fé da Administração (sério candidato ao reconhecimento da improbidade) possa ser estabilizado da mesma maneira que os de recíproca boa-fé. Não há como prevalecer o argumento de que não se pode invocar a nulidade a quem não lhe deu causa, sobre o dever de moralidade que preside a relação jurídico-administrativa, produzindo-se uma "proibição de desconstituição" dos atos de comprovada má-fé da administração, após os *mesmos* cinco anos dos atos que favoreceram o cidadão em uma situação de mútua boa-fé.

Na obtenção de alguns critérios para balizar os contornos da ação de má-fé, importa atentar para a brilhante conclusão lançada por Michel Stassinopoulos.[295] Para o eminente doutrinador francês, o comportamento de má-fé implica duas elementares: a *responsabilidade do seu autor* e a *sua influência sobre o ato administrativo*.

Importa destacar, quanto ao primeiro aspecto, que a responsabilidade do autor deve ser auferida em seu aspecto objetivo, já que se trilha a senda da ausência da *boa-fé objetiva*, cuja configuração exige apenas a comprovação do nexo causal entre o ato comissivo ou omissivo praticado pelo agente e a ocorrência do dano,[296] o qual, no caso, deriva da ilicitude do ato administrativo.

A conduta de má-fé pode ser comissiva ou omissiva, ou seja, ocorrerá por meio de emissão de declaração inexata ou mesmo na hipótese de ocorrer o silêncio sobre a verdade de determinado fato. No que se refere à taciturnidade, melhor identificá-la com o ato comissivo por omissão, isto é, quando houve a prévia deliberação em ocultar uma determinada informação que pode ser fundamental para a ocorrência do ato administrativo.[297]

---

[294] In *O princípio da boa-fé e sua aplicação no direito administrativo brasileiro*. Porto Alegre: Sergio Antônio Fabris Editor, 2002, p. 201.

[295] In *Traité des Actes Administratifs*. Atenas: Librairie du Recueil Sirey, 1954, p. 271-272.

[296] Responsabilidade objetiva é a responsabilidade sem culpa, sendo *objetiva* porque decorre do dano e não exige imputação. Seja com fundamento no risco, seja na atividade, ou, enfim, por qualquer outro, a responsabilidade objetiva diferencia-se fundamentalmente da subjetiva por dispensar a ocorrência da culpa, contentando-se com a existência do dano.

[297] Stasssinopoulos (in op. cit., p. 272) sugere o seguinte exemplo: uma lei, ao disciplinar as condições de admissão em uma escola militar, dispôs que esta está aberta apenas ao ingresso de candidatos que tenham conduta impecável. Suponha-se que determinado candidato se mantenha omisso sobre o fato de haver sido desligado de outra instituição castrense de ensino por mau procedimento, logrando, desse

O segundo aspecto invocado pelo autor francês (influência sobre o ato administrativo) não precisaria ser invocado, já que a menção à responsabilidade do agente prevista no primeiro ponto implica o reconhecimento da presença do nexo causal entre a causa e o efeito. Contudo, já que a presença ou não das excludentes do nexo causal refletem importância crucial na análise que ora se envolve, não há de se negar o valor da exposição didática do elemento da influência sobre o ato administrativo. Melhor seria mencionar a *contribuição do agente* como elemento fundamental na caracterização da responsabilidade do autor que age de má-fé, já que assim saltaria à vista o que é fundamental, isto é, que se guarde relação de causa e efeito com a emissão do ato administrativo viciado. Na hipótese de um cidadão beneficiado com uma concessão de uso de bem público, maculada em vício formal no procedimento administrativo, uma vez transcorridos mais de cinco anos, o fato de o beneficiário não ter recolhido, à época, uma taxa referente ao processo administrativo que nada concerne ao vício invalidador, invocando erroneamente ser beneficiário de isenção destinada para pessoas de baixa renda, não representará situação de má-fé a justificar a dilatação do prazo decadencial da invalidade.

Um outro aspecto a ser ressaltado da responsabilização do agente de má-fé é no que pertine ao dano causado pela conduta do agente. O dano que implica responsabilização objetiva é o dano *certo, anormal, especial* ou anômalo,[298] no sentido de configurar nítida ofensa à legalidade do ato ou a interesse legitimamente protegido.

3.4.1.2.3. Do prazo de decadência da administração pública federal no caso de má-fé

Nos casos em que a Administração ou o destinatário (ou ambos) tenham obrado em situação inversa da boa-fé, contribuindo para a ocorrência do vício no ato administrativo, dentro de uma perspectiva objetiva da má-fé relatado no art. 54 da Lei 9.784/99, não se aplica o prazo qüinqüenal constante da parte final do dispositivo em foco. Contudo, neste ponto, vale indagar: o fato de não haver previsão legal expressa de aplicação do prazo qüinqüenal para a situação de má-fé implica não haver prazo decadencial

---

modo, ser admitido. É de se concluir que, mesmo não obrando a autoridade administrativa em indagar ao particular sobre o seu passado, jamais a ação deste poderá ser reputada de boa-fé.

[298] Embora se referindo a outro tema, o qual não se ignora possua nuances próprias, vale recordar as palavras de Juarez Freitas sobre a responsabilidade extracontratual objetiva do Estado ou da Administração Pública, a qual segue definida como "a obrigação que se impõe ao Estado, constitucional e legalmente, inclusive em respeito ao princípio da igualdade na distribuição dos encargos e ônus, de reparar os prejuízos *anômalos, certos e especiais*, à guisa de pecuniariamente compensar lesão desproporcional imposta ao administrado pela atuação, lícita ou ilícita, de agentes dos seus Poderes" (*Estudos de Direito Administrativo*, 1997, p. 122).

(imprescritibilidade) ou haverá algum prazo específico, em outro diploma legislativo, que seja invocável à espécie?

Embora não se possa destacar uma opinião doutrinária uniforme sobre o tema, pode-se verificar uma predominância da tese que entende pela existência de limite temporal mesmo nos casos de má-fé, em face da excepcionalidade da hipótese da imprescritibilidade.[299] Com efeito, Luís Roberto Barroso afirma com acerto que, em qualquer dos campos do Direito, a prescrição tem como fundamento lógico o princípio geral da segurança jurídica, consagrando a imprescritibilidade como norma excepcional.[300] Conclui-se, então, que o princípio geral é o da prescritibilidade das pretensões, da decadência dos direitos, uma vez que *é a imprescritibilidade que depende de norma expressa, e não o inverso*. De fato, a Lei Paulista de Procedimentos Administrativos (Lei 10.177/1998) prevê que ultrapassados 10 anos, contados de sua produção, a Administração não mais poderá anular seus atos viciados, sem ressalvar casos de má-fé. Ora, se é válida a introdução de uma regra, no âmbito de competência correspondente, para disciplinar o prazo decadencial para a Administração anular os atos de má-fé, então o fato de não haver uma norma dispondo especificamente acerca deste tema, definitivamente, não permite que se conclua pela imprescritibilidade. Sobre o ponto, vale citar a lição de Juarez Freitas:[301]

> Ademais, em justa salvaguarda do princípio da moralidade, o legislador ordinário teve o cuidado de ressalvar dos efeitos da aplicação deste prazo aquelas hipóteses de comprovada má-fé do administrado e/ou da Administração. Por exemplo, uma fraude na concessão de benefício previdenciário não poderia restar, por força do decurso de um prazo algo exíguo, sem a possibilidade de o administrador ou o juiz coibir semelhante e nefanda agressão ao ordenamento. Contudo, inclusive nestes casos, prazo precisa existir, em homenagem à estabilidade das relações jurídicas, sem a qual perecem os demais princípios.

Acolhe-se, portanto, a adoção do maior prazo prescricional previsto no Código Civil de 2002, qual seja, o de dez anos, a conferir um elastério mais amplo à hipótese de decadência da administração de desconstituir atos administrativos de má-fé, contados *a partir da ciência da fraude*. Esta "ciência da fraude", frise-se, trata-se de uma ciência *inequívoca*, quase unívoca, a propiciar o reconhecimento da omissão do *controlador* do ato administrativo em foco. Este controlador, por óbvio, não poderá ter nenhuma participação na fraude, já que, do contrário, faltar-lhe ia o pressuposto

---

[299] Nesse sentido, é o pensamento de Celso Antônio (2006, p. 907) e Mônica Simões (2004, p. 170), salientando que o dispositivo contido no art. 54 da Lei 9.784/99 faz presumir um prazo maior para os casos de má-fé.

[300] Cf. BARROSO, Luis Roberto. "A prescrição administrativa no Direito Brasileiro antes e depois da Lei nº 9.873/99". *Revista Diálogo Jurídico*, Salvador, CAJ – Centro de Atualização Jurídica, v. 1, nº. 4, 2001. Disponível em: http://www.direitopublico.com.br. Acesso em: 04 de julho de 2006.

[301] Extraído do artigo publicado na *Revista Interesse Público nº 16*. Porto Alegre: Notadez, out/dez, 2002, p. 39-48, nomeado "Deveres de Motivação, de Convalidação e de Anulação: deveres correlacionados e proposta harmonizadora".

subjetivo que configura um verdadeiro *controlador*: a impessoalidade no exercício da função administrativa, a qual, vale a pena repisar, é a atividade de quem não é senhor.

3.4.1.2.4. Da imprescritibilidade da ação de ressarcimento de danos ao erário

Mesmo em caso de manifesta má-fé, o sistema jurídico não acolhe uma solução que admita a não-aplicação da regra decadencial de desconstituição dos atos administrativos, à luz de uma interpretação do art. 54 da Lei 9.784/99 inspirada pelos princípios constitucionais. Isto não permite concluir, contudo, que se está propondo uma leitura que chancele a iniqüidade e a impunidade, sobretudo envolvendo condutas lesivas ao patrimônio público. É que, em se tratando de má-fé da Administração, a ensejar a situação de improbidade administrativa, ainda que já tenha ocorrido a fluência do prazo de decadência para a desconstituição do ato fraudulento, ainda é possível o ajuizamento da ação de ressarcimento de danos ao Erário, a qual, segundo majoritária corrente doutrinária, é imprescritível, a teor do art. 37, § 5º, da Carta Magna.[302]

O ressarcimento de danos é uma das conseqüências jurídicas da Ação de Improbidade, prevista nos incisos do artigo 12 da Lei nº 8.429/92, aplicável toda vez que o ato de improbidade cause dano material ou moral à Administração Pública. Todavia, a ação visando ao ressarcimento dos danos conseqüentes de ato de improbidade administrativa não estará sujeita ao rito especial previsto na Lei nº 8.429/92, uma vez que não mais estaremos diante de uma Ação de Improbidade Administrativa (provavelmente já prescrita), mas sim perante uma Ação Civil de ressarcimento de danos. Assim, ainda que não seja mais possível a desconstituição do ato administrativo em face da decadência, permanece hígida a pretensão do ressarcimento de danos causados ao erário em decorrência do ato de improbidade administrativa, que não será atingida pelo prazo prescricional previsto na Lei nº 8.429/92 (art. 23), em face de exceção imposta pelo texto constitucional. Tal ressarcimento poderá ser pleiteado pelo Ministério Público[303]

---

[302] Fábio Medina Osório (2000, p. 101) vai mais além na aplicação do princípio da segurança jurídica, manifestando-se em sentido contrário à tese da imprescritibilidade do ressarcimento de danos decorrente de ato de improbidade. Segundo o autor, "é caso de questionar essa idéia, pois a quebra e a violação da segurança jurídica não é um bom caminho de combate às práticas nefastas ao patrimônio público. Entendo que um amplo e larguíssimo prazo prescricional deveria ser criado para às hipóteses de lesão ao erário, mas não se poderia aceitar a total imprescritibilidade, ao menos do ponto de vista ideológico".

[303] O Superior Tribunal de Justiça já se manifestou nesse sentido: "AÇÃO CIVIL PÚBLICA – LEGITIMIDADE DO MINISTÉRIO PÚBLICO – RESSARCIMENTO DE DANOS AO ERÁRIO. É a ação civil pública via adequada para pleitear o ressarcimento de danos ao erário municipal e tem o Ministério Público legitimidade para propô-la. Recurso provido." (REsp 180712 / MG, Garcia Vieira, 1ª T., DJ 03.05.1999, p. 101).

ou pessoa jurídica interessada através de Ação Civil Pública reparatória de danos, com fundamento na Lei nº 7.347, de 24 de julho de 1985.

3.4.1.2.5. Da aplicação do prazo de decadência aos atos nulos

Conforme restou examinado no capítulo 1 deste estudo, em se tratando de atos administrativos, a noção de nulidade ou anulabilidade não reúne em um conceito unitário todas as condições e características que devem implicar ou não a efetiva supressão do ato administrativo. Ainda que se identifiquem os atos nulos com os não suscetíveis de convalidação, isto não proporciona a eles a inaplicabilidade da regra decadencial prevista no art. 54 da Lei 9.784/99, a menos que se reduzam as hipóteses de nulidade aos vícios gravíssimos, manifestos e exarcebadamente evidentes. Ao que tudo indica, apenas tais situações é que estão excluídas da abrangência do aludido dispositivo legal, pois estará ausente um suporte mínimo de formalidade do ato (que ensejaria a confiança do cidadão), não se podendo sequer falar na presença de um ato administrativo.

3.4.1.3. Um caso prático de conflitos intertemporais: o prazo de decadência de a Administração Pública previdenciária revisar os seus atos

As regras envolvendo a decadência para a Administração Pública federal revisar os atos de concessão de benefícios previdenciários têm sido alvo de freqüentes modificações, ensejando uma sobreposição de regramentos jurídicos a serem compulsoriamente considerados pelo intérprete. Embora em nosso estudo tenhamos até então lançado o olhar sobre o conflito intertemporal ocorrente na sucessão de atos administrativos em face do tratamento outorgado aos seus vícios, a superposição de leis que regulam regras de decadência da administração podem ensejar reflexos no fenômeno em liça. Com efeito, em se tratando de nulidade de atos administrativos, a autoridade somente estará autorizada a retirar o ato emanado, caso seu direito de revisão ainda esteja cogente, isto é, não tenha decaído. Por outro lado, se operou a decadência do direito de anular, o ato original estará estabilizado. Importa pois, definir qual a regra decadencial do direito da Administração que vige sobre os atos em análise.

Hodiernamente vige o art. 103A da Lei 8.213/91, o qual assim reza:

Art. 103-A. O direito da Previdência Social de anular os atos administrativos de que decorram efeitos favoráveis para os seus beneficiários decai em dez anos, contados da data em que foram praticados, salvo comprovada má-fé. (Incluído pela Lei nº 10.839, de 2004)

§ 1º No caso de efeitos patrimoniais contínuos, o prazo decadencial contar-se-á da percepção do primeiro pagamento. (Incluído pela Lei nº 10.839, de 2004)

§ 2º Considera-se exercício do direito de anular qualquer medida de autoridade administrativa que importe impugnação à validade do ato. (Incluído pela Lei nº 10.839, de 2004).

Desde já impõe-se salientar, em conformidade com o disposto no tópico anterior, a impossibilidade de viabilidade de interpretação da imprescritibilidade dos casos envolvendo a má-fé. Com efeito, não se pode pretender que se considerem imprescritíveis casos de má-fé de beneficiários, em que a Administração, ciente da fraude, não obrou em desconstituir os atos instituidores. Propugna-se ao caso (má-fé ou fraude) o maior prazo da Lei Civil (10 anos) – que se identifica com o prazo previsto para casos de boa-fé – mas acrescido de importante detalhe, qual seja, cujo termo inicial não seja estabelecido na forma do § 1º, a qual é destinada aos casos de irregularidades, mas da efetiva ciência da fraude. Com efeito, não se pode outorgar uma imprescritibilidade que não esteja expressamente prevista no ordenamento e que contrarie princípios da eficiência e segurança. Outrossim, vale ressalvar que, em princípio, sempre será permitida a ação de ressarcimento ao erário, prevista no § 5º do art. 37 da Carta Magna.

Em se tratando de revisão do ato de concessão de benefícios previdenciários, ao contrário do que possa parecer, a criação de um prazo decadencial específico para a Administração ocorreu muito antes do advento do art. 103 A, efetuada pela MP nº 138, de 19 de novembro de 2003, convertida na Lei nº 10.839/2004. De fato, já na década de 1970 despontava norma com tal conteúdo, insculpida no artigo art. 7º da Lei nº 6.309/75, consolidado no art. 214 da CLPS/76, e, posteriormente, no art. 207 da CLPS/84, o qual previa que "o processo de interesse de beneficiário ou empresa não pode ser revisto após 5 (cinco) anos contados de sua decisão final, ficando dispensada a conservação da documentação respectiva além desse prazo".

Ocorre que tal norma irradiou efeitos até 24 de julho de 1991, pois, em 25, foi editada a Lei nº 8.213/91, cujo texto não previa qualquer norma decadencial para a Administração revisar seus atos e, a teor do artigo 156, revogou todas as disposições em contrário. Somente com o advento da Lei nº 9.784/99 é que (res)surgiu, por força do dispositivo contido no art. 54, o prazo decadencial invocado.

No período entre a Lei 8.213/91 e a Lei 9.784/99, aparentemente, há um vácuo legislativo, o qual não pode ser solucionado pela retroatividade da Lei 9.784/99, sob pena de uma visão distorcida e assistemática das regras decadenciais, as quais não podem ser aplicadas ao tempo pretérito, sobretudo em face da segurança jurídica.[304] Outrossim, não é pela ausência de um prazo legal específico que se pode concluir que não havia uma

---

[304] Também o Superior Tribunal de Justiça, após um período inicial de oscilações, concluiu pela impossibilidade de retroatividade da Lei 9.784/99, cujo aresto a seguir é exemplar: "AGRAVO REGIMENTAL. RECURSO ESPECIAL. ADMINISTRATIVO. ANULAÇÃO DE ATO DA ADMINISTRAÇÃO. ART. 54 DA LEI Nº 9.784/99. PRAZO DECADENCIAL. TERMO A QUO. APLICAÇÃO IRRETROATIVA. Consoante o entendimento da Corte Especial deste Tribunal, prolatado no julgamento dos Mandados de Segurança nºs 9.112/DF, 9.115/DF e 9.157/DF, da sessão de 16/02/2005, a aplicação da Lei n.º 9.784, de 29 de janeiro de 1999, deverá ser irretroativa. Logo, o termo *a quo* do quinquênio decadencial, estabelecido no art. 54 da mencionada Lei, contar-se-á da data de sua vigência,

norma de decadência de desconstituição dos atos administrativos.[305] Deve ser aplicada sempre uma interpretação globalizante e inspirada diretamente naqueles vetores axiológicos que impregnam todas as normas integrantes do sistema, garantindo-lhes coerência e unidade orgânica. O valor da "segurança jurídica" consagrado em nosso ordenamento constitucional como princípio, inserido de forma implícita, apresenta um conteúdo fundamental relacionado com a certeza quanto ao direito vigente, de forma que se possam conhecer quais são as normas que regem o convívio social. O caso em tela enseja uma aplicação concreta do princípio da preservação dos atos administrativos, veiculado na segunda parte deste ensaio.

Por outro lado, diversas vezes nesse estudo já se constatou e sopesou o valor da influência do tempo, mormente aquele decorrido sob a inércia do seu titular, na geração de expectativas sociais relevantes na ordem jurídica, que necessita de um mínimo de segurança. Com efeito, é necessário um grau de previsibilidade na conduta do outro, de modo que cada um possa configurar de forma autônoma a sua vida, a fim de não se exporem as pessoas à insegurança do exercício de um direito, durante todo o tempo. Nesse sentido, a regra decadencial assegura que, daqui em diante, o inseguro é seguro; quem podia reclamar não mais o pode.

A regra decadencial proclama, portanto, que se esqueça o que durou demais em chegar a se realizar, e introduz uma forma de esquecimento-pacificação, de forma que se regule um equilíbrio eficaz entre memória e esquecimento (OST, 1999, p. 159). Diante desse quadro, pode-se constatar que, em qualquer campo do Direito, a decadência tem como fundamento lógico o princípio geral de segurança das relações jurídicas e, como tal, é a regra, sendo a imprescritibilidade situação excepcional.[306] O Supremo Tribunal Federal sufragou essa tese em famoso julgamento prolatado no Mandado de Segurança nº 20.069, em 24 de novembro de 1976, sendo Relator o Ministro Moreira Alves, no qual se decidiu que prescreve a pretensão de a Administração desencadear processo para punir faltas administrativas. Foi assinalado pelo voto condutor que "em matéria de prescrição, em nosso sistema jurídico, inclusive no terreno disciplinar, não há que se falar em *jus singulare*, uma vez que a regra é a da prescritibilidade".

---

e não da data em que foram praticados os atos que se pretende anular. Agravo regimental desprovido" (AGResp nº 679405/RS, Felix Fischer, 5ª T., DJ 13.06.2005, p. 337).

[305] Pela inviabilidade da retroatividade da Lei 9.784/99, extraindo o prazo decadencial a partir do ordenamento jurídico, posiciona-se Rafael da Cás Maffini, em estudo permeado por significativos precedentes jurisprudenciais ("Em torno do prazo decadencial de invalidação de atos administrativos no exercício da autotutela administrativa", *in* ÁVILA, Humberto (org). Fundamentos do Estado de Direito (*Estudos em homenagem ao Professor Almiro do Couto e Silva*). São Paulo: Malheiros, 2005, p. 313).

[306] A Constituição Federal de 1988 admite, como exceções, duas hipóteses de imprescritibilidade envolvendo a justiça criminal: no art. 5º, incisos XLII (dos crimes de racismo) e XLIV (da ação de grupos armados contra a ordem constitucional e o Estado democrático).

No caso em exame, ressalvados os casos de má-fé, entre o advento da Lei 8.213/91 e o da Lei 9.784/99, deve-se identificar a presença de um prazo decadencial de cinco anos[307] em face dos seguintes motivos:

> estava consagrado, no período, um prazo padronizado de cinco anos para a ação administrativa, em geral, na legislação esparsa: o Código Tributário Nacional (CTN), art 173, prazo decadencial para a constituição do crédito tributário, e art 168 – prazo prescricional de 5 anos para a ação de restituição do indébito; Lei n. 8.884/94 – Lei do CADE-, no art. 28 dispõe que infrações de ordem econômica prescrevem em 5 anos; o Decreto Nacional nº 20.910/32, estabelece o prazo prescricional de 5 anos contra a Fazenda Pública; a Lei n. 8.112/90, no art.142, estabelece que a ação disciplinar contra funcionários públicos civis da União prescreve em 5 anos; a Lei n. 8.429/92, no art. 23, dispõe que atos de improbidade administrativa prescrevem, no máximo, em 5 anos; a Lei nº 6.838/80, em seu art. 1º determina que as infrações disciplinares de profissionais liberais prescrevem em 5 anos;
>
> simetria com o prazo decadencial previsto no Decreto Nacional nº 20.910/32, estabelece o prazo prescricional de 5 anos contra a Fazenda Pública;
>
> necessidade de segurança como certeza do direito aplicável – não se pode presumir a imprescritibilidade;
>
> necessidade de se tutelar a segurança jurídica na preservação dos atos administrativos produzidos na confiança do cidadão.[308]

Assim, importa reconhecer que, em face da estabilidade dos atos administrativos gerada pelo acolhimento da regra decadencial nos termos propostos, muitas pessoas que titularizam um benefício, depois de longo tempo afastados de atividades laborais, sem condições de retornarem ao mercado de trabalho, terão seus interesses preservados ante o decurso dos cinco anos apontados, afastando-se os conflitos intertemporais decorrentes da sobreposição de atos administrativos invalidadores.

---

[307] Daniel Machado da Rocha e Baltazar Jr. (*Comentários à Lei de Benefícios da Previdência Social*, 2006, p. 353-355) também acolhem o prazo decadencial de cinco anos para a desconstituição dos atos administrativos previdenciários emanados no período contido entre a Lei 8.213/91 e a Lei 9.784/99, elencando outras relevantes razões.

[308] Vale recordar a lição de Juarez Freitas (1997, p. 29) sobre a confiança do administrado: "O princípio da boa-fé ou da confiança do administrado na Administração Pública e vice-versa – descendente direto do princípio da moralidade – deve ocupar lugar de destaque em qualquer classificação dos princípios fundamentais do Estado Democrático de Direito, evidenciada a necessidade de se evitar um corte rígido entre as esferas do público e do privado, ambas devendo ser governadas pela igualdade e boa-fé [...] A respeitabilidade do princípio da boa-fé, do princípio da segurança das relações jurídicas e a relatividade do princípio da legalidade, conjugadamente, implicam a fixação de limites substanciais à cogência da anulação dos atos administrativos".

Conclusão

A complexidade de situações envolvendo conflito no tempo de normas jurídicas durante um bom tempo foi enfocada pela comunidade jurídica de forma limitada aos conflitos de "lei" em sentido formal, como produção normativa abstrata. Quando os olhos do operador do direito se voltam para o incipiente tratamento doutrinário e à escassa produção jurisprudencial envolvendo o exame da sucessão temporal de atos administrativos, percebe-se que um campo fecundo do Direito Administrativo aguarda o advento de "boas sementes" doutrinárias a redesenhar uma relação mais democrática, participativa e social entre Estado e Sociedade. Não é somente com a garantia da participação popular na escolha dos mandatários do Poder Legislativo e do Poder Executivo e com a garantia da produção legislativa pelos representantes parlamentares escolhidos pelo povo que se poderá descansar o princípio democrático. A efetiva participação popular na Administração esbarra em um necessário pré-requisito: a mudança de paradigma do antigo menoscabo da situação jurídica do destinatário do ato administrativo, cada vez menos administrado e cada vez mais cidadão. Com efeito, impõe-se a superação da velha concepção de uma relação publicista "soberano – súdito" para a adoção do viés "Estado – Cidadão", a reger todas as áreas do Direito Público, não a partir de um ato de fé, calcado unicamente na condição de autoridade pública do agente, mas a partir do primado de uma razão dialógica, pela prevalência dos princípios e da transparência e ética, por meio de um processo.

Um passo importante nesse sentido é o recente reconhecimento da proteção da confiança do cidadão nas expectativas produzidas pelos atos estatais, sobretudo o ato administrativo. Tendo em vista o fenômeno da massificação do Direito, em que a mesma situação individual é reproduzida mecanicamente, atenua-se a dimensão individualista do ato administrativo, já que os efeitos constitutivos que afetam igualmente outros particulares resultam mais do momento da *definição do padrão* do que do momento da sua prática. Com efeito, cada vez menos se vê o ato administrativo isolado e, cada vez mais, à regulação geral.

Hodiernamente, não se pode mais observar adequadamente o fenômeno jurídico sem atentar ao menos para um dos aspectos da sucessão dos atos jurídicos no tempo. Com efeito, ao Direito interessa tanto uma visão adequada da sua *sucessividade*, no sentido de que haja um diálogo entre a memória e a expectativa do tempo, de forma a garantir uma consistência neguentrópica, quanto uma harmonização nas escalas temporais que se superpõem na sociedade e na natureza, em diversas velocidades. Uma sociedade deve ser, pois, capaz de produzir uma verdadeira história, e ser capaz de projetar planos para o futuro. A atividade da hermenêutica jurídica tem muito a dizer, pois tanto a atividade do jurista como a do administrador podem contribuir eficazmente para essa ligação intertemporal, já que ambos são convidados a atuar posicionando-se perante fatos atuais, com a ajuda de textos de ontem e visando à construção de uma expectativa/precedente. O respeito à confiança legítima do cidadão aparece como elemento a propiciar a incidência de um fluxo de tempo ordenado.

Outrossim, em mecanismo de retroalimentação, a harmonização do fluxo temporal implica uma outorga de estabilidade às relações jurídicas, sem a qual a ordem que todo o Direito tem a configurar não poderia existir. Ainda que a legalidade não se curve às considerações de oportunidade, já que a sua restauração jamais é surpreendente, pois o Direito tinha a vocação de aplicá-la desde o início; por outro lado, o Direito também evolui e, em alguns casos, diante de alguns vícios, não há como deixar de considerar a evolução dos conceitos jurídicos às situações já constituídas. Somente por meio de um devido tratamento dos vícios dos atos administrativos de modo a definir um profícuo sopesamento entre os princípios atuantes à espécie é que se poderá promover a incidência da legalidade sem excessos, de modo a reduzir os conflitos intertemporais entre o ato invalidador e o ato invalidado.

Existe, pois, um valor passível de tutela jurídica, na sucessão harmônica dos eventos jurídicos ao longo do tempo. Passo agora, às conclusões específicas:

1. Em nenhum estudo que se preze se poderá deixar de considerar as profundas mudanças de paradigma que o Direito Administrativo vem enfrentando. Considerado outrora um ramo do Direito destinado a apenas disciplinar a Administração, sua organização e funcionamento, passou a regular essencialmente as relações entre a Administração e os cidadãos, outrora denominados 'administrados'. Torna-se cada vez mais claro que a harmonização entre as prerrogativas da Administração e a proteção e garantia dos direitos dos destinatários dos atos administrativos ocorrerá mediante adequada ponderação a ser efetuada sempre por meio de um processo. Nesse ponto, percebe-se que não é mais possível a fixação de um conceito central no Direito Administrativo contemporâneo. A noção de ato adminis-

trativo deve ser reconfigurada segundo uma "relação jurídica administrativa", conceito mais sintonizado com os postulados e exigências do Estado Democrático de Direito, que não seja oposta ao conceito de "processo administrativo". Impõe-se uma síntese que represente uma concepção de relação jurídica administrativa mais voltada para a promoção e proteção dos direitos subjetivos públicos dos particulares em face da Administração, por meio de um processo administrativo como "quadro" ou "pano de fundo".

2. No que tange à teoria das invalidades dos atos administrativos, a sua concepção inicial segundo uma transposição dos conceitos do Direito Privado revelou-se inadequada aos moldes preconizados no Direito Público. Contudo, com a superação da *summa divisio* entre o Direito Público e Privado, impondo-se a incidência dos valores constitucionais nas relações jurídicas administrativa e civil, operou-se uma espécie de "despatrimonialização" do Direito Privado, em razão da prioridade atribuída, pela Constituição, à pessoa humana, sua dignidade, sua personalidade e seu livre desenvolvimento. Em que pese centrarmos os olhares ao Direito Público, é fato que evoluíram as duas teorias das nulidades (civil e administrativa), aproximando-se cada vez mais os conceitos comumente envolvidos. Tanto para o público, quanto para o privado, revela-se necessário exigir das partes um comportamento coerente, alheio a mudanças de conduta prejudiciais, de modo a desestimular toda atuação que implique um obrar incompatível com a confiança que se suscitou no outro, seja na seara do Direito precipuamente público, seja no privado.

3. A teoria das nulidades do Direito Administrativo pátrio nunca obteve o mesmo tratamento dado à doutrina civilista em relação à classificação das invalidades, seja pela ausência de um tratamento sistemático, sem um código de referência e com matérias heterogêneas sem regulação uniforme e unitária, seja pelo fato de que grande parte da teoria das nulidades no Direito Administrativo foi desenvolvida sob a influência não democrática, na qual a atuação estatal refletia a vontade suprema do governante. No Direito alienígena, os autores brasileiros foram buscar os conceitos de nulidade e de anulabilidade, nem sempre bem transportados. Diante da divergência de entendimentos, mormente considerados os diversos sistemas normativos estrangeiros, os operadores imprimiram esforços no sentido de uma sistematização das invalidades dos atos administrativos, sendo possível enquadrar três principais critérios diferenciadores, quais sejam: a) convalidação; b) declaração *ex officio* e c) decadência. Contudo, assim como a teoria das invalidades não restou imune ao processo evolutivo do Direito Administrativo, também não mais permaneceram estanques os critérios de distinção entre as hipóteses de nulidade e de anulabilidade, como convém, a propósito, com qualquer outro termo jurídico, uma vez que as palavras não têm um significado intrínseco e somente servem a um objetivo como técni-

ca de "presentação". Concluiu-se, então, a luz de uma análise das doutrinas italiana, alemã, francesa e espanhola, cada qual com suas nuances próprias, que a efetiva supressão ou não, parcial ou não, do ato administrativo não está reunida em um conceito unitário restrito às acepções de nulidade e de anulabilidade, impondo-se centrar as atenções às conseqüências jurídicas que sucederão os defeitos ou vícios concretos dos atos administrativos. Diante da falibilidade dos três critérios propostos para a diferenciação do ato nulo e anulável, propôs-se um "novo" enunciado, de forma que abrangesse um grupo maior que o definido pelos atos anuláveis, uma vez que a estabilização dos atos administrativos não está restrita a esse gênero. Nesse sentido, denominou-se de "sanáveis" os atos que total ou parcialmente não forem suprimíveis da ordem jurídica, focando-se a nomenclatura nas ilações que se sucedem aos defeitos, desvinculando-se, propositalmente, da tradicional dicotomia nulidade/anulabilidade.

4. A desconstituição total de um ato em resposta a toda e qualquer violação a um dispositivo normativo, com efeitos eminentemente retroativos ensejaria, muitas vezes, um verdadeiro atentado à segurança jurídica que esmagaria tudo em sua passagem, promovendo a injustiça em tamanha e intemporal desordem. Viu-se que o problema não é novo e não passou despercebido de Kelsen, o qual, desde 1928, já propugnava que a anulação de uma lei no controle de constitucionalidade deveria, salvo exceções, produzir efeitos para o futuro, o que hoje também se preconiza seja aplicado aos atos administrativos que produzirem expectativas legítimas aos cidadãos.

5. No exame da matéria densamente dialógica dos princípios jurídicos, uma importante matriz epistemológica orientou a análise efetuada: *os limites da argumentação (e do próprio conhecimento científico) que impedem o alcance de uma fundamentação última.* Nesta senda, nem tudo pode-se tornar manifesto por meio de uma investigação teórica. Buscou-se, então, justificar as posições argumentativas oferecendo razões *até o limite em que se possa*, com Platão, "deixar a unidade de cada coisa perder-se em liberdade no infinito", *refutando-se as teses contrárias.* A partir da enunciação dos limites de uma abordagem argumentativa, partiu-se para uma definição básica de sistema jurídico do Estado de Direito Democrático brasileiro, o qual é um sistema normativo aberto de regras e princípios, para somente então adentrar brevemente a teoria dos princípios, a fim de enunciar as nuances teleológicas da segurança jurídica como elemento orientador da atividade administrativa.

6. Não se poderia enfrentar o tema sem um exame sumário da diferenciação entre os enunciados normativos "regras" e "princípios": adotou-se a noção de que as regras privilegiam a idéia de objetividade e certeza do Direito, proporcionando o critério de nossas ações, dizendo como se deve e não deve atuar em determinadas situações, "convidando" o intérprete ao

silogismo (não se está dizendo que se deva adotá-lo). Os princípios, por sua vez, não dizem nada sobre a situação específica, mas proporcionam critérios para tomar posição ante as situações concretas que, em princípio, aparecem indeterminadas.

7. A fim de enunciar as nuances teleológicas da segurança jurídica como elemento orientador da atividade administrativa, distinguiu-se o "valor" segurança jurídica do "princípio" da segurança jurídica. A vida em sociedade impõe ao homem que possa prever como a sua atuação pode ser interpretada, havendo necessidade de uma estrutura mais ou menos rígida, esquemática, na qual pautas de conduta possam ser daí extraídas. É aqui que se apresenta, pois, a ordem jurídica, não identificada apenas com a lei, mas como norma de direito. Não se pode extrair a coesão social a partir da moral, já que esta está inserida no âmago de uma relação intersubjetiva, sem poder garantir estabilidade para as situações do porvir, as quais são, no contexto social, sempre exteriores. O valor principal da *segurança* nas relações externas deriva, pois, da existência de uma previsibilidade que imponha a confiança. Para o desenvolvimento da sociedade humana revela-se necessário que se possa pré-qualificar as condutas de cada um dos seus participantes, depositando-se, pois, a confiança em si mesmo, nos demais e no próprio devir na existência de um prévio ordenamento jurídico. Com efeito, para que o indivíduo possa tomar suas decisões pessoais diante dos fatos e atos humanos, é necessário que ele possa prever qual será, no porvir, a qualificação das ações presentes e com o que poderá contar num futuro.

8. Não se pode denotar o "princípio da segurança jurídica" apenas a partir do valor "segurança" constitucionalmente protegido pela Carta Magna brasileira. Assim, revelou-se fundamental delimitar quais os comportamentos indispensáveis à realização desse valor e qual o instrumento metódico essencial à controlabilidade racional de sua aplicação. Procuraram-se critérios legítimos que permitam aplicar esse mesmo valor, especificando condutas necessárias à realização do valor prestigiado. Além disso, justificou-se o controle e aplicação deste princípio mediante uma (re)construção racional da doutrina e das decisões judiciais. Com esse intuito constatou-se que o princípio da segurança jurídica é extraído do princípio do Estado de Direito, derivado a partir dos dispositivos constitucionais que contemplam implicitamente a outorga de direitos e garantias individuais, como os incisos XXXV e XXXVI, do art. 5º da Carta Magna. O princípio da legalidade administrativa como reserva de lei em sentido formal qualifica-se como *instrumento constitucional de preservação da integridade de direitos e garantias fundamentais,* ensejando-se o reconhecimento implícito do princípio da segurança.

9. O princípio da segurança jurídica revelou-se um subprincípio maior do Estado de Direito ao lado e do mesmo nível hierárquico de outro sub-

princípio do Estado de Direito, que é o da legalidade. A sua análise produziu dois principais aspectos: 1) natureza *objetiva*, que envolve os limites à retroatividade dos atos do Estado, à proteção ao direito adquirido, ao ato jurídico perfeito e à coisa julgada; 2) natureza *subjetiva,* concernente à proteção à confiança das pessoas diante dos procedimentos e condutas do Estado, nos mais diferentes aspectos de sua atuação. Esse último aspecto impõe ao Estado limitações na liberdade de alterar sua conduta e de modificar atos que produziram vantagens para os destinatários, mesmo quando ilegais, em virtude da crença gerada nos beneficiários, ou na sociedade em geral de que aqueles atos eram legítimos. Pode-se subdividir o princípio da confiança legítima em dois aspectos, negativo e positivo.

10. Enquanto o viés objetivo do princípio da segurança jurídica (como previsibilidade e certeza dos atos estatais) tem origem bem sedimentada na doutrina e jurisprudência pátrias, outro aspecto tem passado ao largo do exame dos operadores do direito: a confiança do cidadão, principalmente na ação positiva do Estado. Com efeito, pode-se extrair uma nuance positiva da confiança do cidadão, inserta no valor de se *cumprir uma promessa*, ou de *executar o comando exarado pela autoridade*, ou, até mesmo, de se *levar a efeito até o fim o que restou expressamente anunciado*. O princípio da conservação – como aspecto positivo da nuance subjetiva do princípio da segurança – expressa a existência de um valor jurídico em conservar todo ato capaz de cumprir validamente os fins que tem encomendado, para garantir, assim, a satisfação dos interesses dos sujeitos jurídicos, o que, em última instância, supõe garantir a própria vigência do Direito.

11. O conteúdo do princípio da preservação dos atos administrativos não repousa na conduta de estabilizar qualquer vício contido na produção do ato. Do contrário, o que se tutela é a conservação do ato, quando *validamente* puder atingir os seus fins, garantindo-se a confiança do cidadão. Tal enunciado valorativo também está a promover um estado ideal de maneira a favorecer o cumprimento dos efeitos a que estão destinados. Inclusive, a partir desse princípio aliado à esperança do cidadão de que o ato será concretizado é que se impõe o dever de correção de um determinado vício que não implique a invalidade do ato.

12. Em nenhum momento desse estudo se deduziu, a partir da preservação dos atos administrativos, a existência de um respeito *absoluto* aos direitos adquiridos do cidadão ou à manutenção de qualquer regulamentação. Jamais se quis outorgar à segurança jurídica uma amplitude tão excessiva e prejudicial, a suplantar até mesmo a erradicação da pobreza e à dignidade da pessoa humana. Ao revés, pretendeu-se enunciar o princípio da preservação como tutela da confiança dos cidadãos, com mecanismos que obriguem o estado a não impor aos destinatários dos seus atos uma mudança demasiadamente brutal. É por isso que se sustentou que novas regras devem

comportar, quando possível, medidas transitórias em proveito dos destinatários, detentores de expectativas legítimas, ou, ao menos, uma justificação razoável da mudança de atitude da Administração.

13. A antinomia entre legalidade e segurança é apenas aparente, uma vez que é possível obter uma síntese a partir do exame da evolução doutrinária da concepção da legalidade e da introdução de um limite temporal no exame da anulação dos atos administrativos. Ao final, no exame de suas concreções, segundo decisões dos tribunais alienígenas, verificou-se que o princípio da segurança jurídica revela-se consolidado na Comunidade Européia, com exceção de alguns países signatários do pacto comum que aplicam o mesmo valor, ainda que de forma oblíqua. A Suprema Corte Brasileira, por sua vez, em precedentes paradigmáticos, já reconheceu a cogência do princípio da segurança jurídica, produzindo certos vetores que orientam sua aplicação.

14. Após densa pesquisa teórica, assentou-se o termo *estabilização* como corresponde ao caso em que o ato administrativo não pode ser, ao menos em sua totalidade, objeto de um novo ato (convalidador), mas, ainda assim, não reúne os pressupostos para que haja a sua completa retirada do mundo jurídico. Ou seja, ainda que o ato administrativo contenha um vício desde o seu nascedouro, o decurso de um certo lapso de tempo aliado a outros fundamentos elencados no sistema jurídico outorgam validade à nova situação que se estabelece, gerando a situação que pode ser denominada como *estabilização*. Concluiu-se que a boa-fé não é condição suficiente para que ocorra a preservação do ato administrativo viciado, uma vez que podem surgir outros destinatários do ato de boa-fé com interesse na desconstituição do ato.

15. Verificou-se que a fenomenologia da estabilização em exame ocorre sobre *os efeitos* do ato administrativo viciado, enquanto sobre este produto incidem normas jurídicas que o preservam. Os efeitos do ato viciado encontram, por assim dizer, outro suporte que não o ato que os produziu. Isso porque o ato jurídico viciado evocou, por força do acolhimento pelo sistema normativo, um novo "fato jurídico". Ajustou-se que o *fato jurídico estabilizador,* na qualidade de elemento redutor de conflitos intertemporais é constituído: (1) dos efeitos decorrentes de atos administrativos sanáveis ampliativos de direitos que encontrando abrigo em outros princípios de ordem pública, mormente o da confiança ensejarem, no balanço jurídico dos bens jurídicos tutelados, lograr sua preservação ou sua desconstituição *ex nunc;* (2) dos efeitos decorrentes de atos administrativos sanáveis que houverem assim permanecido pelo transcurso de determinado período de tempo (maior ou menor, de acordo com a indissolúvel boa-fé), a ensejar a sua permanência pela decadência do direito de sua desconstituição.

16. A restauração do sistema jurídico violado por meio da convalidação ou da anulação implicará uma crise sobre a definição de quais efeitos serão aplicáveis no decorrer do tempo, desenhando-se um conflito entre a retroatividade ou não da norma convalidadora ou invalidadora, respectivamente. A atividade administrativa ideal não prescinde do combate às diversas formas de destemporalização, de maneira que é necessário buscar a preservação da incolumidade da ordem jurídica segundo uma justa medida do tempo social, conservando o equilíbrio entre a memória e a promessa. A concepção que tradicionalmente se tem da convalidação, bem como das circunstâncias e fatores impeditivos da anulação precisa ser revista, segundo esta diretriz.

17. Com efeito, a convalidação consiste no ato administrativo, praticado pela autoridade competente, com o objetivo de regularizar outro ato, a fim de colocá-lo de acordo com a ordem jurídica na qual pretende inserir-se. Em suma, torna um ato, anteriormente viciado, em válido. Contudo, embora seja pertinente afirmar que os efeitos do ato convalidador retroagem à época do ato convalidado, a principal característica da convalidação é a preservação dos atos até então produzidos, sendo possível, apesar de não muito comum, a geração válida de novos efeitos, a partir da regularização. Para que haja a convalidação dos atos administrativos assentou-se que o ato a ser convalidado deve ser inválido e deve conservar o conteúdo; e o ato convalidador deve ter efeitos retroativos. Ainda que aparente decorrer de simples evidência, o requisito do ato convalidado ser inválido inibe a necessidade de um procedimento específico de convalidação para casos de meras irregularidades, muito comuns em se tratando de responsabilização administrativas de servidores.

18. São quatro as circunstâncias impeditivas da convalidação: (1) a impossibilidade de sua edição sem o vício (pressuposto lógico), (2) o exaurimento da competência, (3) a possibilidade de lesão ao interesse público e (4) o prejuízo a terceiros. Inovou-se significativamente na matéria quando se descartou a impugnação do interessado e o decurso do prazo prescricional como integrantes do rol dos impedimentos. Quanto ao primeiro aspecto, a doutrina negligenciou a utilidade restauradora da ordem jurídica, permitindo-se a significativa vantagem da recomposição dos danos causados pelo ato viciado. Tampouco o escoar do prazo prescricional invalidatório deverá impedir a convalidação, sob pena de não se assegurar uma rápida indenização aos destinatários do vício.

19. Na revisitação dos vícios convalidáveis dos atos administrativos, operou-se uma revisão crítica da doutrina administrativista brasileira sobre o tema. Reconheceu-se, a despeito de expressa disposição legal, um dever de convalidar, uma vez ocorrida a hipótese de incidência. Em se tratando de vício de competência, embora se admita uma exceção ao dever de con-

validação (sendo hipótese facultativa), salientou-se que somente será viável quando não se trate de competência indelegável. No controle dos requisitos procedimentais consolidou-se a idéia de impossibilidade de convalidação do vício que não propiciou fosse atingida a finalidade. No controle finalístico, por sua vez, impõe-se salientar a possibilidade de exame jurisdicional do demérito (administrador negativo) dos atos discricionários, em paralela simetria com a já pacificada hipótese de atuação do Judiciário na qualidade de "legislador negativo".

20. Adentrou-se no exame dos conflitos intertemporais envolvendo a estabilização dos atos administrativos, definindo-se esta quando, embora não seja possível a convalidação (em sua acepção tradicional), ao menos alguns efeitos do ato administrativo viciado, puderem ser preservados por força de normas específicas que protegem a situação já criada. Duas foram as principais hipóteses destacadas: a) mitigação da eficácia *ex tunc* da invalidação ou da convalidação; b) hipóteses da convalidação e invalidação parciais. Diante dessa nova possibilidade, o controlador dos atos administrativos deverá indagar primeiro a respeito das possibilidades de convalidação. Em não sendo ela possível, passará ao exame da estabilização, verificando primeiro a viabilidade da convalidação/anulação parciais e depois a possibilidade de outorga de eficácia *ex nunc* ao ato invalidador. Somente ultrapassadas essas indispensáveis etapas é que estará autorizada a retirada do ato do mundo jurídico, enquanto se queira não promover uma ruptura destemporal da confiança dão cidadão na boa-administração.

21. Introduziu-se a inovadora elaboração da convalidação e invalidação parciais, assentando-se que a eficácia *ex tunc,* tanto da convalidação, quanto da invalidação, não é absoluta e nem sempre necessariamente aplicável para todos os efeitos do ato viciado. Em nome do princípio da preservação dos atos administrativos (*favor acti*) e do brocardo "*utile per inutile non vitiatur*", definido como um atributo da força de existência do ato administrativo, deduziu-se que a convalidação/anulação parcial é possível e, não obstante a complexidade das relações jurídicas daí derivadas, pode operar como um profícuo redutor de conflitos intertemporais e elemento privilegiado na superação de destemporalidades e rupturas normativas. Como requisitos, enunciou-se a *independência entre a parte nula e a parte conservável do ato* e a competência da autoridade para emitir o ato administrativo residual sem a parte anulada. Tais elementos também são exigíveis para o caso de invalidação parcial, diante da simetria das situações convalidação parcial/anulação parcial, podendo ser aplicado, no último caso, pelo poder judiciário, em sua atividade anulatória. Quanto à outorga de eficácia *ex tunc* à convalidação, alertou-se para que somente se imprima validez aos efeitos diretamente decorrentes desse ato, sem afetar os outros efeitos que indevidamente a Administração pretendeu deduzir do ato antes de sua con-

validação. Por sua vez, no âmbito da invalidação, a limitação da eficácia *ex nunc* não é novidade, sendo uma noção já assimilada no Judiciário e demais órgãos de controle, como é o caso, por exemplo, das Súmulas n° 106 e n° 235 do Tribunal de Contas da União.

22. O exame da seqüência temporal das normas que regem a decadência da administração em revisar seus atos revela-se como bom exemplo de aplicação da lei no tempo, com relevantes repercussões na sucessão dos atos administrativos correspondentes. A nuance da redução de conflitos intertemporais propicia uma interpretação da superposição das regras decadenciais muito mais harmonizadora, especialmente eficaz na resolução dos problemas envolvendo a natureza dos efeitos ampliativos ou restritivos do ato inválido. Quando o ato administrativo produzir, a um só tempo, efeitos benéficos e prejudiciais aos mesmos destinatários, a solução estará na impossibilidade de a Administração proceder à invalidação, ultrapassados os cinco anos, salvo na hipótese de todos os destinatários postularem a tutela administrativa, mediante a impugnação cabível. Nesse caso, somente a impugnação de todos interessados, destinatários de atos simultaneamente ampliativos e restritivos autorizará a atividade invalidatória da administração. Em um feliz encontro com a doutrina espanhola, assentou-se que, após os cinco anos, pode configurar-se o transcurso do tempo que os espanhóis classificam como *retardo desleal*. Esse retardamento consiste na proibição do exercício de um direito subjetivo ou prerrogativa que permaneceu longo tempo abandonado por seu titular, quando essa omissão deu causa a que outros sujeitos jurídicos tivessem *confiança justificada* em que o direito não mais se exercitaria.

23. Ao revés, dentro do prazo de cinco anos, mesmo diante de atos ampliativos de direitos dos cidadãos, a Administração tem o dever de anular os atos administrativos viciados, salvo excepcionais casos de *fatos jurídicos estabilizadores*. Após o transcurso desse período, no conflito permanente dos princípios envolvidos, passa a incidir com prevalência a segurança jurídica, pelos vetores da confiança do cidadão e da preservação dos atos administrativos.

24. Revelou-se digna de nota a adoção de prazo decadencial também para os casos de má-fé, reforçando-se a posição pelo princípio geral da prescritibilidade das pretensões, da decadência dos direitos, e pela inexistência de norma específica, uma vez que *é a imprescritibilidade que depende de norma expressa, e não o inverso*. Não se pode tutelar a ineficiência do Estado em não apurar uma fraude de que teve ciência inequívoca ao longo do tempo. Por outro lado, restou ressalvado que, em se tratando de má-fé da Administração, a ensejar a situação de improbidade administrativa, ainda que já tenha ocorrido a fluência do prazo de decadência para a desconstituição do ato fraudulento, ainda é possível o ajuizamento da ação de ressarci-

mento de danos ao Erário, a qual, segundo majoritária corrente doutrinária, é imprescritível, a teor do art. 37, §° 5°, da Carta Magna.

25. O caso da decadência previdenciária encerra o estudo em foco, que visou introduzir soluções jurídicas para o problema da sobreposição de atos administrativos, que pudessem ser consideradas com coerência e justiça, dentro de um novo paradigma de redução de conflitos intertemporais, sob o qual os operadores do direito não devem descurar. Submete-se, pois, tal visão à apreciação da Comunidade Jurídica.

Referências Bibliográficas

AMARAL, Antônio Carlos Cintra do. *Extinção do Ato Administrativo*. São Paulo: Revista dos Tribunais, 1978.

ALEXY, Robert. *El concepto y la validez del derecho*. Barcelona: Gedisa, 1994.

──. *Derecho y Razón Práctica*. 2ª ed. México: Fontamara, 1998.

──. *Teoria da Argumentação Jurídica: a Teoria do Discurso Racional como Teoria da Justificação Jurídica*. Trad. Zilda Hutchinson Schild Silva. São Paulo: Landy, 2001a.

──. *Teoría de los Derechos Fundamentales*. Trad. Ernesto Garzón Valdés. 3ª ed. Madrid: Centro de Estudios Políticos y Constitucionales, 2001b.

ARISTÓTELES. "Analíticos Segundos", in: *Tratados de lógica (Órganon)*. v. 2. Madri: Gredos, 1995.

ATIENZA, Manuel. *As razões do Direito: Teoria da Argumentação Jurídica*. São Paulo: Landy, 2000.

AARNIO, Aulis. *Lo racional como razonable*. Madri: Centro de Estudios Constitucionales, 1991.

ÁVILA, Humberto. *Teoria dos Princípios: da definição à aplicação dos princípios jurídicos*. 2ª ed. São Paulo: Malheiros, 2003.

──. *Sistema Constitucional Tributário*. São Paulo: Saraiva, 2004.

BACELLAR FILHO, Romeu Felipe. Princípios Constitucionais do Processo Administrativo Disciplinar. São Paulo: Max Limonad, 1998.

BANDEIRA DE MELLO, Celso Antônio. *Curso de Direito Administrativo*. 20ª ed. São Paulo: Malheiros, 2006.

──. *Conteúdo Jurídico do Princípio da Igualdade*. 3ª ed. São Paulo: Malheiros, 1993.

──. *Ato Administrativo e Direito dos Administrados*. São Paulo: Editora Revista dos Tribunais, 1986.

BANDEIRA DE MELLO, Oswaldo Aranha. *Princípios Gerais do Direito Administrativo*. Vol I. 2ª Ed. Rio de Janeiro: Forense, 1979.

BENDA, Ernest et alli. *Manual de Derecho Constitucional*. Trad. Antonio López Pina. Madrid: Marcial Pons, 1996.

BENOIT, Francis Paul. *Droit Administratif Français*. Paris: Dalloz, 1968.

BOCANEGRA SIERRA, Raul. *La revisión de oficio de los actos administrativos*. Madrid: Instituto Nacional de la Administración Pública, 02/1977.

BOBBIO, Norberto. A Era dos Direitos. Trad. Carlos Nelson Coutinho. Rio de Janeiro: Campus, 1992.

──. *Locke e o direito natural*. Trad. Sérgio Bath. 2ª ed. Brasília: Universidade de Brasília, 1997.

_____. *Direito e Estado no Pensamento de Emanuel Kant.* 3ª ed. Brasília: Universidade de Brasília, 1995.

_____. *Teoria do Ordenamento Jurídico.* Introdução de Tércio Sampaio Ferraz Júnior. Tradução de Cláudio de Cicco e Maria Celeste C. J. Santos. 4 ed. Brasília: Editora Universidade de Brasília, 1994.

_____. *O Futuro da Democracia.* 8ª Ed. São Paulo: Ed. Paz e terra 2002.

BONAVIDES, Paulo. *Curso de Direito Constitucional.* 8ª ed. São Paulo: Malheiros, 1999.

_____. *Teoria do Estado.* 3ª ed. São Paulo: Malheiros, 1999.

BORGES, Jorge Luis. *Ficções.* 3ª Ed. Porto Alegre: Editora Globo, 2001.

CÂMARA, Jacintho Arruda. A Preservação dos Efeitos dos Atos Administrativos Viciados. *Revista Diálogo Jurídico*, Salvador, CAJ – Cento de Atualização Jurídica, nº 14, junho/agosto, 2002. Disponível em: http//www.direitopublico.com.br. Acesso em: 01 de fevereiro de 2005.

CANOTILHO, Joaquim José Gomes. *Direito Constitucional e Teoria da Constituição.* 5ª ed. Coimbra: Almedina, 2002.

_____; MOREIRA, Vital. *Fundamentos da Constituição,* Coimbra: Coimbra, 1991.

CARRIÓ, Genaro. *Notas sobre Derecho y Lenguage.* 4ª ed. Buenos Aires: Abeledo Perrot, 1994.

CASSESE, Sabino. *Le basi del Diritto Amministrativo.* Milão: Garzanti Libri, 1995.

CAVALCANTI FILHO, Theophilo. *O problema da segurança no direito.* São Paulo: Revista dos Tribunais, 1964.

CHAPUS, René. *Droit administratif général.* Tome 1, 15ª ed. Paris: Montchrestien, 2001.

CIRNE-LIMA, Carlos; ROHDEN, Luiz (org.). *Dialética e auto-organização.* São Leopoldo: Unisinos, 2003.

CIRNE-LIMA, Ruy. *Princípios de Direito Administrativo.* São Paulo: Ed. RT, 1987.

COMPARATO, Fábio Konder. *A Afirmação Histórica dos Direitos Humanos.* 2ª ed. São Paulo: Saraiva, 2001.

CONSTANT, Benjamim. "Da liberdade dos antigos comparada à dos modernos", *in: Filosofia Política 2.* Porto Alegre: LPM, 1985, p. 9-25.

COUTO E SILVA, Almiro do. "O princípio da segurança jurídica (proteção à confiança) no direito público brasileiro e o direito da administração pública de anular seus próprios atos administrativos; o prazo decadencial do art. 54 da Lei do processo administrativo da União (Lei nº 9.784/99)". *Revista de Direito Administrativo V. 237.* Rio de Janeiro, jul/set 2004.

_____. "Princípios da Legalidade da Administração Pública e da Segurança Jurídica no Estado de Direito Contemporâneo". *Revista de Direito Público nº 84.* São Paulo: RT, 1987.

_____. "Prescrição qüinqüenária da pretensão anulatória da Administração Pública com relação a seus atos administrativos". *Revista de Direito Administrativo V. 204.* Rio de Janeiro: Renovar, 1996.

DINAMARCO, Cândido Rangel. *A instrumentalidade do processo.* 11ª ed. rev. e atual. São Paulo: Malheiros, 2003.

DI PIETRO, Maria Sylvia Zanella. *Direito Administrativo.* 13ª ed. São Paulo: Atlas, 2001.

DURKHEIM, Émile. 1897: *O Suicídio.* São Paulo: Martin Claret, 2005.

DWORKIN, Ronald. *Law's Empire.* Cambridge: Harvard University Press, 1986.

_____. *Taking Rights Seriously.* 18ª ed. Cambridge: Harvard University Press, 2001.

ECCO, Umberto. *Cinco escritos morais.* 5ª ed. Rio de Janeiro: Record, 2001.

ENGISCH, Karl. *Introdução ao Pensamento Jurídico.* Trad. João Baptista Machado. Lisboa: Fundação Calouste Gulbenkian, 1988.

ENTERRIA, Eduardo Garcia de e FERNÁNDEZ, Tomás-Ramón. *Curso de Derecho Administrativo*. 10ª ed. Madrid: Civitas, 2000.

FALLA, Garrido. *Tratado de Derecho Administrativo*. Madri: Tecnos, vol I., 2002.

——. *Régimen de impugnación de os actos administrativos*. Madri: Instituto de Estudios Políticos, 1956.

FARIA, José Eduardo. *O Direito na Economia Globalizada*. 1ª ed., 2ª tir. São Paulo: Malheiros, 2000.

FARIAS, Edilsom Pereira de. *Colisão de Direitos*. Porto Alegre: Sergio Antonio Fabris, 1996.

FACHIN, Luiz Edson. *Teoria Crítica do Direito Civil*. Rio de Janeiro: Renovar, 2000.

——. (Coord.) *Repensando Fundamentos de Direito Civil Brasileiro Contemporâneo*. Rio de Janeiro: Renovar, 1998.

FAGUNDES, M. Seabra. *O Controle dos Atos Administrativos pelo Poder Judiciário*. 7ª ed. atualizada por Gustavo Binenbojm. Rio de Janeiro: Forense, 2006.

FERRAZ, Gilberto Guimarães Júnior. O limite temporal para a invalidação *sponte própria* do ato administrativo na Lei nº 9.784/99. Disponível em: htpp:www.proa.mpf.gov.br/pr-revista/gilbertoferraz.num. Acesso em: 25/03/04.

FERRAZ Jr., Tércio Sampaio. *Introdução ao Estudo do Direito: Técnica, Decisão, Dominação*. 4ª ed. Rio de janeiro: Atlas, 2003.

FIGUEIREDO, Lucia Valle. *Curso de Direito Administrativo*. 4ª ed. São Paulo: Malheiros, 2000.

FLEINER, Fritz. *Instituciones de Derecho Administrativo*. Trad. 8ª ed. alemã de Sabino A. Gendín. Barcelona: Labor, 1933.

FORSTHOFF, Ernst. *Stato di diritto in trasformazione*. Milano: Giuffrè, 1973.

——. *Tratado de Derecho Administrativo*. Tradução 5ª ed. alemã de Legaz Lacambra, Garrido Falla e Gómez Ortega. Madri: IEP, 1958.

FRANCO SOBRINHO, Manoel de Oliveira. *Atos administrativos*. São Paulo: Saraiva, 1980.

FREITAS, Juarez. *A interpretação sistemática do direito*. 3ª ed. São Paulo: Malheiros, 2002.

——. *Estudos de Direito Administrativo*. 2ª ed. São Paulo: Malheiros, 1997.

——. *O Controle dos Atos Administrativos e os princípios fundamentais*. 3ª ed. São Paulo: Malheiros, 2004.

——. "Reforma Previdenciária – Emenda Constitucional nº 41 – Nova redação do parágrafo 1º do art. 149 da CF/88 – Contribuição dos servidores públicos estaduais e municipais para o custeio dos benefícios previdenciários do art. 40 da CF – Pacto Federativo: Autonomia dos entes federados – princípio da proporcionalidade: alíquota de contribuição previdenciária desproporcional e confiscatória". *Revista Interesse Público nº 23*. Porto Alegre: Notadez, jan/fev 2004, p. 61-73.

——. "Deveres de Motivação, de Convalidação e de Anulação: deveres correlacionados e proposta harmonizadora". *Revista Interesse Público nº 16*. Porto Alegre: Notadez, out/dez, 2002, p. 39-48.

GADAMER, Hans-Georg. 1986: *Verdade e Método*. Petrópolis: Vozes, 1997.

GASPARINI, Diógenes. *Direito Administrativo*. 5ª ed. São Paulo: Saraiva, 2000.

GIACOMUZZI, José Guilherme. *A moralidade administrativa e a boa-fé da Administração Pública*. São Paulo: Malheiros, 2002.

GIANNINI, M. S. *Diritto amministrativo*. vol. I. Milano: Giuffrè, 1970.

GORDILLO, Agustín. *Tratado de derecho administrativo.* Tomo 3, *El Acto Administrativo.* 5ª ed. Buenos Aires: Fundación de Derecho Administrativo, 2000.

GRAU, Eros Roberto. *La doppia destrutturazione del diritto.* Milano: Unicopli, 1996.

——. *A Ordem econômica na Constituição Federal de 1988.* 5.ª ed. rev. e atual. São Paulo: Malheiros, 2000.

——. *O Direito posto e o Direito pressuposto.* São Paulo: Malheiros, 2005.

HÄBERLE, Peter. *Hermenêutica Constitucional: a sociedade aberta dos intérpretes da constituição: uma contribuição para a interpretação pluralista e 'procedimental' da constituição.* Trad. Gilmar Ferreira Mendes. Porto Alegre: Sergio Antonio Fabris Editor, 1997.

HABERMAS, Jürgen. *Facticidad y validez: sobre el derecho y el estado democratico de derecho en terminos de teoria del discurso.* Madri: Trotta, 1998.

——. *Direito e Democracia, entre facticidade e validade.* V. II, Trad. Flávio Beno Siebeneichler. Rio de Janeiro: Tempo Brasileiro, 1997.

——. *Mudança estrutural da esfera pública.* Rio de Janeiro: Tempo Brasileiro, 1984.

HART, H. L. A. *The Concept of Law.* Londres: Ed. Clarendon Law Series, 1997.

HAWKING, Stephen; MLODINOW, Leonard. *Uma nova história do tempo.* Rio de Janeiro: Ediouro, 2005.

HEIDEGGER, Martin. *Ser e Tempo.* Rio de Janeiro: Vozes, 1997.

HESSE, Konrad. *A força normativa da Constituição.* Trad. Gilmar Ferreira Mendes. Porto Alegre: Sergio Antonio Fabris, 1991.

——. *Elementos de Direito Constitucional da República Federal da Alemanha.* Porto Alegre: Sergio Antonio Fabris, 1998.

HOBBES, Thomas. 1651: *Leviatã.* Trad. Alex Marins. São Paulo: Ed. Martin Claret, 2004.

IHERING, Rudolf von. *A Luta Pelo Direito.* 19ª ed. Rio de Janeiro: Forense, 2000.

JUSTEN FILHO, Marçal. *Curso de Direito Administrativo.* São Paulo: Saraiva, 2005.

KANT, Imannuel. 1781: *Crítica da Razão Pura.* Lisboa: Ed. Calouste Gulbenkian, 1985.

——. 1783: *Prolegômenos a toda Metafísica futura que queira apresentar-se como Ciência.* Lisboa: Ed.70.

——. 1785: *Fundamentação da Metafísica dos Costumes.* Lisboa: Ed. 70.

——. 1788: *Crítica da Razão prática.* Rio de Janeiro: Ed. Tecnoprint

——. 1797: *A metafísica dos costumes.* São Paulo: Edipro, 2003.

KELSEN, Hans. *Teoria Pura do Direito.* Trad. João Baptista Machado. São Paulo: Martins Fontes, 1997.

LAFER, Celso. *A Reconstrução dos Direitos Humanos.* São Paulo: Companhia das Letras, 1999.

LANDI, Guido e POTENZA, Giuseppe. Manuale di Diritto Amministrativo. 10ª ed. Milano: Giuffrè, 1997.

LARENZ, Karl. *Derecho Justo. Fundamentos De Etica Juridica.* Trad. Luiz Díez-Picazo. Madrid: Civitas, 1993.

LIPOVETSKY, Gilles. *L'Empire de l'éphémère.* Paris: Gallimard, 1988.

LOPARIC, Zeljko. *O fato da razão. Uma interpretação semântica.* v. 4, n. 1. Rio de Janeiro: Analytica, 1999.

——. *A Semântica Transcendental de Kant.* Campinas: Unicamp, Centro de Lógica Epistemologia e História da Ciência, 2002.

——. "O problema fundamental da semântica jurídica de Kant". *In O filósofo e sua História.* Campinas: Unicamp, Centro de Lógica Epistemologia e História da Ciência, 2003.

LUCIFREDI, Roberto. *L'atto amministrativo nei suoi elementi accidentali.* Milano: Giuffrè, 1963.
LUFT, Eduardo. *As Sementes da Dúvida.* São Paulo: Mandarim, 2001.
LUHMANN, Niklas. *Sistemas Sociales Lineamientos para uma teoria general.* Trad. Silvia Pappe y Brunhilde Erker. Barcelona: Anthropos Editorial, 1998.
MACCORMICK, Neil. *Argumentação Jurídica e Teoria do Direito.* São Paulo: Martins Fontes, 2006.
MACPHERSON, C. B. *A teoria política do individualismo possessivo de Hobbes até Locke.* Trad. Nelson Dantas. Rio de Janeiro: Paz e Terra, 1979.
MADARIAGA GUTIÉRREZ, Mônica. *Derecho Administrativo y Seguridad Jurídica.* Coleção Seminario de Derecho Público, n° 13. Santiago do Chile: Editorial Jurídica de Chile, 1966.
MANGANARO, Francesco. *In Principio di Buona Fede e Attività delle Amministrazioni Pubbliche.* Nápoles: Edizioni Scientifiche Italiane, 1995.
MARTINS-COSTA, Judith. *A Boa-Fé no Direito Privado.* São Paulo: RT, 2000.
———. A re-significação do princípio da segurança jurídica na relação entre o estado e os cidadãos. *Revista CEJ n° 27.* Brasília: CJF, out/dez. 2004.
MAURER, Hartmut. *Direito Administrativo Geral.* Trad. Dr. Luís Afonso Heck. Barueri/SP: Manole, 2006.
———. *Elementos de Direito Administrativo alemão.* Porto Alegre: Sérgio Antônio Fabris Editor, 2001.
MAYER, Otto. 1895: *Derecho Administrativo Alemán.* T. 1. Trad. Horácio H. Heredia e Ernesto Krotoschin. Buenos Aires: Depalma, 1949.
MEDAUAR, Odete. *A processualidade no Direito Administrativo.* São Paulo: RT, 1993.
———. *Direito Administrativo Moderno.* 9ª ed. São Paulo: RT, 2005.
MENDES, Gilmar Ferreira. *Jurisdição Constitucional.* São Paulo: Saraiva, 1998.
MEIRELLES, Hely Lopes. *Direito Administrativo Brasileiro.* 21ª ed. São Paulo: Malheiros, 1996.
MERKL, Adolf. *Teoria General del Derecho Administrativo.* Madrid: Editorial Revista de Derecho Privado, 1935.
MORAES, Germana de Oliveira. *Controle jurisdicional da administração pública.* 2ª ed. São Paulo: Dialética, 2004.
MOREIRA, Egon Bockmann. *Processo Administrativo.* São Paulo: Malheiros, 2000.
MOREIRA, João Batista Gomes. *Direito Administrativo (Da Rigidez Autoritáia à Flexibilidade Democrática).* Belo Horizonte: Fórum, 2005.
MOREIRA NETO, Diogo de Figueiredo. *Curso de Direito Administrativo.* 12ª ed. Rio de Janeiro: Forense, 2001.
MORIN, Edgar. *Complexidade e Transdisciplinaridade.* Natal: EDUFRN, 1999.
MORO, Sérgio Fernando. Jurisdição Constitucional como Democracia. São Paulo: Revista dos Tribunais, 2004.
NIGRO, Mario. *Giustizia Amministrativa.* 3ª ed. t. l. Bologna: Mulino, 1983.
NOBRE JR, Edílson Pereira. *O Princípio da Boa-fé e sua Aplicação no Direito Administrativo brasileiro.* Porto Alegre: Sérgio Antônio Fabris Editor, 2002.
NORONHA, Fernando. *O Direito dos Contratos e seus Princípios Fundamentais.* São Paulo: Saraiva, 1994.
OLIVEIRA, Régis Fernandes de. *Ato Administrativo.* 4ª ed. São Paulo: Revista dos Tribunais, 2001.

OSÓRIO, Fábio Medina. *Direito Administrativo Sancionador.* São Paulo: Revista dos Tribunais, 2000.
OST, François. *O Tempo do Direito.* Bauru/SP: EDUSC, 2005.
PAULSEN, Leandro. *Segurança Jurídica, Certeza do Direito e Tributação: a concretização da certeza quanto à instituição de tributos através das garantias da legalidade, da irretroatividade e da anterioridade.* Porto Alegre: Livraria do Advogado, 2006.
PERELMAN, Chain. *Ética e Direito.* Trad. Maria E. Galvão. São Paulo: Martins Fontes, 2002.
PÉREZ, Jesús Gonçález. *El principio general de la buena fe en el derecho administrativo.* 4ª ed. Madri: Civitas, 2004.
———. *Comentários a la ley de procedimiento administrativo.* 2ª ed. Madri: Civitas, 1989.
PEREZ LUÑO, Antônio Henrique. *Derechos Humanos, Estado de Derecho y Constitución.* 6ª ed. Madri: Tecnos, 1999.
PERLINGIERE, Pietro. *Perfis de Direito Civil.* Rio de Janeiro: Renovar, 1997.
PLATÃO. *Teeteto.* 3ª ed. rev. Belém: UFPA, 2001.
RAWLS, John. 1971: *Teoria da Justiça.* São Paulo: Martins Fontes, 2003.
REALE, Miguel. *Revogação e Anulamento do Ato Administrativo.* Rio de Janeiro: Forense, 1968.
RIVERO, Jean. *Direito Administrativo.* Trad. Rogério Ehrhardt Soares. Coimbra: Almedina, 1981.
ROCHA, Carmen Lúcia Antunes. *Princípios Constitucionais da Administração Pública.* Belo Horizonte: Del Rey, 1994.
ROCHA, Daniel Machado da; BALTAZAR, José Paulo Jr. *Comentários à Lei de Benefícios da Previdência Social.* 6ª ed. Porto Alegre: Livraria do Advogado, 2006.
ROJO, Margarita Beladiez. *Validez Y Eficácia de los actos administrativos.* Madri: Marcial Pons, 1994.
RUGGIERO, Roberto de. *Instituições de Direito Civil.* v. I. São Paulo: Editora Saraiva, 1971.
SAMPAIO SILVA, Clarissa. *Limites à invalidação dos atos administrativos.* São Paulo: Max Limonad, 2001.
SARLET, Ingo Wofgang (Coord.). *A Constituição Concretizada: construindo pontes com o público e o privado.* Porto Alegre: Livraria do Advogado, 2000.
———. (Coord.) *O Direito Público em tempos de crise: estudos em homenagem a Ruy Rubem Ruschel.* Porto Alegre: Livraria do Advogado, 1999.
———. (Coord.) *O Novo Código Civil e a Constituição.* Porto Alegre: Livraria do Advogado, 2003.
———. (Coord.) *Constituição, Direitos Fundamentais e Direito Privado.* Porto Alegre: Livraria do Advogado, 2003.
———. *A Eficácia dos Direitos Fundamentais.* Porto Alegre: Livraria do Advogado, 1998.
SILVA, Vasco Manuel Pereira da. *Em busca del Acto Administrativo perdido.* Coimbra: Almedina, 1995.
SIMÕES, Mônica Martins Toscano. *O processo administrativo e a invalidação de atos viciados.* São Paulo: Malheiros, 2004.
STASSINOPOULOS, Michel D. *Traité des actes administratifs.* Atenas: Librarie Générale de Doit et de. Jurisprudence, 1954.
STEIN, Ernildo. *Pensar é pensar a diferença.* Ijui: Ed. Unijui, 2002.
STRECK, Lenio Luiz. *Jurisdição Constitucional e Hermenêutica. Uma Nova Crítica do Direito.* 2ª ed. Rio de janeiro: Forense, 2003.

SUNDFELD, Carlos Ari. *Ato Administrativo Inválido*. São Paulo: Revista dos Tribunais, 1990.

———. *Fundamentos de Direito Público*. 4ª ed. São Paulo: Malheiros, 2006.

———; MUÑOZ, Guillermo Andrés (Org.). *As leis de processo administrativo*. São Paulo: Malheiros, 2000.

TEPEDINO, Gustavo. *Temas de Direito Civil*. 2ª ed. Rio de Janeiro: Renovar, 2001.

———. (Coord.) *Problemas de Direito Civil – Constitucional*. Rio de Janeiro: Renovar, 2000.

VIEIRA DE ANDRADE, José Carlos. *Os Direitos Fundamentais na Constituição Portuguesa de 1976*. Coimbra: Almedina, 1998.

VIRGA, Pietro. *Diritto Ammninistrativo, I principi*. 5ª ed. Milano: Giuffrè, 1999.

WIEACKER, Franz. *História do Direito Privado*. Trad. A . M. Botelho Hespanha. Lisboa: Fundação Calouste Gulbenkian, 1993.

ZANCANER, Weida. *Da Convalidação e da Invalidação dos Atos Administrativos*. São Paulo: Malheiros, 2001.

ZAGREBELSKY, Gustavo. *El derecho dúctil. Ley, derechos, justicia*. Trad. Marina Gascón. 5ª ed. Madrid: Editorial Trotta, 2003.

ZANOBINI, Guido. *Corso di Diritto Amministrativo*. v. I. Milano: Dott. A. Giuffrè, 1958.

Impressão:
Evangraf
Rua Waldomiro Schapke, 77 - P. Alegre, RS
Fone: (51) 3336.2466 - Fax: (51) 3336.0422
E-mail: evangraf.adm@terra.com.br